DE BARRON

Cómo Prepararse para el Examen de Equivalencia de Escuela Superior en Español: Exámenes Modelos con Respuestas

Volume 1

POR **Michael E. Howley**

Supervising Assistant Examiner
Board of Examiners, Board of Education
New York City, New York

Carmen S. Sanguinetti

Bilingual Education Specialist
Bureau of Curriculum Development
Board of Education
New York City, New York

SPANISH PROFESSIONAL ASSOCIATES

Gaddiel Morales, President
Jorge Muñoz
Rubén Guzmán

BARRON'S EDUCATIONAL SERIES, INC.   Woodbury, New York

Para información diríjase a:
   Barron's Educational Series, Inc.
   113 Crossways Park Drive
   Woodbury, New York 11797

All inquiries should be addressed to:
   Barron's Educational Series, Inc.
   113 Crossways Park Drive
   Woodbury, New York 11797

Número del Catálogo de la Biblioteca Congresional 72-87562

Library of Congress Catalog Card No. 72-87562

Número Internacional del Libro Según la Ley 0-8120-0488-4

International Standard Book No. 0-8120-0488-4

IMPRESO EN LOS ESTADOS UNIDOS DE AMÉRICA

PRINTED IN THE UNITED STATES OF AMERICA

6 7 8 9 10 11

Contenido

INTRODUCCION

DE BARRON *Cómo Prepararse para el Examen de Equivalencia de Escuela Superior en Español: Exámenes Modelos con Respuestas* le ayudará. Un diploma de la escuela superior le podrá facilitar un mejor empleo, más sueldo, más adiestramiento o educación, o simplemente la satisfacción personal. Aunque este libro fue escrito para los adultos que no han terminado la escuela superior, el uso del libro no está limitado exclusivamente a ese propósito. Cualquier estudiante de la escuela superior también podrá servirse de él para mejorarse en las destrezas básicas.

Un adulto que no tenga diploma de la escuela superior podrá obtenerlo aprobando los Exámenes de Desarrollo General y Educacional — Español (G.E.D.-S. — General Educational Development-Spanish). El éxito en estos exámenes depende principalmente de la habilidad de leer e interpretar lecturas en distintas asignaturas tales como ciencias naturales, estudios sociales y literatura, de resolver problemas matemáticos y de dominar el idioma español. No es preciso aprender de memoria una serie de hechos o reglas ya que estos exámenes miden la habilidad de razonar y de pensar.

Este libro le podrá ayudar reforzando las destrezas ya aprendidas, renovando sus habilidades y aprendiendo nuevas técnicas. Le ofrecemos práctica con varios pasajes modelos y preguntas en estudios sociales, en ciencias naturales y en la literatura, con problemas matemáticos y con ejercicios en el uso del idioma español.

Hemos incluido también información sobre los requisitos del Diploma de Equivalencia de cada estado y territorio de los Estados Unidos. El estudiante encontrará también unas sugerencias muy útiles sobre la mejor manera de estudiar y los mejores métodos de tomar y aprobar estos exámenes.

Desde la introducción del Examen de Equivalencia de Escuela Superior en Español para la comunidad hispana, ha surgido una gran necesidad de exámenes modelos y ejercicios de preparación. Para satisfacer las necesidades de esos estudiantes de origen hispano que quieran familiarizarse con el contenido y la forma de estos exámenes, ofrecemos ahora *De Barron Cómo Prepararse para el Examen de Equivalencia de Escuela Superior en Espanol: Exámenes Modelos con Respuestas.*

SI   usted quiere un empleo interesante;

SI   usted quiere ser aceptado en un programa de adiestramiento
     por una compañía importante;

SI   usted quiere progresar en su trabajo;

SI   usted quiere calificarse para un puesto en el servicio civil;

SI   usted quiere conseguir un puesto especial en
     alguna oficina gubernamental;

SI   usted quiere comenzar sus estudios universitarios;
     Debera obtener un DIPLOMA de la Escuela Superior

PARA EL ESTUDIANTE:

1. Familiarícese con la forma y la extensión del
   Examen de Equivalencia en Español.
2. Adquiera la confianza necesaria para tomar exámenes.
3. Descubra sus probabilidades de éxito en el examen.
4. Aprenda a analizar sus propios errores.

PARA EL PROFESOR Y PARA LOS OFICIALES PEDAGÓGICOS

1. Ofrézcales a sus estudiantes práctica adecuada
   en las cinco partes del examen.
2. Prepare a sus estudiantes de una manera adecuada
   para estas pruebas.
3. Establezca su propio cursillo preparatorio
   basándolo en estos exámenes modelos.
4. Sírvase de estos exámenes para establecer
   cursillos preparatorios para la comunidad hispana
   en su localidad.

Desde la introducción del *Examen de Equivalencia de Escuela Superior en Español* para la comunidad hispana, ha surgido una gran necesidad de exámenes modelos y de materias preparatorias. Para satisfacer las necesidades de esos estudiantes de origen hispano que quieran familiarizarse con el contenido y la forma de estos exámenes, ofrecemos ahora

DE BARRON *Cómo Prepararse para el Examen de Equivalencia de Escuela Superior en Español: Exámenes Modelos con Respuestas*

Este libro le ofrece al estudiante práctica abundante en las cinco partes del examen:

1. Corrección y efectividad de expresión
2. Interpretación de lecturas en estudios sociales
3. Interpretación de lecturas en ciencias naturales
4. Interpretación de selecciones literarias
5. Habilidad general en la matemática

Estos exámenes modelos son semejantes a los del *Examen de Equivalencia de Escuela Superior en Español* en estilo, duración, tipo de preguntas y problemas, y nivel de dificultad. Incluimos las respuestas y sus explicaciones. Así el estudiante podrá examinarse a sí mismo y a la vez analizar sus propios errores.

Los autores han estudiado otros programas actuales y cursillos de preparación a fin de crear un conjunto válido de exámenes modelos.

Michael E. Howley
Carmen S. Sanguinetti
Gaddiel Morales
Jorge Muñoz
Rubén Guzmán

1

El Alcance del Examen de Equivalencia de Escuela Superior

Su importancia para usted

Para el adulto que no ha reunido los requisitos normales para un diploma de escuela superior, El Examen de Equivalencia de Escuela Superior es una gran oportunidad para conseguir este diploma sin la necesidad de volver a la escuela. Con este diploma, podrá calificarse para puestos en los departamentos de servicio público, registrarse en los programas especiales de instrucción práctica y educación de las fuerzas armadas, tomar parte en muchos cursos de preparación para empleos y programas de aprendizaje con uniones obreras, y hasta conseguir la admisión a una de las muchas universidades que aceptan el diploma de equivalencia de la escuela superior. Según ha declarado *Business Week* recientemente, en un artículo titulado "La regla del que emplea hoy día: sin diploma no hay trabajo," hoy el diploma de la escuela superior ha llegado a ser la exigencia mínima para muchos empleos industriales. Aun en compañías donde la falta de un diploma no es un impedimento para el empleo, los gerentes del personal están de acuerdo que es un obstáculo para el ascenso.

Si no ha terminado la escuela superior, tenga en cuenta que la mitad de los ciudadanos del país mayores de veinticinco años de edad, no se han graduado de la escuela superior. Además, las estadísticas del gobierno nos indican que, entre los de la edad de los dieciocho a los veinticinco años, hay más de 7 millones que carecen de un diploma de escuela superior.

Este libro le prepara para el Examen de Equivalencia de Escuela Superior y le ayudará a conseguirse este diploma que tanto se estima.

El programa de los Exámenes de Desarrollo General

Inspeccionemos los Exámenes de Desarrollo General (Tests of General Educational Development). Cada sección del conjunto de exámenes se describirá de tal manera que usted se podrá familiarizar con el formato y así podrá prepararse para los exámenes. Use estas preguntas para poder distinguir y llegar a conocer sus puntos de flojedad y para formar un programa eficaz de estudio con la ayuda de los modelos de exámenes que siguen.

Una descripción de los 5 exámenes

Examen 1
Corrección y efectividad de expresión

Este examen le pone énfasis al deletreo correcto, la acentuación, la puntuación, el empleo de mayúsculas y el uso correcto de la gramática. También requiere la capacidad de poder escoger palabras y frases correctas, y de organizar y expresar las ideas.

Examen 2
Interpretación de lecturas en estudios sociales

En este examen se presentan pasajes del área dentro de la esfera de los estudios sociales de la escuela superior. Requiere un fondo en historia, geografía, economía, estudios sociales y ciencias políticas. Las preguntas que le siguen a cada pasaje miden la habilidad de comprender e interpretar el contenido del pasaje, así como la interpretación de gráficas, mapas y diagramas. La mayor parte de la materia es tocante a los Estados Unidos y Latinoamérica.

Examen 3
Interpretación de lecturas en ciencias naturales

Este examen se compone de pasajes en el campo de ciencias naturales al nivel del curso de Ciencias Generales normalmente ofrecido en el noveno grado. Puede incluir pasajes en biología, física y ciencias generales. Una serie de preguntas le sigue a cada pasaje que prueban la habilidad de poder comprender e interpretar el contenido del pasaje, y de poder aplicar la información a ciertos temas científicos, leyes, generalizaciones y desarrollos.

Examen 4
Interpretación de selecciones literarias

Este examen se compone de pasajes en prosa y verso de la literatura española e hispanoamericana. Las preguntas calculan la habilidad de poder comprender e interpretar el contenido del pasaje, las expresiones retóricas, la estructura de frases y su significado, y el conocimiento de intención y disposición.

Examen 5
Habilidad general en la matemática

Este examen requiere un conocimiento de números íntegros, fracciones, decimales y la habilidad de poder aplicarlos a problemas. Incluye preguntas sobre la interpretación de datos gráficos, números en serie y las áreas más corrientes de las matemáticas. Contiene problemas de situaciones prácticas como las que se encuentran con los impuestos, las inversiones, el seguro, las compras a plazos y proyectos sencillos de construcción y reparación de casas. También se incluyen preguntas de álgebra y geometría plana.

Cómo se califican los exámenes

Los exámenes son calificados a máquina. En los exámenes calificados a máquina, un método común es el de pedirle que cubra con lápiz negro el espacio entre dos líneas paralelas así indicando la respuesta correcta que ha seleccionado en la hoja de respuestas. (Por ejemplo 1-5 o a-e).
Para familiarizarse con este método, le incluimos un ejemplo más abajo.

EJEMPLO: Subraye la palabra mal deletreada en el grupo numerado que sigue y ennegrezca el espacio apropiado en la columna de respuestas.

1. (1) ahuyentar   (2) govierno   (3) bibliotecario   **1.** 1 2 3 4 5
     (4) innoble   (5) cohete   ‖ ▋ ‖ ‖ ‖

Ya que la segunda palabra está mal deletreada, lo indicaría ennegreciendo el segundo espacio (marcado 2) en la columna de respuestas.

Cómo le puede ayudar este libro

La materia de este libro fue preparada expresamente para este examen. Los autores lograron la cooperación de expertos en la selección de preguntas y respuestas ejemplares.

Puesto que los estados varían en sus requisitos y en las fechas de sus exámenes, debe consultar la tabla al final del libro para enterarse de la información perteneciente a su estado. No se apresure en solicitar el examen antes del tiempo debido. Aprovéchese completamente del material de preparación en este libro. Con las tantas oportunidades presentadas para ensayarse y evaluarse, usted sabrá cuándo estará preparado para tomar el examen y poder pasarlo.

Sin embargo, si hay una escuela cercana donde se dan clases a los que puedan asistir y prepararse para este examen, no deje de aprovecharse, si es que puede.

Descubrirá que este libro es un suplemento valioso para sus tareas de clase, y los profesores de esas clases encontrarán que su materia es muy apropiada para las tareas de la clase. Si es que vive donde se presentan clases de televisión que preparan a los alumnos para los Exámenes G.E.D.-S, mire cuántas más le sea posible. Nunca tendrá preparación en exceso.

Algunas sugerencias para el estudio

Aprovéchese de su madurez. Las personas como usted muy frecuentemente dan demasiada importancia a los motivos por los cuales abandonaron los estudios, al mucho tiempo que ha pasado desde que dejaron de asistir a la escuela y a su falta de capacidad para concentrarse como lo hacen los estudiantes jóvenes. Piense al contrario, con plena confianza. Ya que *usted* ha decidido estudiar para este examen, se ha ganado la mitad de la batalla. Usted ha demostrado el *deseo* de aprender. A esto los educadores le llaman motivación y lo consideran como el primer paso hacia el triunfo. Benefíciese de su madurez. Ahora conoce la necesidad de tener las buenas costumbres de estudio que le hemos de señalar a usted. Podrá ver con más claridad cierta situación que formará parte de tal problema o de tal pregunta. Los alumnos jóvenes tienen una gran dificultad al enfrentarse a situaciones de la vida. En realidad usted nunca ha parado de aprender al dejar la escuela. Leyó los periódicos, siguió al tanto de los asuntos políticos, viajó, habló con gente, ha formado opiniones, escuchó la radio, miró programas de televisión y fue al cine. Estas experiencias le han dado un fondo educativo.

Consideremos las reglas para el estudio eficaz

1. EL AMBIENTE FÍSICO. Búsquese un lugar tranquilo. No tenga distracciones, ni ruidos, ni música. No trabaje en un cuarto caluroso.

2. TASANDO EL TIEMPO. Aprenderá más rápido y se acordará por más tiempo si estudia en varios períodos cortos y no en uno largo. No trate de estudiar durante el fin de semana entero. La fatiga se le presentará en el espacio de unas horas. Es más aconsejable que emplee un poco de tiempo todos los días y no sobrecargar sus estudios en el espacio de unos días.

3. PLANEANDO LOS ESTUDIOS. El plan de estudio debe ser efectivo, realístico, práctico y sobre todo adaptado a usted mismo y a sus otras obligaciones. Decida qué días y qué horas puede disponer para estudiar. Haga un plan y sígalo.

4. UTILIZANDO LOS RATOS SOBRANTES. Haga uso de los ratos perdidos y libres. El andar en autobús o en tren puede ser un momento oportuno para aprender de memoria las palabras difíciles, para estudiar las reglas gramaticales o las definiciones recientemente adquiridas.

5. EFICIENCIA. La mayoría de las personas descubren que pueden aprender mejor durante las primeras horas del día. Quizás pueda estudiar un poco antes de salir para el trabajo o durante las mañanas del fin de semana. Sin duda, no debe intentar estudiar durante las últimas horas del día.

6. PERÍODOS DE REPASO. Disponga de ciertos días para repasar. Durante estos períodos de repaso, recapacítese. Examínese. Esto lleva doble objeto. Le dará indiscutible vigor a lo que ha aprendido y la satisfacción de que ha asimilado nueva información le animará a que siga aprendiendo.

7. ESCRIBA MIENTRAS APRENDE. Siempre que sea posible, escriba lo que está estudiando. La mejor forma de aprender a deletrear correctamente es escribir. Acostúmbrese a anotar los puntos importantes de los pasajes que ha leído. Esto le ayudará a enfocar su atención en lo que aprende. Así evitará las distracciones que tienden a interrumpir su concentración. Le ofrecerá una oportunidad para evaluarse. Además, los educadores opinan que mientras más sentidos se emplean al estudiar, más efectivo es el estudio.

8. LEA, LEA, Y LEA. La mejor manera de mejorar la comprensión de lectura es leer. Se dará cuenta que una gran parte del examen se dedica a la interpretación de selecciones de literatura, estudios sociales y ciencias. En realidad, el examen de matemáticas también incluye la interpretación de símbolos y palabras. Lea su periódico con cuidado. Acostúmbrese a leer los editoriales. Siendo posible, comprometa con frecuencia a un familiar o a un amigo en la discusión de las ideas tratadas en su periódico. Por supuesto, este libro contiene ejercicios de lectura específicamente adecuados para las distintas partes del examen. Pero acuérdese que no hay nada que sustituya a la lectura en general.

9. EL DICCIONARIO. Fuera de este libro el más importante para prepararse para el Examen de Equivalencia de Escuela Superior es el diccionario. Es de suma importancia que tenga uno bueno a su lado al estudiar.

Lo que debe saber para poder usar el diccionario

1. Debe saber colocar las palabras en orden alfabético. Estas palabras las sacamos de una página de un diccionario muy popular.

eta	etilo
etapa	etimología
etcétera	etiqueta
eterno	étnico
ética	etrusco

Todas estas palabras empiezan con "et . . . " y, para encontrar *eterno,* su vista debe poder alcanzar "ete" entre "etc" y éti" en la página.

2. Debe saber usar las palabras que lo guían. La mayoría de los diccionarios tienen dos grupos de tres letras cada uno en la parte superior de cada página. Por ejemplo, en la página mencionada arriba, las letras que lo guían son "eti" y "euc". Puede localizar la palabra "ética" mas pronto si les echa un vistazo a los dos grupos de letras que lo guían en la parte superior de la página ("ética" aparece entre "eterno" y "etiqueta") y no a todas las palabras en esa página. Las tres letras representan las primeras tres letras de la última palabra en esa columna.

3. Debe conocer ciertas abreviaturas.
La mayoría de los diccionarios dan una lista de abreviaturas que se emplean en la página o páginas que preceden a la primera página de las definiciones. Las abreviaturas en su mayoría se refieren a los elementos gramaticales (v., verbo) y los países donde tuvieron su origen las palabras (P. Ric., Puerto Rico).

4. Debe saber buscar la definición apropiada.
Fíjese en este ejemplo.
"claro, adj.   1. limpio, puro;   2. sereno, hablando del tiempo;   3. evidente

Se puede ver que las tres definiciones no se relacionan unas a las otras. Debe proporcionarle una de las definiciones a la cláusula, frase u oración en que aparezca la palabra. Trate de elegir la definición más adecuada a cada una de las siguientes oraciones.

1. El río no está muy claro.
2. Tenemos un día claro.
3. Lo que propuso está claro.

Cómo le puede ayudar el diccionario

1. Le puede ayudar con el deletreo de las palabras.

Supongamos que quiere emplear la palabra "a?ergon?ado" cuando está escribiendo algo. No está seguro de cómo se escribe. ¿Se escribe con "v" o con "b"? ¿Se escribe con "z" o con "s"? Su diccionario le dará la respuesta. Si lo consulta no quedará avergonzado.

Su diccionario también le ayudará con la acentuación de palabras dudosas. Supongamos, por ejemplo, que tiene alguna duda sobre la palabra "hidrófobo"; buscando la palabra en el diccionario, encontrará que sí lleva acento escrito, mientras la palabra "hidrofobia" no lo lleva.

2. Le puede ayudar con la definición de las palabras.

Se da cuenta que no entiende un pasaje que está leyendo porque no conoce el significado de la palabra principal. Tomemos, por ejemplo, un pasaje en biología que emplea la palabra "núcleo" repetidas veces. Su diccionario le indicará las definiciones de la palabra en el orden de frecuencia de su uso, primero la más frecuentemente usada, la de menos uso siendo la última. El diccionario que hemos usado contiene tres significados, el segundo dice "2. (Biol.) Cuerpo redondo u ovalado, encerrado en una celdilla, o bien, masa de bioplasma." Ahora puede sacarle algún sentido al párrafo que está leyendo.

3. Le puede ser útil con la gramática.

Muchos diccionarios buenos tienen una sección de gramática. Vd. se encuentra que tiene que usar el participio pasivo de cierto verbo. Con los verbos regulares no se presentan dificultades (ejemplo: recibir - recibido; hablar - hablado), pero hay un grupo de verbos irregulares que pueden causarle cierta dificultad (ejemplo: escribir - escrito; romper - roto; abrir - abierto). Al consultar el diccionario eliminará esa confusión.

4. Le puede ayudar en el empleo correcto de las palabras.

A usted le gustaría escribir una carta formal al dueño de su trabajo, o a un funcionario alto de la ciudad y quiere emplear la palabra "frisado". Hay ciertas palabras que se usan en una conversación pero no cuando se escribe. Usted quiere estar seguro de sí mismo y consulta el diccionario que le dice: frisado - cierto tejido de seda. Como puede ver, no tiene nada que ver con "congelar" que es la palabra que debe usar.

Otros ejemplos:	ERROR	CORRECCIÓN
	marqueta	mercado
	rufo	tejado o azotea
	grosería	tienda de comestibles

Utilice el diccionario y quedará seguro.

5. Le puede aumentar su conocimiento del vocabulario proveyéndolo del origen de las palabras e indicándole su parentesco. Consulte la palabra "geología". Aprenderá que se deriva del griego "geo" y "logía" ciencia. Se fijará que otras palabras en la misma página usan otras combinaciones con "geo": geografía, geometría, geopolítica, geofísica, geocéntrico. Ha aprendido una serie de palabras parentescas. Además, puede agregarle el parentesco de las palabras con "logía"; psicología, zoología, cardiología, pedagogía, biología, dermatología, antropología.

6. También le puede ayudar con información acerca de la literatura y los estudios sociales. Puede encontrar referencias a castellano (Castilla) y a la literatura (Cervantes). Puede encontrar el nombre de lugares en la geografía (Cienfuegos) y en la historia (Ayacucho). Puede encontrar referencias a nombres bíblicos (Babel). Puede buscarse el significado de frases como "Echarle a uno el gato a las barbas".

Cómo desenvolverse con los pasajes de comprensión de lectura

Se dará cuenta que en el Examen de Equivalencia de Escuela Superior las tres quintas partes están dedicadas a exámenes de lectura. Aquí tiene usted algunos consejos para perfeccionar su comprensión de lectura con atención especial al tipo de pregunta que encontrará en estos exámenes.

1. Primero lea el pasaje para buscarle la idea principal.

2. Subraye las frases e ideas importantes.

3. Lea cada pregunta con cuidado.

4. Tenga cuidado con las palabras que *cambian* o *modifican* el sentido de la pregunta o de la declaración: *no, nunca, siempre, totalmente,* etc. Sepa lo que quiere decir *significa, sugiere, cree, expone, desmiente,* etc. Las respuestas apropiadas dependen frecuentemente de tales palabras claves.

5. Si el pasaje tiene más de un párrafo, busque las respuestas en *todas* secciones de la selección de lectura. Las preguntas no siguen siempre el orden de la materia en la selección.

6. Primero conteste a las preguntas que comprende. Luego, si le queda tiempo, vuelva a las que no entiende.

7. Al no ser que le digan que se pierde crédito por las respuestas *incorrectas,* trate de contestarlas todas.

8. Base sus respuestas solamente en el pasaje que ha leído, *únicamente que le digan al contrario.*

Tres consejos finales para tener mejores resultados

1. ESTÉ PREPARADO: No haga la solicitud para el examen antes de tiempo. Asegúrese de estar bien preparado para lograr buenos resultados examinándose con los ejercicios y exámenes de este libro. Es preferible posponer el examen hasta el día que pueda esperar mejores resultados que meterse a él, entregándose a la suerte. Aunque muchos estados le proporcionan un tiempo de espera antes de volver a examinarse, la noticia de haber salido mal es una experiencia desagradable y le puede desanimar en la esperanza de obtener mejores resultados en el futuro. Es difícil que el estudio sobrecargado en la última hora le resulte en un éxito favorable. Le aconsejamos que extienda la preparación para el examen a una temporada más larga.

2. TRANQUILÍCESE: Es muy prudente descansar la noche antes del examen. Una noche de buen reposo le acondicionará el cuerpo para poder pensar con lógica. Entre en la sala del examen con plena confianza. Llegue temprano. Si tiene la oportunidad de elegir su asiento, escoja uno que tenga bastante luz. Evite la discusión de preguntas y respuestas con aspirantes nerviosos. Tranquilícese.

3. SEA INTELIGENTE: Durante el examen no se olvide de leer las preguntas con cuidado. Si se encuentra con una pregunta difícil, no se desanime. Un aspirante eficaz no tiene la necesidad de acertar con todas las preguntas. En tales situaciones, quizás pueda eliminar algunas alternativas siendo ellas contradictorias, desrazonables. Con frecuencia un análisis astuto de la pregunta resulta en la respuesta apropiada.

Cuando tome el examen

Adivinar o no adivinar

Cada pregunta tiene cuatro o cinco respuestas posibles. La adivinanza no es discreta si no tiene ninguna idea de la respuesta. Sólo existe una posibilidad entre cuatro o cinco. Si está seguro de que sólo hay una respuesta incorrecta, sigue siendo preferible no adivinar ya que sigue estando muy fuera de la ventaja.

Sólo debe adivinar si está convencido que puede eliminar a dos de las alternativas. No sólo tiene mejor probabilidad, sino es muy posible de que entienda lo suficiente de la pregunta para tomar una decisión razonable, ya que ha eliminado varias alternativas.

Algunos de los que toman exámenes tienen la tendencia de rendirse ante una pregunta difícil. Si es necesario, lea la pregunta varias veces; elimine cuantas más respuestas posible; luego deje la pregunta y vuelva a ella más tarde. NO PIERDA DEMASIADO TIEMPO CON NINGUNA PREGUNTA, especialmente con los problemas de matemáticas. Mientras esté resolviendo otros problemas, su cabeza está "pensando" subconscientemente en la pregunta que dejó para la consideración futura. Cuando vuelva a ella, es muy posible de que vea la pregunta desde otro punto de vista y le parecerá mucho más fácil.

Para los zurdos

Muchas escuelas tienen asientos con el brazo de la silla al lado izquerdo. Si la hay, pídala. Si no, es normalmente preferible poner las preguntas a la mano derecha y marcar las respuestas en la hoja de respuestas que ha puesto a su izquierda.

2

Prueba A

Sub-Prueba 1—Corrección y efectividad de expresión

Esta prueba de castellano se ha preparado con el fin de valorar sus conocimientos y dificultades del idioma en las áreas de: vocabulario, gramática, ortografía y sintaxis. Lea cuidadosamente las instrucciones de cada sección antes de seleccionar la respuesta correcta. Escriba sus respuestas en el espacio provistos.

PARTE I — Vocabulario y Barbarismos

A continuación, en cada grupo hay cuatro (4) palabras y las expresiones "todas correctas" o "ninguna correcta". Si alguna de las palabras está correctamente escrita, marque el número respectivo en la respuesta. En el caso de que todas o ninguna esté correcta, marque la expresión correspondiente.

EJEMPLO X1

En el ejemplo X 1 a la derecha, la segunda palabra es la correctamente escrita según la regla del idioma. Por lo tanto, en la hoja de respuestas para el ejemplo X 1, el espacio para el número 2 ha sido sombreado.

EJEMPLO **X1**

(1) puerto rriqueño
(2) puertorriqueño
(3) puerto riqueño
(4) portoriqueño
(5) Todas correctas

X1. 1 2 3 4 5
    ‖ ▮ ‖ ‖ ‖

1. (1) ambasador   (2) champeón   (3) humo
   (4) checquear   (5) Ninguna correcta

1. 1 2 3 4 5
‖ ‖ ‖ ‖ ‖

2. (1) telefón   (2) realizar   (3) aparencia
   (4) inorante   (5) Todas correctas

2. 1 2 3 4 5
‖ ‖ ‖ ‖ ‖

3. (1) istrumento   (2) parquear   (3) populación
   (4) penitente   (5) Ninguna correcta

3. 1 2 3 4 5
‖ ‖ ‖ ‖ ‖

4. (1) obedencia   (2) vitoria   (3) registrar
   (4) murciégalo   (5) Todas correctas

4. 1 2 3 4 5
‖ ‖ ‖ ‖ ‖

5. (1) inocular   (2) estadio   (3) orador
   (4) portaaviones   (5) Todas correctas

5. 1 2 3 4 5
‖ ‖ ‖ ‖ ‖

6. (1) comigo   (2) responsibilidad   (3) experencia
   (4) patrocinar   (5) Todas correctas

6. 1 2 3 4 5
‖ ‖ ‖ ‖ ‖

7. (1) paracaídas   (2) quemazón   (3) substancia
   (4) embrague   (5) Todas correctas

7. 1 2 3 4 5
‖ ‖ ‖ ‖ ‖

8. (1) tersiopelo   (2) válbula   (3) terremoto
   (4) parálasis   (5) Ninguna correcta

8. 1 2 3 4 5
‖ ‖ ‖ ‖ ‖

9. (1) piston   (2) fávrica   (3) sóbuey
   (4) anteojos   (5) Todas correctas

9. 1 2 3 4 5
‖ ‖ ‖ ‖ ‖

10. (1) distrito   (2) velar   (3) observar
    (4) sótano   (5) Todas correctas

10. 1 2 3 4 5
‖ ‖ ‖ ‖ ‖

11. (1) heroismo   (2) pelirrojo   (3) distincto
    (4) teneduria   (5) Ninguna correcta

11. 1 2 3 4 5
‖ ‖ ‖ ‖ ‖

12. (1) cherife   (2) saxofon   (3) rubies
    (4) locuaz   (5) Todas correctas

12. 1 2 3 4 5
‖ ‖ ‖ ‖ ‖

13. (1) reproche   (2) incendiar   (3) órbita
    (4) tripulación   (5) Todas correctas

13. 1 2 3 4 5
‖ ‖ ‖ ‖ ‖

14. (1) transmición   (2) inspectar   (3) destresa   **14.** 1 2 3 4 5
     (4) catálogo   (5) Todas correctas || || || || ||

15. (1) suera   (2) friholes   (3) parquete   **15.** 1 2 3 4 5
     (4) brindis   (5) Ninguna correcta || || || || ||

16. (1) ascensor   (2) divición   (3) petisión   **16.** 1 2 3 4 5
     (4) semento   (5) Ninguna correcta || || || || ||

17. (1) racimo   (2) excaparate   (3) cepelín   **17.** 1 2 3 4 5
     (4) bujia   (5) Ninguna correcta || || || || ||

18. (1) herrero   (2) humedad   (3) calculadora   **18.** 1 2 3 4 5
     (4) contratista   (5) Todas correctas || || || || ||

19. (1) autopista   (2) carburadol   (3) queaceres   **19.** 1 2 3 4 5
     (4) accelarador   (5) Ninguna correcta || || || || ||

20. (1) parabrisas   (2) conserje   (3) neblina   **20.** 1 2 3 4 5
     (4) peregrino   (5) Todas correctas || || || || ||

PARTE II — Vocabulario, ortografía y verbos

Marque en la respuesta la oración que no tenga ningún error. En caso que todas estén correctamente escritas, marque la expresión "todas correctas"; si por el contrario, ninguna está correctamente escrita, marque la expresión "ninguna correcta".

EJEMPLO **X2**

1. Los decibeles miden la hescala de ruidos.   **X2.** 1 2 3 4 5
2. Las áreas de silencio van de 0 a 20 decibeles.   ▌ || || || ||
3. entre 80 y 100 decibeles es área de peligro.
4. Un cañonazo, la perforadora sobre la roca, o el
   ruido de un abión pueden producir sordera.
5. Todas correctas

En la oración "1" la palabra escala es sin "h"; en la "3" no se inició la oración con mayúscula, y en la "4", la palabra "avión" está escrita con "b". Por lo tanto, la oración correcta es "2" que no tiene error y está señalada en la hoja de respuesta.

21. (1) Juan en el patió comió.   **21.** 1 2 3 4 5
     (2) Juan comió en el patio. || || || || ||
     (3) En el patió Juan comió.
     (4) Comió Juan en el patío.
     (5) Todas correctas

22. (1) Tú estuvistes junto a él.   22. 1 2 3 4 5
     (2) Bailastes con él.   ‖ ‖ ‖ ‖ ‖
     (3) Anoche llegaste tarde.
     (4) Partistes muy apesadumbrado de tu hogar.
     (5) Todas correctas.

23. (1) De dia alumbra el sol.   23. 1 2 3 4 5
     (2) Alumbra el de día, sol.   ‖ ‖ ‖ ‖ ‖
     (3) El sol alumbra de día.
     (4) De día el sol alunbra.
     (5) Todas correctas.

24. (1) En la clase de inglés traduje este cuento.   24. 1 2 3 4 5
     (2) En el auto de Mally cabimos seis personas.   ‖ ‖ ‖ ‖ ‖
     (3) Se donde tenemos que juntarnos.
     (4) Vosotros disteís lo mejor.
     (5) Todas correctas.

25. (1) Tú enviasteís la carta.   25. 1 2 3 4 5
     (2) ¿Enviastes la carta?   ‖ ‖ ‖ ‖ ‖
     (3) Tú enviaste la carta.
     (4) Tú vistes la carta.
     (5) Todas correctas.

26. (1) Hubieron dos incendios en el sector donde   26. 1 2 3 4 5
         vivimos.   ‖ ‖ ‖ ‖ ‖
     (2) Habremos muchos estudiantes hispanoameri-
         canos.
     (3) En el país, muchos han obtenido becas de
         estudio.
     (4) Habrían reunión de todos los latinos que
         viven en esta ciudad.
     (5) Todas correctas.

27. (1) Los dirigentes hispanos han aumentado no-   27. 1 2 3 4 5
         tablemente su prestigio.   ‖ ‖ ‖ ‖ ‖
     (2) Ha habido muchas sugerencias para el estu-
         dio de diversos problemas que afectan a la
         comunidad.
     (3) Hubo varias reuniones en busca de solucio-
         nes.
     (4) Habrá muchos cambios en la manera de con-
         trolar procesos.
     (5) Todas correctas.

28. (1) La ciudad de nueva york la forman los con-   28. 1 2 3 4 5
         dados de Manhattan, Brooklyn, Queens,   ‖ ‖ ‖ ‖ ‖
         Staten Island y Bronx.
     (2) el Estado de Nueva York se divide en
         condados.
     (3) La ciudad de Nueva York cuenta con una po-
         blación cercana a los doce (12) millones
         de abitantes.

(4) Nueva York es la segunda ciudad en población del mundo.
(5) Todas correctas.

29. (1) Un triángulo es una fijura geométrica.   29. 1 2 3 4 5
    (2) El cuvo es un cuerpo geométrico. || || || || ||
    (3) La çircunferencia también es una figura
        geométrica.
    (4) Los cuerpos geométricos tienen largo, ancho y halto.
    (5) Todas correctas.

30. (1) El sumo de limón es rico en vitamina "C".   30. 1 2 3 4 5
    (2) La zuma de los elementos parciales da un || || || || ||
        total.
    (3) El pescador estaba feliz con el enorme pes.
    (4) Las luces del cine eran más brillantes que
        las del teatro.
    (5) Todas correctas.

31. (1) Los adbervios van junto al verbo, al adje-   31. 1 2 3 4 5
        tivo, o a otro adverbio. || || || || ||
    (2) El visepresidente llamó al almirante a su
        despacho.
    (3) El unir cosas diferentes para que formen
        un compuesto se llama conbinación.
    (4) Las letras se combinan formando un sonido
        diferente.
    (5) Todas correctas.

32. (1) Gerardo baila muy bien la "Cueca", baile   32. 1 2 3 4 5
        tradicional chileño. || || || || ||
    (2) La "Marinera" es un baile perruano.
    (3) La veldad es que muchos bailes sólo se co-
        nocen donde se originaron.
    (4) La "Cumbia", "Zamba", "Milonga", "Paseíto",
        "Merengue", etcétera, son bailes latino-
        americanos.
    (5) Todas correctas.

33. (1) El ingreso "per cápita" más alto en Lati-   33. 1 2 3 4 5
        noamérica lo poseen Venezuela, Uruguay; y || || || || ||
        Argentina.
    (2) El analfabetismo en Latinoamérica es menor
        en Uruguay, Argentina y Chile.
    (3) El analfabetismo disminulle la producción
        y el desarrollo de un país.
    (4) La sesantía perjudica enormemente el pro-
        greso de una nación.
    (5) Todas correctas.

34. (1) Te divertistes mucho en vacaciones.   34. 1 2 3 4 5
    (2) ¿Te divertistes mucho en vacaciones? || || || || ||
    (3) ¡Te divertistes mucho en vacaciones!
    (4) Te divertiste mucho en vacaciones.
    (5) Todas correctas.

35. (1) La Revolución Francesa llevaba como divisa: 35. 1 2 3 4 5
        libertad, igualdad y fraternidad entre los || || || || ||
        hombres.
    (2) La tolerancia es imprescindible entre los
        hombres de buena voluntad.
    (3) La avaricia, el odio y la gula deben ser
        combatidos.
    (4) Si el hombre cultivara las buenas virtudes,
        existiría la paz.
    (5) Todas correctas.

36. (1) Luis practica la máxima, "Ser feliz es vi- 36. 1 2 3 4 5
        vir feliz". || || || || ||
    (2) Rafael no es el teórrico de la alegría.
    (3) Nadie nieja lo que pida Luz con su tono
        plañidero.
    (4) En cambio Ivonne atrae por su sencillez
        y inocencia.
    (5) Todas correctas.

37. (1) Rosibel debe ser la mujer ideal.   37. 1 2 3 4 5
    (2) La luz y el teléfono deben de pagarse a || || || || ||
        fines de cada período.
    (3) Los submarinos deben de poder navegar bajo
        el agua.
    (4) Los helicópteros deben poder ascender o
        descender verticalmente.
    (5) Todas correctas.

38. (1) Los emvlemas patrios usan por lo menos uno 38. 1 2 3 4 5
        de los siguientes colores: blanco, azul || || || || ||
        o rojo.
    (2) Solamente tres naciones no los utilizan:
        Mauritania, Jamaica y Suecia.
    (3) Los emblemas nasionales son muy variados
        y significativos.
    (4) El emblema de Estados Unidos, en sus fran-
        gas, representa los 13 Estados Originales.
    (5) Todas correctas.

39 (1) El auto en el patio lo estazionó.   39. 1 2 3 4 5
    (2) En el patio parkeó el auto. || || || || ||
    (3) El estacionó el auto en el patio.
    (4) Lo parkineó en el patio.
    (5) Todas correctas.

40. (1) Los gérmenes produzen enfermedades conta-   **40.** 1 2 3 4 5
        giosas. || || || || ||
      (2) Los virus, bacterias y ongos son gérmenes;
         es decir, microbios.
      (3) Algunos microbios los aprovecha el hombre
         en su veneficio.
      (4) Fracturar se denomina al rompimiento de
         una cosa con esfuerzo.
      (5) Todas correctas.

41. (1) Deben de ser las ocho de la noche.   **41.** 1 2 3 4 5
      (2) Deberán de estudiar toda la tarde.
      (3) Todos los niños del mundo deben de querer || || || || ||
         a sus padres.
      (4) Ninguna correcta.
      (5) Todas correctas.

PARTE III — *Acentuación, concordancia, preposición y puntuacion*

En cada una de las oraciones siguientes hay cuatro (4) palabras subrayadas. Si alguna de las palabras o puntuación está incorrectamente escrita, mal puntuada o no corresponde exactamente al sentido de la oración, marque el número correspondiente en la respuesta. Si todas las palabras están correctas, seleccione la posibilidad 5 "Todas correctas".

EJEMPLO X3

X3. Los <u>gentilicios</u> son los nombres con que se   **X3.** 1 2 3 4 5
           1

<u>designa</u> a las personas que <u>viven</u> en una <u>región</u>
  2   3   4
o país.

De las cuatro palabras subrayadas, sólo "2" está incorrectamente escrita pues no tiene concordancia con el sujeto "gentilicios". En la respuesta se ha señalado "2" como la única incorrecta de la oración.

42. La orilla del <u>río</u> estaba sembrada de <u>maíz</u> al   **42.** 1 2 3 4 5
               1   2
cual no le <u>hacía</u> falta el <u>riego</u>.
         3   4

43. Los <u>puentes</u> que unen a Manhattan con el resto   **43.** 1 2 3 4 5
        1

de los <u>cóndados</u> son: George Wáshington, Henry
       2

Hudson, <u>Wáshington</u>, Puente Alto, Tres Condados,
         3

De la Reina, Williamsburg, Manhattan y Brooklyn.

44. En Estados Unidos existe cuatro horarios dife-
    1   2   3
    rentes, según la zona, de este a oeste.
            4

44.   1   2   3   4   5

45. Siéntesen ahora, para que todos puedan
    1   2   3
    observar bien.
    4

45.   1   2   3   4   5

46. La Cordillera de los Andes recorren el continen-
       1   2
    te sudamericano de norte a sur.
       3   4

46.   1   2   3   4   5

47. Al heroismo de hombres visionarios, hoy gozamos
       1   2   3
    de libertad y democracia.
       4

47.   1   2   3   4   5

48. La ciencia meteorológica estudia los fenómenos
                           1
    atmosféricos como: las lluvias, vientos, grani-
    2   3
    zos, nevadas, etc.
         4

48.   1   2   3   4   5

49. Las lluvias, granizos, nevadas es fenómenos
                                 1
    acuosos; luminosos, el arco iris; eléctricos,
    2   3
    el rayo y la aurora boreal.
       4

49.   1   2   3   4   5

50. Tres factores influyen en la vida de un hombre:
                  1   2
    el nacimiento, la educación y la familia.
       3   4

50.   1   2   3   4   5

51. Sí el decoro humano se puede alcanzar, pero con
    1   2   3
    esfuerzo y tesón.
               4

51.   1   2   3   4   5

52. María encontró un remedio para la tos.
    1   2   3   4

52.   1   2   3   4   5

53. Nuestros abuelos hacían sabrosos panes y paste-
    1   2
    les en el horno de leña.
             3   4

53.   1   2   3   4   5

54. Los <u>antiguos</u> barcos <u>de</u> vela demoraban <u>meses</u>
          1   2   3
    <u>desde</u> España y América.
     4

54.   1   2   3   4   5
     || || || || ||

55. El <u>Sr.</u> subdirector no pudo <u>concurrir</u> a la ofi-
      1   2
    cina <u>aquejado</u> de un fuerte dolor <u>a</u> los oídos.
           3   4

55.   1   2   3   4   5
     || || || || ||

56. George Wáshington <u>fue</u> el padre de la <u>Patria</u> <u>en</u>
                     1   2 3
    los <u>Estados Unidos</u>.
          4

56.   1   2   3   4   5
     || || || || ||

57. El <u>gobierno,</u> de cualquier <u>país,</u> utiliza los im-
          1   2
    puestos fiscales <u>para</u> realizar obras de progreso
                 3
    <u>y</u> bienestar.
    4

57.   1   2   3   4   5
     || || || || ||

58. Rafael <u>cogió</u> el <u>volátil</u> <u>rápidamente</u> y <u>ágilmente</u>.
         1   2   3   4

58.   1   2   3   4   5
     || || || || ||

59. El <u>Sr</u>. Ortiz luce <u>satisfecho,</u> ya que en su casa
      1   2
    reina la <u>felicidad,</u> la <u>alegría</u> y la comprensión
               3   4

59.   1   2   3   4   5
     || || || || ||

60. <u>Perú</u> produce <u>algodón</u>, café, <u>te</u>, dátiles,
     1   2   3
    <u>etcétera</u>.
     4

60.   1   2   3   4   5
     || || || || ||

61. A Luis <u>le</u> gustan las <u>fiestas,</u> a <u>Rafael,</u> la
        1   2   3
    <u>tranquilidad</u>.
     4

61.   1   2   3   4   5
     || || || || ||-

62. Lily Enid, Bechy y Michele <u>tomó</u> <u>sus</u> vacaciones
                             1   2
    antes de lo <u>previsto</u> por razones <u>fortuitas</u>.
               3   4

62.   1   2   3   4   5
     || || || || ||

63. El <u>héroe</u> del escuadrón <u>aéreo</u> se <u>sentía</u> <u>felíz</u>.
      1   2   3   4

63.   1   2   3   4   5
     || || || || ||

64. Por su <u>heroísmo</u> en la última <u>conflagración</u>
        1   2
    recibió un <u>título</u> <u>honorífico</u>.
           3   4

64.   1   2   3   4   5
     || || || || ||

65. Dé un salto, la jauría cruzó el riachuelo.
    1   2   3   4

65. 1 2 3 4 5
     || || || || ||

66. La clasificación final del equipo solo llegó
       1   2   3
    a un recatado 4° lugar.
            4

66. 1 2 3 4 5
     || || || || ||

67. "Dé al César lo que es del César; y a Díos lo
    1   2   3   2   4
    que es de Díos."
              4

67. 1 2 3 4 5
     || || || || ||

68. Explícamelo cuando lleguemos a casa, ¿De
       1   2   3   4
    acuerdo?

68. 1 2 3 4 5
     || || || || ||

69. El amigo del Sr. Lavallen es subdirector de la
                                    1
    compañía e es estimado por el personal.
       2   3   4

69. 1 2 3 4 5
     || || || || ||

70. Raúl y Rosalía despreciaban el frio del crudo
    1   2   3
    invierno.
       4

70. 1 2 3 4 5
     || || || || ||

71. Nos gustaron mucho el espectáculo del circo.
    1   2   3   4

71. 1 2 3 4 5
     || || || || ||

72. El ejército desfilaban marcialmente el "Día
       1   2   3
    del Recuerdo".
          4

72. 1 2 3 4 5
     || || || || ||

73. Sólo descanzamos a mediodía, los días sábados
    1   2   3
    no trabajamos.
          4

73. 1 2 3 4 5
     || || || || ||

74. El avión aumentaba su velocidad en un cincuenta
       1   2
    por ciento mas rápido que el águila.
                3   4

74. 1 2 3 4 5
     || || || || ||

75. Caminaban por el Parque Central. ¡Qué hermosa
              1   2
    pareja! ¿de dónde serán?
       3   4

75. 1 2 3 4 5
     || || || || ||

76. La real academia de la lengua, en España, tiene
       1   2   3
    académicos correspondientes en todos los países
    de habla hispana; incluso Filipinas.
                                 4

76. 1 2 3 4 5
     || || || || ||

77. Las <u>máquina</u> de <u>escribir</u> modernas <u>tienen</u> una   **77.**   1   2   3   4   5
      1   2   3 || || || || ||
    esfera movible donde <u>están</u> los tipos.
                          4

78. Ecuador y Uruguay <u>es</u> los <u>países</u> <u>más</u> pequeños   **78.**   1   2   3   4   5
                    1   2   3 || || || || ||
    en <u>extensión</u> de Sudamérica.
          4

79. Cervantes <u>escribió</u> su obra maestra <u>mientras</u>   **79.**   1   2   3   4   5
               1   2 || || || || ||
    <u>estaba</u> en la <u>carcel</u>:
      3   4

80. El <u>jueves</u> pasado fuimos a ver la <u>estátua</u> del   **80.**   1   2   3   4   5
         1   2 || || || || ||
    famoso <u>escultor</u> <u>mexicano</u>.
              3   4

81. El mes de <u>mayo</u> <u>es</u> el <u>mes</u> de las <u>flores</u>.   **81.**   1   2   3   4   5
             1   2   3   4 || || || || ||

82. El amigo de Ricardo <u>lo</u> <u>acompañó</u> en sus <u>trámites</u> **82.**   1   2   3   4   5
                     1   2   3 || || || || ||
    de <u>ingreso</u> a la Universidad de Nueva York.
         4

83. El <u>régimen</u> impuesto por el nuevo <u>político</u> re-   **83.**   1   2   3   4   5
        1   2 || || || || ||
    cordaba <u>regímenes</u> de <u>epocas</u> caducas.
              3   4

84. El "Mayflower", barco <u>a</u> vela, trajo en 1620 a   **84.**   1   2   3   4   5
               1   2   3 || || || || ||
    un grupo de <u>separatistas</u> de la iglesia de In-
                    4
    glaterra a Plymouth, Massachusetts.

85. Los principales <u>países</u> americanos en ganado   **85.**   1   2   3   4   5
                                1 || || || || ||
    bovino, son: Brasil, México y Argentina.
          2   3   4

86. La cortadora de <u>césped</u> del <u>señor</u> <u>Gómez</u> estaba   **86.**   1   2   3   4   5
                    1   2   3 || || || || ||
    en el <u>automovil</u>.
           4

PARTE IV — Elementos modificadores y complementos

En cada oración falta una o dos palabras claves de la misma. De la lista de palabras, seleccione la que complete mejor el sentido de la oración.

EJEMPLO X4

X4. Ricardo, Manuel y Gaddiel caminaban tranquila y despreocupadamente por el campo admirando el hermoso día de ....

X4. 1 2 3 4 5
‖ ‖ ▮ ‖ ‖

X4. (1) año viejo
(2) tormenta
(3) primavera
(4) Todas correctas
(5) Ninguna correcta

En el ejemplo **X4.** se ha escogido la 3 por ser la única respuesta que complementa el significado de la misma.

87. Las .... torres de la catedral emergían entre los edificios de la ciudad.
(1) lejanas   (2) brillantes   (3) plateadas
(4) Todas correctas   (5) Ninguna correcta

87. 1 2 3 4 5
‖ ‖ ‖ ‖ ‖

88. Los países .... forman la O.E.A. juntos a Trinidad-Tobago, Surinam y Jamaica.
(1) del Atlántico Norte   (2) Del Cono Sur
(3) Región Andina   (4) latinoamericanos
(5) Ninguna correcta

88. 1 2 3 4 5
‖ ‖ ‖ ‖ ‖

89. El estudio de los ríos, lagos, mares y lagunas se llama ....
(1) pluviometría   (2) higrometría
(3) hidrografía   (4) Todas correctas
(5) Ninguna correcta

89. 1 2 3 4 5
‖ ‖ ‖ ‖ ‖

90. En un círculo, ... es el perímetro del círculo.
(1) radio   (2) circunferencia   (3) diámetro
(4) Todas correctas   (5) Ninguna correcta

90. 1 2 3 4 5
‖ ‖ ‖ ‖ ‖

91. Los piratas, bucaneros y corsarios eran bandidos del mar que en el siglo XVIII-XIX .... los mares.
(1) azotaban   (2) cortejaban   (3) infundían
(4) azolaban   (5) Ninguna correcta

91. 1 2 3 4 5
‖ ‖ ‖ ‖ ‖

92. La sintaxis, en gramática, estudia la .... que existe entre las palabras que forman la oración.
(1) relación   (2) comprensión   (3) pronunciación
(4) Todas correctas   (5) Ninguna correcta

92. 1 2 3 4 5
‖ ‖ ‖ ‖ ‖

93. El órgano productor de las plantas se llama
.........., en el cual madura el óvulo.
(1) sépalo   (2) estigma   (3) antera
    (4) ovario   (5) Todas correctas

93. 1 2 3 4 5
    || || || || ||

94. La inseminación .... es la reproducción
de seres vivos sin la participación directa
del macho o agente masculino.
(1) científica (2) artificial (3) natural
    (4) Todas correctas (5) Ninguna correcta

94. 1 2 3 4 5
    || || || || ||

95. Los alimentos plásticos o reproductores de
nuevas células .... encontramos en los
reinos animal y vegetal.
(1) los   (2) las   (3) les
    (4) Ninguna correcta   (5) Todas correctas

95. 1 2 3 4 5
    || || || || ||

96. La ciencia de la .... estudia las relaciones entre los seres vivos y el medio en
que viven.
(1) teología   (2) ecología   (3) quiromancia
    (4) Todas correctas (5) Ninguna correcta

96. 1 2 3 4 5
    || || || || ||

Respuestas Sub-Prueba 1—Corrección y efectividad de expresión

PARTE I

1. 3	5. 5	9. 4	13. 5	17. 1
2. 2	6. 4	10. 5	14. 4	18. 5
3. 4	7. 5	11. 2	15. 4	19. 1
4. 3	8. 3	12. 4	16. 1	20. 5

PARTE II

21. 2	26. 3	31. 4	36. 1
22. 3	27. 5	32. 4	37. 4
23. 3	28. 4	33. 2	38. 2
24. 1	29. 3	34. 4	39. 3
25. 3	30. 4	35. 5	40. 4
			41. 1

PARTE III

42. 4	51. 1	60. 3	69. 3	78. 1
43. 2	52. 3	61. 2	70. 3	79. 4
44. 2	53. 4	62. 1	71. 2	80. 2
45. 1	54. 4	63. 4	72. 2	81. 5
46. 2	55. 4	64. 4	73. 2	82. 1
47. 1	56. 3	65. 1	74. 3	83. 4
48. 2	57. 5	66. 2	75. 3	84. 2
49. 1	58. 3	67. 4	76. 1	85. 2
50. 5	59. 2	68. 1	77. 1	86. 4

PARTE IV

87. 4	89. 3	91. 4	93. 4	95. 1
88. 4	90. 2	92. 1	94. 2	96. 2

Sub-Prueba 2—Interpretación de lecturas en estudios sociales

INSTRUCCIONES

Lea cuidadosamente cada uno de los pasajes siguientes. Seleccione una contestación por cada pregunta numerada, la cual en su opinión, es la mejor que completa la oración o contesta la pregunta. Si encuentra que una es muy difícil, pase a la que sigue y luego vuelva a ella.

Pasaje I

La isla Borinquen, hoy Puerto Rico, fue descubierta por Cristóbal Colón en su segundo viaje. Colón zarpó del puerto de Cádiz el 25 de septiembre de 1493. De esta expedición se conocen pocos detalles porque el diario de navegación referente a la misma se ha perdido y los cronistas de esa época son lacónicos.

Se supone que Colón se dirigió hacia Puerto Rico por la ruta del sur y que una de sus carabelas exploró las Islas Vírgenes; poco después, el 19 de noviembre de 1493 arribó a "Boriquén" (Borinquen) por la costa occidental, desembarcando cerca de un poblado indio cuyo nombre se tradujo por "La Aguada". Los navegantes se abastecieron de agua dulce y de la pesca abundantísima de aquellas costas y bautizaron la isla con el nombre de Isla de San Juan Bautista.

Pero, no sería hasta 15 años más tarde que la primera expedición colonizadora se llevaría a cabo dirigida por Pinzón. Posteriormente, algunas muestras de oro halladas durante la expedición de Pinzón y el deseo del Gobernador de la Española (hoy Santo Domingo) por conocer los recursos naturales de Puerto Rico indujeron a Juan Ponce de León a explorar, junto con unos 50 hombres, la costa sur de la isla. Ponce de León se entrevistó con el gran cacique Agüeybana y estableció con él un pacto de amistad. Remontó la costa oriental y descubrió la bahía de San Juan; allí en un lugar apropiado y no muy alejado de dicha bahía, fundó la primera población de Puerto Rico: Caparra.

1. De la expedición que descubrió a Puerto Rico   **1.** 1 2 3 4 5
   (1) conocemos muchos pormenores
   (2) han llegado hasta nosotros historias muy
       dispares
   (3) se escribieron detalles en un diario de
       navegación
   (4) los cronistas se muestran prolíferos en
       describir los acontecimientos
   (5) conocemos muchas fábulas del gobierno de
       la isla

2. Colón llegó a Puerto Rico   **2.** 1 2 3 4 5
   (1) después de haber visitado Florida
   (2) siguiendo probablemente la ruta del sur
   (3) arrastrado allí por una tormenta
   (4) después de Ponce de León
   (5) en su primer viaje

3. La isla de Puerto Rico nunca fue conocida con   **3.** 1 2 3 4 5
   el nombre de
   (1) Borinquen   (2) Boriquén
   (3) San Juan Bautista (4) Las Islas Vírgenes
              (5) Todas correctas

4. La primera expedición colonizadora después de   **4.** 1 2 3 4 5
   la llegada de Colón
   (1) tuvo lugar durante la primera década del
       1500
   (2) no se realizó hasta medio siglo más tarde
   (3) fue capitaneada por Ponce de León
   (4) terminó con una entrevista con el cacique
       Agüeybana
   (5) desembarcó en un poblado indio que traduje-
       ron por la "Aguada"

5. Según el texto precedente, Ponce de León   **5.** 1 2 3 4 5
   (1) fundó la ciudad de San Juan de Puerto Rico
   (2) descubrió la bahía de San Juan
   (3) exploró toda la isla de Borinquen
   (4) junto con Pinzón visitó la isla de Puerto
       Rico quince años después de su descubri-
       miento
   (5) murió de muerte natural en Santo Domingo

Pasaje II
El Oriente Medio vive en medio de pasadas glorias,
prejuicios presentes y temores del futuro. Basta re-
mover el suelo para encontrarse con reliquias de imperios olvidados, cuna de civilizaciones antiguas y monumentos a religiones tan antiguas como la historia.

Desde el Nilo hasta el Eufrates, donde las modernas líneas aéreas recorren casi las mismas rutas que antes recorrían los camellos, el hombre sigue persistente y apasionado jugando el viejo drama de la vida humana. Todo y nada ha cambiado en el Oriente Medio desde los siglos antes de Jesucristo.

Palmyra, la ciudad de las caravanas del tiempo de la reina Cenobia, no es sino un recuerdo de los sueños de hombres pasados a la historia. Baalbek, donde incluso los dioses de antaño han muerto, no es sino una atracción turística sin turistas. Las Pirámides, grandiosos monumentos al deseo humano de inmortalidad, sufren las arrugas y grietas del tiempo, disimuladas con retoques artificiales.

Y con todo, nada ha cambiado. El hombre y sus pasiones, el hombre con su ignorancia y su saber, el hombre con su soberbia, el hombre en guerra con los otros hombres, sigue dominando el escenario del turbulento Oriente Medio.

6. El título que mejor expresa las ideas contenidas en este pasaje es:
   (1) Lo antiguo frente a lo moderno
   (2) La atracción de las Pirámides
   (3) El Medio Oriente no cambia
   (4) Nuevas rutas al Oriente Medio
   (5) La cuna de los Imperios

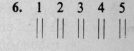

7. Según este pasaje los problemas del Oriente Medio se deben a
   (1) una civilización que fenece
   (2) falta de ingresos por el turismo
   (3) el derrumbamiento de civilizaciones antecedentes
   (4) desaparición de la creencia en la inmortalidad
   (5) la debilidad humana

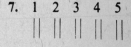

8. Este pasaje sugiere que
   (1) la naturaleza humana no cambia
   (2) el hombre, al final, triunfa sobre la ignorancia
   (3) el destino del hombre ha cambiado
   (4) la naturaleza del hombre se ha mejorado
   (5) que mutuos prejuicios entre los hombres desaparecen

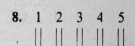

9. Según este pasaje los antiguos habitantes del   9. 1 2 3 4 5
    Oriente Medio || |' || || ||
    (1) eran irreligiosos.
    (2) eran soberbios.
    (3) eran melancólicos.
    (4) eran pobres.
    (5) eran carentes de imaginación.

10. Una conclusión que se puede sacar del pasaje   10. 1 2 3 4 5
    anterior || || || || ||
    (1) existían antes del cristianismo.
    (2) creían en un solo Dios
    (3) se basaban en la agricultura.
    (4) estaban interesadas en el arte dramático.
    (5) tenían una naturaleza democrática.

      Pasaje III
          Desde 1750, cuando empezó el uso de la energía del
      vapor de agua, la población de la tierra se ha tripli-
      cado. Este aumento no ha sido un fenómeno evolutivo
      por causas biológicas. Aun así tenemos que decir que
      hubo un tipo de evolución como consecuencia de la ex-
      plosión demográfica, ocurre ésta en el orden, la
      estructura y la organización económica mundial. Así
      es que más de 1,500,000,000 de seres humanos están
      viviendo sobre la superficie de la tierra sosteniéndose
      a sí mismos; trabajando para otros, quienes a su vez
      trabajan para ellos. El triplicamiento extraordinario
      de la población humana en seis cortas generaciones
      está explicada por la velocidad de crecimiento de la
      unificación económica que ocurrió durante el mismo
      período. La mayoría de nosotros nos mantenemos vivos
      por medio de esta sociedad mundial en forma de cooper-
      ativas unificadas. La materia prima o elaborada son
      los más grandes viajeros sobre la tierra; viajan mucho
      más que los seres humanos. Interminables corrientes
      de productos cruzan, como en canales marcianos, visi-
      tando cualquier punto distante en el globo terráqueo
      que no hubiese sido visitado con anterioridad.

11. De los títulos siguientes, ¿Cuál de ellos   11. 1 2 3 4 5
    expresa la mejor idea de este pasaje? || || || || ||
    (1) Un fenómeno moderno
    (2) La época del vapor de agua
    (3) Aumentando la población
    (4) Nuestro más grande viajero
    (5) Nuestra interdependencia económica

12. Una generación es considerada ser un lapso   12. 1 2 3 4 5
    de tiempo de || || || || ||
    (1) 20 años
    (2) 25 años
    (3) 33 años
    (4) 40 años
    (5) depende de la edad promedio al casarse

13. El autor considera el comercio necesario para 13. 1 2 3 4 5
    (1) viajar || || || || ||
    (2) la democracia
    (3) la unidad política
    (4) la preservación propia
    (5) la teoría de evolución

14. El cambio más importante ocurrido a causa de   14. 1 2 3 4 5
    la explosión demográfica fue || || || || ||
    (1) la revolución
    (2) la organización económica
    (3) factores biológicos
    (4) aumentos en viajes
    (5) el crecimiento del gobierno mundial

15. El crecimiento poblacional es de tipo   15. 1 2 3 4 5
    (1) geométrico || || || || ||
    (2) aritmético
    (3) constante
    (4) proporcional directo
    (5) proporcional indirecto

Pasaje IV

La escasez mundial del agua dulce podría aliviarse
en el futuro de acuerdo con algunos científicos, utilizando como fuente de abastecimiento enormes témpanos de
hielo remolcados desde las regiones polares. Se ha
sugerido, por ejemplo, la posibilidad de traer estos
témpanos hasta la costa occidental de los Estados
Unidos y fertilizar, con el agua de que están formados,
el desierto de California.

Se calcula que un témpano de 230 metros de espesor
y 2,500 metros de lado, remolcado hasta Australia,
suministraría cerca de 800 mil millones de litros de
agua, aún teniendo en cuenta que el 70 por ciento del
témpano se disolvería en la travesía. Se calcula
igualmente que una operación de remolque por este estilo costaría menos de un millón de dólares y que el
agua obtenida del témpano tendría un valor aproximado
de $ 5.5 millones de dólares, es decir: menos de la
décima parte de lo que costaría obtener una cantidad
equivalente de agua potable por proceso de desaliniza-
ción.

La idea de utilizar los flotantes hielos polares
como fuente de agua dulce comprende preferentemente
los témpanos procedentes de la Antártica (cuyo casquete
helado contiene aproximadamente el 80 por ciento del
agua de la tierra); la forma generalmente plana de
estos témpanos australes, en contraste con los que se
originan en las regiones boreales, haría más practica
la operación de remolcar los enormes témpanos flotantes.

16. Según el texto, una forma de remediar la falta
de agua de algunas zonas de la tierra podría
ser mediante

    16. 1 2 3 4 5

    (1) la utilización del agua de mar en gran
    escala.
    (2) la transportación de témpanos de hielo
    desde los polos.
    (3) la acumulación de agua de lluvia.
    (4) la construcción de lagos artificiales.
    (5) la fabricación de agua artificial.

17. Un témpano, como el citado en el texto,
transportado desde el Atlántico hasta
Australia, perdería por el camino

    17. 1 2 3 4 5

    (1) la mitad de su volumen.
    (2) más de la mitad de su volumen.
    (3) 800 millones de litros de agua.
    (4) una pequeña parte de su espesor.
    (5) treinta por ciento de su volumen.

18. En el ejemplo presentado en el texto, el
agua obtenida de un témpano transportado

    18. 1 2 3 4 5

    (1) resultaría más barata que la procedente
    de la desalinización del agua de mar.
    (2) alcanzaría precios prohibitivos.
    (3) resultaría muy barata.
    (4) no sería útil para el regadío.
    (5) se podría adquirir en las bodegas.

19. Es más factible la utilización de las masas
de hielo flotantes procedentes de la
Antártica que las nórdicas porque

    19. 1 2 3 4 5

    (1) son más grandes.
    (2) tienen forma aplanada.
    (3) son más frías.
    (4) son más numerosas.
    (5) están más cercas.

20. La forma de los témpanos procedentes de
las regiones boreales

    20. 1 2 3 4 5

    (1) dificulta su transporte.
    (2) facilita su fusión.
    (3) hace más práctica la operación de
    remolque.
    (4) dificulta su mantenimiento a flote.
    (5) facilita su fabricación.

Pasaje V

¿Cuántos planetas existen? Si contesta "nueve", se equivoca. Hay más de 50.000 planetas girando en órbita alrededor de la estrella que llamamos Sol.

Desde luego, los protagonistas entre toda esta multitud son los "nueve grandes": Mercurio, Venus, La Tierra, Marte, Júpiter, Saturno, Urano, Neptuno, y Plutón. Estos son los planetas importantes.

¿Qué pasa con los otros 49.991 planetas, más o menos? Estos son planetas secundarios, masas de metal o roca más conocidas con el nombre de planetoides o asteroides.

La mayoría de los asteroides pueblan una amplia región del espacio comprendida entre las órbitas de Marte y Júpiter. Esta pista interplanetaria forma un cinturón de unos 300 millones de millas de anchura. Algunos asteroides, no obstante, están muy alejados de esta zona. Sus órbitas se acercan a la tierra en algunos casos, otras veces se alejan hacia Saturno.

¿Qué son los asteroides? Los curiosos observadores del espacio dudan entre dos posibilidades. ¿Son estos cuerpos las sobras y residuos abandonados durante la formación del sistema solar?

¿O, como algunos sabios creen, los tristes recuerdos de un planeta perdido, o la herencia siniestra de un mundo que explotó?

21. Se puede describir a los asteroides como   21. 1 2 3 4 5
    (1) planetas perdidos. || || || || ||
    (2) restos de planetoides.
    (3) planetas menores.
    (4) productos de la actividad del sol.
    (5) estrellas de tamaño medio.

22. Entre los siguientes, ¿qué nombres   22. 1 2 3 4 5
    corresponden a planetas? || || || || ||
    (1) Marte y Júpiter
    (2) Júpiter y Plutón
    (3) La Tierra y Venus
    (4) Plutón y Neptuno
    (5) Todos

23. De acuerdo con el pasaje anterior, se   23. 1 2 3 4 5
    cuentan como planetas || || || || ||
    (1) sólo los "nueve grandes.
    (2) los planetas mayores con sus satélites.
    (3) los planetas junto con los planetoides
        y asteroides.

(4)   el conjunto de los restos de la forma-
     ción del sistema solar.
(5)   49,991 cuerpos celestes.

24.   ¿Cuál de las siguientes afirmaciones es falsa? **24.** 1 2 3 4 5
(1)   Por lo menos hay 1,000 planetoides.   ║ ║ ║ ║ ║
(2)   Todos los planetoides giran en órbitas
     alrededor de Marte y Júpiter.
(3)   Los planetoides son pequeños cuerpos
     que giran alrededor del sol.
(4)   Los grandes planetas son nueve
(5)   Los planetas giran alrededor del sol.

25.   ¿Cuál de los títulos siguientes expresa mejor **25.** 1 2 3 4 5
la idea del pasaje?   ║ ║ ║ ║ ║
(1)   Las lunas
(2)   Los planetas
(3)   Las estrellas de mar
(4)   La tierra
(5)   Todas correctas

Pasaje VI
    Cualquier nación puede pertenecer a las Naciones
Unidas siempre y cuando se comprometa a aceptar las
obligaciones de la Carta Fundamental y sea considerada
con capacidad y voluntad de observar dichas obligaciones. Las Naciones Unidas se basan en los siguientes
principios fundamentales: todas las naciones son
iguales y soberanas; todas las naciones están obliga-
das a cumplir en buena fe las obligaciones a las que
se han comprometido; todas las naciones se comprometen
a componer sus querellas por medios pacíficos en forma
tal que no se afecte la paz, la seguridad, o la justicia.

    En sus relaciones internacionales ninguna nación
usará o amenazará hacer uso de la fuerza en contra de
la independencia territorial o política de cualquier
estado, ni actuará de forma inconsistente con los fines
de las Naciones Unidas. Todas las naciones se comprometen a apoyar a las Naciones Unidas cuando ésta tome
decisiones que estén de acuerdo con la Carta Fundamental y ninguna nación apoyará a cualquier otra
nación contra la cual las Naciones Unidas decreten
medidas encaminadas a conservar o a restablecer la paz.

    Las Naciones Unidas ejercen sus funciones por
medio de cuatro organismos principales cada uno de los
cuales tiene responsabilidades específicas. Estos
organismos son: la Asamblea General, el Consejo de
Seguridad, el Consejo Económico y Social, el Consejo de

Protectorados, el Tribunal Internacional de Justicia,
y el Secretariado General. Las oficinas centrales de
las Naciones Unidas están situadas en Nueva York, en
un terreno internacional de 18 acres. Algunas de las
actividades de las Naciones Unidas tienen sus oficinas
en otros países; particularmente en Ginebra, Suiza y
la Haya, Holanda.

La Asamblea General es el órgano principal deliberativo de las Naciones Unidas; se reúne una vez al
año y la sesión dura normalmente tres meses. Se elige
un Presidente y un Vice-presidente para cada sesión.
Cada nación tiene solamente un voto, pero las delega-
ciones son tomadas por simple mayoría de votos, aunque
en circunstancias puede requerirse una mayoría de dos
tercios.

26. Todas las afirmaciones siguientes acerca de las
    Naciones Unidas son verdaderas, EXCEPTO
    (1) todos los países miembros son iguales
        y soberanos
    (2) las Naciones Unidas no pueden interferir
        en asuntos internos de los países a
        ella asociados
    (3) todos los miembros se han comprometido
        a zanjar sus disputas por medios
        pacíficos
    (4) las Naciones Unidas es un gobierno mundial
    (5) la asociación a las Naciones Unidas está
        abierta a todo país que ame la paz

    26. 1 2 3 4 5
        || || || || ||

27. Aunque las Naciones Unidas tiene la mayoría
    de sus actividades en la ciudad de Nueva York,
    algunas de sus oficinas se encuentran en
    (1) Ginebra, Suiza
    (2) Roma, Italia
    (3) Lucerna, Suiza
    (4) Amsterdam, Holanda
    (5) Moscú, URSS

    27. 1 2 3 4 5
        || || || || ||

28. Todos los organismos siguientes son parte
    de las Naciones Unidas, EXCEPTO
    (1) el Secretariado General
    (2) el Consejo Económico y Social
    (3) el Consejo de Tutela
    (4) el Tribuanl Internacional de Justicia
    (5) la Liga de las Naciones

    28. 1 2 3 4 5
        || || || || ||

29. El Presidente de la Asamblea General
    (1) tiene el cargo a título permanente.
    (2) es elegido solamente por un año.
    (3) es elegido cada tres meses.

    29. 1 2 3 4 5
        || || || || ||

(4)   sirve algunas veces como vice-presidente.
(5)   procede de un país neutral que no
      pertenece a las Naciones Unidas.

30. En la Asamblea General cada nación   30. 1 2 3 4 5
    representada || || || || ||
    (1)   tiene un voto solamente.
    (2)   tiene cinco votos.
    (3)   tiene solamente un miembro en su
          delegación.
    (4)   tiene en su delegación cinco represen-
          tantes.
    (5)   vota solamente en materias que requieren
          una mayoría de dos tercios.

31. El órgano deliberativo principal de las   31. 1 2 3 4 5
    Naciones Unidas es || || || || ||
    (1)   el Presidente.
    (2)   el Secretario General.
    (3)   los representantes del Viejo Mundo.
    (4)   los representantes de América.
    (5)   la Asamblea General.

Pasaje VII

La Revolución Americana es la única en la historia
moderna que, en lugar de destruir a los intelectuales
que la prepararon, los llevó al poder. La mayoría de
los firmantes de la Declaración de Independencia eran
intelectuales. Esta tradición está muy enraizada en
América en donde la mayoría de sus grandes hombres de
estado han sido intelectuales, por ejemplo, Jefferson
y Lincoln. Estos hombres cumplieron sus deberes políticos, pero al mismo tiempo sintieron una responsabili-
dad más universal y activamente definieron dicha res-
ponsabilidad. Gracias a ellos América es una escuela
viviente de ciencias políticas. De hecho América es,
en el momento presente, la única nación que se adapta
perfectamente a las emergencias del mundo contemporáneo
y la única que puede resolver con éxito los complejos
problemas de hoy día. Un europeo que siga con atención la política americana quedará sorprendido de la
frecuencia con que se menciona en la prensa y en las
plataformas de los partidos la filosofía que respalda
las actitudes políticas, los hechos históricos que
condujeron a tales actividades y los grandes estadistas
que fueron sus mejores representantes.

32. El título que mejor expresa las ideas   32. 1 2 3 4 5
    contenidas en este pasaje es: || || || || ||
    (1)   Los orígenes de la Revolución Americana.
    (2)   Jefferson y Lincoln.

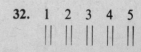

(3) Los fundamentos de la filosofía
política americana.
(4) Democracia frente a comunismo.
(5) Las responsabilidades de los estadistas.

33. Según este pasaje aquellos intelectuales que   33. 1 2 3 4 5
preparan los caminos de las revoluciones, || || || || ||
son con frecuencia
(1) agasajados.
(2) mal entendidos.
(3) destruidos.
(4) olvidados.
(5) elegidos para cargos de gobierno.

34. ¿Cuál de las siguientes afirmaciones es   34. 1 2 3 4 5
verdadera según el pasaje precedente? || || || || ||
(1) América es la tierra de los intelectuales.
(2) Todos los firmantes de la Declaración
de Independencia eran intelectuales.
(3) Jefferson y Lincoln eran revolucionarios.
(4) La adaptabilidad es una característica de
la ciencia política americana.
(5) Los euopeos quedan confundidos ante
la política americana.

35. Los grandes estadistas americanos   35. 1 2 3 4 5
(1) solamente se ocuparon de recibir honores. || || || || ||
(2) sintieron responsabilidades que iban
más allá de su cargo.
(3) nunca se ocuparon de problemas
universales.
(4) suelen morir asesinados.
(5) nunca han sido unos intelectuales.

36. Del pasaje concluimos que   36. 1 2 3 4 5
(1) la revolución ocurrió en 1620. || || || || ||
(2) la revolución empezó en Washington, D.C.
(3) la revolución terminó en el año 1900.
(4) no hubo tal revolución.
(5) fuera de la revolución americana todas
las demás destruyeron a sus líderes
e intelectuales.

Pasaje VIII
A toda depresión económica ha precedido siempre
una actividad febril, precios elevados, alto margen
de ganancias, y gran facilidad de créditos. Toda
depresión ha sido acompañada de poca actividad comer-
cial, caída de precios, y aumento de desempleo. Cada
una de ellas ha llevado a la ruina a muchos bancos y
negocios y a una infinidad de familias. Mientras haya
depresiones no podrá haber una economía de abundancia

por un plazo largo. Economistas progresivos se están esforzando por aumentar el poder de comprar de nuestras masas y por inducirlas al ahorro para que surja un mercado adecuado para los productos de la agricultura y la fábrica.

37. El título que mejor expresa las ideas contenidas en este pasaje es:
    (1) La causa de las depresiones
    (2) La solución para las depresiones
    (3) Fluctaciones de precios
    (4) Análisis del poder de compras
    (5) La actividad financiera y la depresión

37. 1 2 3 4 5
    || || || || ||

38. Muchos economistas, especialmente aquéllos que buscan el progreso, creen que la mejor manera de prevenir las depresiones económicas es
    (1) fomentando la agricultura.
    (2) favoreciendo los trabajadores industriales
    (3) protegiendo los grandes negocios
    (4) fomentando el consumo
    (5) aumentando el control gubernamental

38. 1 2 3 4 5
    || || || || ||

39. La actividad de negocios que precede a una depresión puede caracterizarse como una actividad
    (1) que produce mayores beneficios.
    (2) conducente a quiebras bancarias
    (3) en la que los precios bajan
    (4) que induce a la restricción de créditos
    (5) que pudiera llamarse estable

39. 1 2 3 4 5
    || || || || ||

40. Toda depresión se caracteriza por
    (1) el aumento en los empleos.
    (2) la poca actividad comercial
    (3) la fuga de capital al extranjero
    (4) un margen de ganancias elevado
    (5) ninguna correcta

40. 1 2 3 4 5
    || || || || ||

Respuestas Sub-Prueba 2—Interpretación de lecturas en estudios sociales

1. 3	9. 2	17. 2	25. 2	33. 3
2. 2	10. 1	18. 1	26. 4	34. 4
3. 4	11. 5	19. 2	27. 1	35. 2
4. 1	12. 3	20. 1	28. 5	36. 5
5. 2	13. 4	21. 4	29. 2	37. 2
6. 3	14. 2	22. 5	30. 1	38. 3
7. 5	15. 1	23. 5	31. 5	39. 1
8. 1	16. 2	24. 1	32. 3	40. 2

Sub-Prueba 3—Interpretación de selecciones literarias

INSTRUCCIONES

Lea cuidadosamente cada uno de los pasajes siguientes. Seleccione una contestación por cada pregunta numerada, la cual, en su opinión, es la mejor que completa la oración o contesta la pregunta. Si encuentra que una es muy difícil, pase a la que sigue y luego vuelva a ella.

SELECCIÓN I

Este monte que hoy llaman de Las Animas pertenecía a los Templarios, cuyo convento ves allí, a la margen del río. Los Templarios eran guerreros y religiosos a la vez. Conquistada Soria a los árabes, el rey los hizo venir de lejanas tierras para defender la ciudad por la parte del puente, haciendo en ello un notable agravio a los nobles de Castilla, que así hubieron sabido defenderla solos como solos la conquistaron.

Entre caballeros de la nueva y poderosa Orden y los hidalgos de la ciudad fermentó por algunos años y estalló al fin, un odio profundo. Los primeros tenían acotado el monte, donde reservaban caza abundante para satisfacer sus necesidades y contribuir a sus placeres; los segundos determinaron organizar una gran batida en el coto, a pesar de las severas prohibiciones de los "clérigos con espuelas" como llamaban a sus enemigos.

Cundió la voz del reto y nada fue posible para detener a los unos de su manía de cazar y a los otros en su empeño de estorbarlos. La proyectada expedición se llevó a cabo. No se acordaron de ella las fieras, antes la tendrían presente tantas madres que llevaron sendos lutos por sus hijos. Aquello no fue una cacería, fue una batalla espantosa: el monte quedó sembrado de cadáveres, los lobos a quienes se quiso exterminar, tuvieron un sangriento festín. Por último, intervino la autoridad del rey; el monte, maldita ocasión de tanta desgracia, se declaró abandonado y la capilla de los religiosos, situada en el mismo monte y en cuyo atrio se enterraron juntos amigos y enemigos, comenzó a arruinarse.

Desde entonces dicen que cuando llega la noche de los difuntos se oye doblar sola la campana de la capilla, y que las ánimas de los muertos, envueltos en jirones de sus sudarios, corren como en una cacería

frenética por entre las breñas y los zarzales. Los
ciervos braman espantados, los lobos aúllan, las cule-
bras dan espantosos silbidos, y al otro día se han visto impresas en la nieve las huellas de los descarnados
pies de los esqueletos. Por eso en Soria le llamamos
el Monte de las Ánimas.

1. ¿Qué título le pondría a este pasaje?   **1.** 1 2 3 4 5
    (1) La orden de los Templarios || || -|| || ||
    (2) El monte de las ánimas
    (3) Una batalla campal
    (4) Las sombras de la noche
    (5) Los nobles de Castilla

2. Este pasaje parece contener   **2.** 1 2 3 4 5
    (1) un drama   (2) una epopeya || || || || ||
            (3) una narración histórica
    (4) una leyenda   (5) un cuento

3. De las siguientes afirmaciones seleccione sola- **3.** 1 2 3 4 5
    mente la que es cierta || || || || ||
    (1) El autor hace uso abundantísimo de la
        metáfora
    (2) La descripción en este pasaje es clara, con-
        cisa, sencilla, y rápida
    (3) El pasaje anterior no contiene ningún
        misterio
    (4) El estilo del autor es prolijo en adjetivos
        innecesarios
    (5) El autor muestra un afecto desmesurado
        hacia los templarios

4. Según el autor los nobles de Castilla   **4.** 1 2 3 4 5
    (1) estaban en completa armonía con los || || || || ||
        Templarios
    (2) llamaron a los Templarios en su ayuda
    (3) nunca fueron amigos íntimos de los Templarios
    (4) se aliaron a los Templarios para pelear
        contra el rey
    (5) Ninguna correcta

5. De este pasaje podemos concluir   **5.** 1 2 3 4 5
    (1) que los caballeros de la ciudad eran todos || || || || ||
        fraternos
    (2) cundió la sangre y muerte en el palacio
        real
    (3) hubo fiesta por lo ocurrido
    (4) las madres llevaron sendos lutos por sus
        hijos
    (5) el rey no intervino después de la disputa

SELECCIÓN II

ROMANCILLO

Pobre barquilla mía,
entre peñascos rota,
sin velas desvelada
y entre las olas sola!
    ¿Adónde vas perdida?
    ¿Adónde, di, te engolfas?
que no hay deseos cuerdos
con esperanzas locas.
    Como las altas naves,
te apartas animosa
de la vecina tierra
y al fiero mar te arrojas:
igual en las fortunas,
mayor en las congojas,
pequeña en las defensas,
incitas a las ondas.
    Advierte que te llevan
a dar entre las rocas
de la soberbia envidia
naufragio de las honras.
    Cuando por las riberas
andabas costa a costa,
nunca del mar temiste
las iras procelosas.

    Segura navegabas,
que por la tierra propia
nunca el peligro es mucho
a donde el agua es poca.
    Verdad es que en la patria
no es la virtud dichosa,
ni se estimó la perla
hasta dejar la concha.
    Dirás que muchas barcas,
con el favor en popa,
salieron desdichadas
volvieron venturosas:
    no mires los ejemplos
de las que van y tornan,
que a muchas ha perdido
la dicha de las otras.
    Para los altos mares
no llevas cautelosa
ni velas de mentiras
ni remos de lisonjas:
    ¿quién te engañó barquilla?
Vuelve, vuelve la proa,
que presumir de nave
fortunas ocasiona.

6. El autor en toda esta poesía
   (1) se refiere a las naves turcas
   (2) está hablando de su propia vida y sus deseos
   (3) describe los navíos españoles
   (4) no se refiere a nada en concreto
   (5) Todas correctas

   6. 1 2 3 4 5

7. El estilo usado por el autor al escribir este
   poema es
   (1) consonante   (2) asonante   (3) disonante
       (4) intermitente   (5) cacofónico

   7. 1 2 3 4 5

8. El propósito principal de esta poesía es demos-
   trar que
   (1) es muy propio lanzarse a aventuras descono-
       cidas
   (2) los barcos pequeños nunca deberían lanzarse
       a alta mar
   (3) nadie debiera nunca lanzarse a una aventura
   (4) debe ser un refleccionar cauteloso sobre
       las excusas que una encuentra para lanzarse
       a aventuras desconocidas en una vida
       incierta
   (5) Todas correctas

   8. 1 2 3 4 5

9. En los primeros cuatro versos el autor   **9.** 1 2 3 4 5
    (1) se describe a sí mismo envuelto en la sole-
        dad y sin ayuda
    (2) describe una tempestad
    (3) busca ayuda
    (4) recuerda su vida pasada
    (5) habla de una barquita que tenía y que se le
        había roto

10. En los últimos dos versos el autor pretende   **10.** 1 2 3 4 5
    (1) regresar con su barquilla
    (2) seguir adelante
    (3) quedarse en alta mar
    (4) morir con su nave
    (5) destruir la barquilla

SELECCIÓN III

Yo recordaba nebulosamente aquel antiguo jardín donde los mirtos seculares dibujaban los cuatro escudos del fundador en torno de una fuente abandonada. El jardín y el palacio tenían esa vejez señorial, melan- cólica de los lugares por donde en otro tiempo pasó la vida amable de la galantería y el amor...

¡Hermosos y lejanos recuerdos! Yo también los evo- qué un día lejano, cuando la mañana otoñal y dorada en- volvía el jardín húmedo y reverdecido por la constante lluvia de la noche. Bajo el cielo límpido, de un azul heráldico, los cipreses venerables parecían tener el ensueño de una vida monástica. La caricia de la luz temblaba sobre las flores como un pájaro de oro, y la brisa trazaba en el terciopelo de la hierba huellas i- deales y quiméricas como si danzasen invisibles hadas... Las flores comenzaban a marchitarse en las versallescas canastillas reclamadas de mirto, y exhalaban ese aroma indeciso que tiene la melancolía de los recuerdos. En el fondo del laberinto murmuraba la fuente rodeada de cipreses, y el murmullo del agua parecía difundir por el jardín un sueño pacífico de vejez, de recogimiento, de abandono.....

11. Este pasaje literario   **11.** 1 2 3 4 5
    (1) tiende a inspirar romanticismo y melancolía
    (2) suscita ideas llenas de luz y viveza
    (3) es eminentemente jocoso
    (4) promete un futuro agradable
    (5) desprecia todo lo pasado

12. En el jardín y palacio de que se habla en el   **12.** 1 2 3 4 5
    texto precedente,

(1) habitaban muchísimas personas
(2) nunca había habitado nadie
(3) estaba deshabitado y solamente se encontra-
    ba en él el autor
(4) no había ni recuerdo de flores
(5) nadie podía encontrarse a gusto

13. La expresión "la caricia de la luz" sugiere   **13.** 1 2 3 4 5
                                                   || || || || ||
(1) una luz muy viva y molesta
(2) una luz suave, acogedora, y agradable
(3) un rayo de luz inesperado
(4) una luz fuerte de mediodía
(5) un rayo de luz que nos desconcierta

14. Los cipreses del jardín eran   **14.** 1 2 3 4 5
                                                 || || || || ||
(1) muy viejos
(2) jóvenes y raquíticos por falta de agua
(3) pequeños
(4) altos
(5) estaban muertos desde hacía mucho tiempo

15. El título que mejor expresa la idea de este   **15.** 1 2 3 4 5
pasaje es: || || || || ||
(1) Canción de verano
(2) Sonata de invierno
(3) Opera de primavera
(4) Sonata de otoño
(5) Ninguna correcta

SELECCIÓN IV

ACACIA: Mira estos pendientes; me los ha regalao...
Bueno, Esteban..., ahora no está mi madre; mi
madre quiere que le llame padre siempre.

MILAGROS: Y él bien te quiere.

ACACIA: Eso sí; pero padre y madre no hay más que
unos...Estos pañuelos también me los trajo él de
Toledo; las letras las han bordado las monjas...
Éstas son tarjetas postales; mira qué preciosas.

MILAGROS: ¡Qué señoras tan guapetonas!

ACACIA: Son cómicas de Madrid y de París de
Francia...Mira estos niños, qué ricos...Esta caja
me la trajo él también llena de dulces.

MILAGROS: Luego dirás...

ACACIA: Si no digo nada. Si yo bien veo que me
quiere; pero yo hubiera querido mejor y estar yo

sola con mi madre.

MILAGROS: Tu madre no te ha querido menos por eso.

ACACIA: ¡Qué sé yo! Está muy ciega por él. No sé
           yo si tuviera que elegir entre mí y ese hombre...

MILAGROS: ¡Qué cosas dices! Ya ves, tú ahora te
           casas, y si tu madre hubiera seguido viuda, bien
           sola la dejabas.

ACACIA: Pero ¿tú crees que yo me hubiera casao si
           yo hubiera estao sola con mi madre?

MILAGROS: ¡Anda! ¿No te habías de haber casao? Lo
           mismo que ahora.

ACACIA: No lo creas. ¿Ande iba yo haber estao ma
           más ricamente que con mi madre en esta casa?

MILAGROS: Pues no tienes razón. Todos dicen que tu
           padrastro ha sido muy bueno para ti y con tu madre.
           Si no hubiera sido así, ya tú ves, con lo que se
           habla en los pueblos...

ACACIA: Sí ha sido bueno; no diré yo otra cosa.
           Pero yo no me hubiera casao si mi madre no
           vuelve a casarse.

16. El propósito de este trozo es destacar   16. 1 2 3 4 5
     (1) el carácter amable de Acacia   ‖ ‖ ‖ ‖ ‖
     (2) el comportamiento malvado de Esteban
     (3) lo mucho que Acacia agradece las
         atenciones de Esteban
     (4) la naturaleza celosa de Acacia
     (5) la indiferencia de Milagros

17. El autor nos presenta un conflicto entre   17. 1 2 3 4 5
     (1) dos amigas   ‖ ‖ ‖ ‖ ‖
     (2) marido y mujer
     (3) Acacia y su padrastro
     (4) el bien y el mal
     (5) opiniones opuestas del pueblo

18. De acuerdo con la opinión de Milagros, Esteban 18. 1 2 3 4 5
     (1) es un mal hombre   ‖ ‖ ‖ ‖ ‖
     (2) es egoísta
     (3) siempre ha sido bueno con Acacia
     (4) es un marido celoso
     (5) actúa hipócritamente

19. De acuerdo con la conversación del pasaje   19.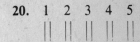
    anterior, podemos inferir que las jóvenes son
    (1) dos campesinas
    (2) dos señoritas de sociedad
    (3) dos criadas
    (4) dos chicas de ciudad
    (5) Ninguna de las cuatro

20. El final del diálogo sugiere que Acacia   20. 1 2 3 4 5
    (1) se casa por obedecer a su madre
    (2) se casa enamorada
    (3) no desea casarse de inmediato
    (4) no sabe si casarse o no
    (5) se casa por alejarse de su hogar

SELECCIÓN V

El cielo lloraba intensamente por sus innumerables ojos; el río hinchándose de rugiente cólera, lamiendo con sus lenguas rojas la entrada de las calles bajas, asomábase a los huertos de las orillas y penetraba por entre los naranjos, después de abrir agujeros en los setos y en las tapias.

La única preocupación era si llovería al mismo tiempo en las montañas altas. Si bajaba agua de allá la inundación sería cosa seria. Los curiosos hacían esfuerzos al anochecer por adivinar el color de las aguas, temiendo verlas negruzcas, señal cierta que venían de aquellas alturas.

Cerca de dos días duraba aquel diluvio. Cerró la noche, y en la obscuridad sonaba lúgubre el mugido del río. Sobre su negra superficie reflejábanse como inquietos pescados de fuego, las luces de las casas ribereñas y los farolillos de los curiosos que examinaban las orillas.

En las calles bajas, al extenderse, se colaba el río por debajo de las puertas. Las mujeres y los chicos refugiábanse en los graneros, y los hombres, arremangados de piernas, chapoteaban en el líquido fangoso, poniendo en salvo los aperos de labranza o tirando de algún borriquillo que retrocedía asustado, metiéndose cada vez más en el agua.

Toda aquella gente de los arrabales, al verse en las tinieblas de la noche con la casa inundada, perdió la calma burlona de que había hecho alarde durante el día. La dominaba el pavor de lo sobrenatural y buscaba con infantil ansiedad una protección, un poder fuerte que atajase el peligro. Tal vez esta ríada era la definitiva.

¿Quién sabe si serían ellos los destinados a
perecer con las últimas ruinas de la ciudad?

21. ¿Qué título daría a este pasaje?
    (1) Los naranjales
    (2) Un río que se desborda
    (3) La única preocupación campesina
    (4) Falta de cuidado
    (5) El pavor de la gente

21. 1 2 3 4 5
    ‖ ‖ ‖ ‖ ‖

22. ¿Con qué palabras quiere el autor describir
    el espectáculo del río que avanza desbordado?
    Con palabras que
    (1) inducen la calma y la serenidad
    (2) excitan a la pelea
    (3) parecen presentar al río algo así como a
        un monstruo que avanza avasallador
    (4) sugieren tragedias del pasado
    (5) incitan la protesta

22. 1 2 3 4 5
    ‖ ‖ ‖ ‖ ‖

23. De entre las siguientes palabras solamente
    está mal definida:
    (1) aperos de labranza — instrumentos
        de labranza
    (2) seto — cercado o cerca
    (3) chapotear — poner los chapos en el agua
    (4) alarde — ostentación
    (5) mugido — sonido

23. 1 2 3 4 5
    ‖ ‖ ‖ ‖ ‖

24. El autor narra la tragedia del río que se
    desborda
    (1) como si fuera un testigo presencial
    (2) como si se le oyera contar a una
        tercera persona
    (3) como alguien que se vio personalmente
        envuelto en la tragedia
    (4) un estilo de presente histórico
    (5) como lamentándose del mal ocurrido

24. 1 2 3 4 5
    ‖ ‖ ‖ ‖ ‖

25. El río que se hincha de cólera es un ejemplo
    de
    (1) metonimia   (2) personificación
       (3) hiperbatón   (4) paradoja
          (5) comparación

25. 1 2 3 4 5
    ‖ ‖ ‖ ‖ ‖

SELECCIÓN VI

Érase una gallina que ponía
un huevo de oro al dueño cada día.
Aun con tanta ganancia mal contento
quiso el rico avariento
descubrir de una vez la mina de oro
y hallar en menos tiempo más tesoro.

Matóla, abrióla el vientre contado,
pero después de haberla registrado
¿Qué sucedió? Que, muerta la gallina,
perdió su huevo de oro y no halló mina.
¡Cuántos hay que teniendo lo bastante,
enriquecerse quieren al instante,
abrazando proyectos
a veces de tan rápidos efectos.
Que sólo en pocos meses,
cuando se contemplaban ya marqueses
contando sus millones,
se vieron en la calle sin calzones.

Félix María Samaniego

26. Esta poesía contiene
    (1) un estribillo
    (2) un alto grado de dramatismo
    (3) una moraleja
    (4) una calidad extraordinaria
    (5) un alto grado de pesimismo

26. 1 2 3 4 5
    || || || || ||

27. Desde el punto de vista de su valor poético,
    esta poesía es
    (1) extraordinariamente poética y llena
        de inspiración y vena
    (2) muy vulgar y corriente
    (3) una muestra excelente de diálogo poético
    (4) tiene por lo menos algunos versos de
        poca calidad
    (5) perfecta en todas sus partes

27. 1 2 3 4 5
    || || || || ||

28. La rima de todos los versos de esta poesía es
    (1) asonante   (2) estridente
      (3) consonante   (4) discordante
          (5) disonante

28. 1 2 3 4 5
    || || || || ||

29. Los versos de esta poesía están ordenados
    en estructura pareada
    (1) porque cada verso tiene seis pares de
        sílabas
    (2) porque se parecen mucho entre sí
    (3) porque cada verso termina en rima
        asonante
    (4) porque cada verso termina en rima
        consonante
    (5) porque los versos riman consonantemente
        y de dos en dos en forma consecutiva

29. 1 2 3 4 5
    || || || || ||

30. Esta poesía corresponde a la siguiente forma
    poética:
    (1) elegía   (2) romance   (3) oda
        (4) soneto   (5) Ninguna correcta

30. 1 2 3 4 5
    || || || || ||

31. De los títulos que se mencionan a continuación
    el que más se adapta a esta poesía es:
    (1) El gallo de los huevos de oro
    (2) La gallina de los huevos de oro
    (3) La mina de oro
    (4) La gallina de oro y los huevos
    (5) El avaro y el oro

Respuestas Sub-Prueba 3—Interpretación de selecciones literarias

1.	2	7.	2	13.	2	19.	1	25.	1
2.	4	8.	4	14.	1	20.	5	26.	3
3.	2	9.	1	15.	4	21.	2	27.	3
4.	3	10.	1	16.	4	22.	2	28.	4
5.	4	11.	1	17.	3	23.	3	29.	3
6.	2	12.	3	18.	3	24.	5	30.	5
								31.	2

Sub-Prueba 4—Interpretación de lecturas en ciencias naturales

INSTRUCCIONES

Lea cuidadosamente cada uno de los pasajes siguientes. Seleccione una contestación para cada pregunta numerada la cual, en su opinión, es la mejor que completa la oración o contesta la pregunta.

Pasaje I

Cuando el servicio de Guardacostas de Estados Unidos comience su Patrulla de Hielo Internacional en la primavera, los cazadores de témpanos de hielo podrán hacer uso de modernos y extraños detectores de hielo. Entre estos habrá "lasers", radar, radiómetros y un satélite atmosférico, todos los cuales ayudarán a localizar los enormes témpanos de hielo que amenazan la navegación marítima del Atlántico del Norte.

La Patrulla del Hielo fue organizada años atrás, inmediatamente después de uno de los más nefastos accidentes marinos. El día 14 de abril de 1912, El Titánico, transatlántico de lujo, considerado inhundible, chocó con una enorme masa de hielo (iceberg) cerca de la nebulosa costa de Terranova. Más de 1,500 personas murieron en lo que se considera el más trágico accidente de todos los tiempos.

Los témpanos de hielo que amenazan las rutas de navegación son desprendimientos de enormes "glaciares madres" localizados en la costa oeste de Groenlandia. Estos témpanos de hielo se derriten lentamente mientras bajan hacia el sur, a la deriva, por las Corrientes del Labrador. Por medio de aviones y barcos, la Patrulla del Hielo provee información a las embarcaciones marítimas acerca de la ubicación de los témpanos de hielo cuyo tamaño pueda constituir una amenaza inminente.

Los aviones de patrulla están equipados con radar y radiómetros. El radar emite un rayo de luz fino y preciso que explora la superficie del mar y traza un plano acotado de los témpanos de hielo. El radiómetro registra el calor emitido por cualquier objeto sobre el agua. Este instrumento "toma la temperatura" de masas sospechosas, las cuales pueden ser barcos de pesca o navíos, que aparecen en la pantalla del radar. Si la temperatura es baja, el Guardacostas se dará cuenta que ha localizado un témpano de hielo.

El buque oceanográfico "Evergreen" se usará también

en la búsqueda de los témpanos y otros obstáculos. A-
bordo de este buque habrá un nuevo telémetro de "laser".
Este nuevo telémetro medirá con mayor exactitud los con-
tornos y las distancias de los témpanos de hielo. El
buque "Evergreen" también investigará la temperatura,
velocidad y dirección de las Corrientes del Labrador.
Esto ayudará a los científicos a predecir el paso y
distribución de los témpanos de hielo.

1. Este pasaje le da mayor énfasis a
    (1) cómo se forman los témpanos de hielo
    (2) los peligros de los témpanos de hielo
    (3) la información sobre condiciones atmosfé-
        ricas
    (4) la causa de los témpanos de hielo
    (5) cómo se localizan los témpanos de hielo

    1. 1 2 3 4 5
    ‖ ‖ ‖ ‖ ‖

2. Los témpanos del Atlántico se originan fuera de
    la costa de
    (1) Islandia   (2) Canadá   (3) Groenlandia
        (4) Labrador   (5) Terranova

    2. 1 2 3 4 5
    ‖ ‖ ‖ ‖ ‖

3. La palabra *amenaza* en el tercer párrafo significa
    (1) tropezar con   (2) daño   (3) desviar
        (4) amenazar   (5) obstruir

    3. 1 2 3 4 5
    ‖ ‖ ‖ ‖ ‖

4. El autor deja la impresión que la labor de la
    moderna Patrulla de Hielo mayormente requiere
    (1) marineros   (2) técnicos   (3) pescadores
        (4) pilotos   (5) equimales

    4. 1 2 3 4 5
    ‖ ‖ ‖ ‖ ‖

5. La Patrulla de Hielo hace uso de *todos* los si-
    guientes *excepto*
    (1) radar   (2) satélite atmosférico
    (3) barcos   (4) "lasers"   (5) globos

    5. 1 2 3 4 5
    ‖ ‖ ‖ ‖ ‖

6. El uso más importante del *radiómetro* es
    (1) determinar temperaturas
    (2) trazar el contorno de los objetos
    (3) trazar la dirección en que un témpano de
        hielo se mueve
    (4) alertar a los botes de pesca
    (5) comunicarse con otros aviones

    6. 1 2 3 4 5
    ‖ ‖ ‖ ‖ ‖

Pasaje II
    Para desempeñar su trabajo, la computadora tiene
que tener un "programa", una descripción ordenada paso
por paso del trabajo a ser realizado. Tenemos que de-
cirle a la computadora específicamente dónde puede encontrar información, cómo ordenarla, qué cómputos efec-
tuar, cómo obtener una respuesta final, y qué hacer con

ella.   Veremos ahora cómo la computadora utiliza la
información.

    Los componentes de una computadora utilizados para
almacenar y procesar información operan basándose en un
principio simple. Tiene solamente dos posibles estados — igual a una bombilla eléctrica común que tiene
dos etapas — encendida y apagada. En las computadoras
"encendida" representa al "1" y "apagada" representa
al "0". Varias combinaciones de 1's y 0's pueden representar números o letras. Como ejemplo tomemos el 37.

    En el sistema decimal cada columna digital tiene un
valor de 10 veces más que la columna digital a su derecha. El 7 en el 37 representa 7 unidades o unos; el
3 en la próxima columna a la izquierda representa 3
decenas o 30; 30 más 7 es igual a 37.

10,000	1000	100	10	1
0	0	0	3	7

El sistema binario, el cual utiliza 1's y 0's, opera
en la misma forma excepto que cada columna digital vale
dos veces más que la columna a su derecha. Para escribir 37 en el sistema binario, se colocan 1's en las columnas que suman 37, y 0's en el resto de las columnas.
La respuesta es: 100101. Un 32 más un 4 más un 1 es
igual a 37.

32	16	8	4	2	1
1	0	0	1	0	1

Supongamos que queremos representar el número 37 en el
sistema binario con bombillas (o transistores o centros
magnéticos). Recuérdese que "encendida" representa "1"
y "apagada" significa "0". De esta manera hemos simbo-
lizado el número binario 100101 (o sea 37) mediante el
encender o apagar de las bombillas eléctricas.

    Toda la información en la computadora es almacenada
y su trabajo se hace usando una clave similar compuesta
solamente de 0's y 1's. Podremos darnos cuenta que los
números binarios son mucho más grandes que los números
del sistema decimal. Existen problemas al trabajar
con enormes cantidades de información en esta forma.
Los transistores y otros componentes eléctricos permiten
que las computadoras manejen mayor información más rápidamente que lo que se había logrado hasta la fecha.

7. El tema principal de este pasaje es
    (1) cómo construir una computadora
    (2) cómo trabajan las computadoras
    (3) cómo hacer un "programa" para una computa-
        dora
    (4) el sistema binario
    (5) el sistema decimal

7. 1 2 3 4 5
    || || || || ||

8. Un programa de una computadora es
    (1) un registro totalizado de las sumas
    (2) un conjunto de luces
    (3) una descripción de una computadora
    (4) una descripción de las operaciones paso
        por paso
    (5) un plano para construir una computadora

8. 1 2 3 4 5
    || || || || ||

9. El sistema binario difiere del sistema decimal
    en que el sistema binario está basado en
    (1) uno y cero   (2) diez   (3) dos
        (4) treinta y siete   (5) 100101

9. 1 2 3 4 5
    || || || || ||

10. En un número de cuatro cifras en el sistema de-
    cimal la segunda cifra de izquierda a derecha
    representa
    (1) miles   (2) unidades   (3) decenas
        (4) centenas   (5) diez milésimas

10. 1 2 3 4 5
    || || || || ||

11. En el sistema binario explicado en el pasaje,
    el número 27 sería representado como
    (1) 11011   (2) 100101   (3) 27
        (4) 10211   (5) 10110

11. 1 2 3 4 5
    || || || || ||

12. Las computadoras pueden representar números me-
    diante el uso de
    (1) bombillas eléctricas   (2) transistores
        (3) centros magnéticos   (4) claves
                (5) Todas las anteriores

12. 1 2 3 4 5
    || || || || ||

Pasaje III

Hay dos grupos de dientes naturales. El grupo tem-
porario, frecuentemente llamado "dientes de leche",
consiste de veinte dientes o diez en cada quijada.
Durante la infancia estos dientes son reemplazados por
un grupo de treinta y dos dientes permanentes, dieciséis en la quijada superior y dieciséis en la quijada
inferior. Por varias razones, la dieta, el descuido,
las enfermedades y otras, pocos adultos conservan el
número total de dientes permanentes . La prevención
las caries y de los problemas dentales requiere
conocimientos de la estructura de los dientes.

La Figura 1 nos muestra que el diente tiene algunas partes que no son visibles. Solamente la *corona* está expuesta, pero todas las demás partes son de vital importancia para mantener los dientes saludables. El *esmalte* (la sustancia más dura que se encuentra en el cuerpo) es una capa protectora. La mayor parte del diente se compone de una sustancia dura similar a la cal, llamada *dentina*. Dentro de la dentina se encuentra un área blanda que contiene nervios y vasos sanguíneos que nutren al diente. Los nervios y vasos sanguíneos entran al diente a través de la raíz, la cual está pegada al hueso de la quijada mediante el *cemento*.

Si el nervio se daña, éste causa que el diente se debilite y muera. Las dietas inadecuadas evitan que la sangre produzca la *dentina* y el *esmalte* protector. Las picaduras en el esmalte y las excesivas cantidades de bacterias en la boca inician el decaimiento del diente. Una vez el *esmalte* y la *dentina* son destruidos, el resto del diente se dañará fácilmente.

FIGURA 1—Diente

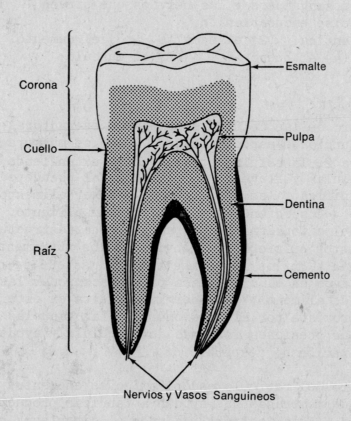

Nervios y Vasos Sanguineos

13. La parte visible de un diente es
    (1) el cemento   (2) la dentina
        (3) los nervios   (4) la corona
            (5) la raíz

13. 1 2 3 4 5
    || || || || ||

14. El tema principal de este pasaje es que
    (1) los humanos tienen dos grupos de dientes
    (2) pocos adultos tienen todos sus dientes
    (3) cómo se producen las caries
    (4) la importancia de la dieta
    (5) la estructura del diente

14. 1 2 3 4 5
    || || || || ||

15. En el segundo párrafo, el término *nutren*
    significa
    (1) alimentar   (2) bañar   (3) circular
        (4) quitar   (5) proteger

15. 1 2 3 4 5
    || || || || ||

16. La función del cemento es
    (1) proteger el diente de las caries
    (2) mantener el diente en el alvéolo
    (3) cubrir picaduras y grietas
    (4) producir esmalte
    (5) nutrir el diente

16. 1 2 3 4 5
    || || || || ||

17. Los vasos sanguíneos y los nervios que sirven
    al diente se encuentran en
    (1) la dentina   (2) el esmalte   (3) el cemento
        (4) el hueso   (5) el músculo

17. 1 2 3 4 5
    || || || || ||

Pasaje IV

Dentro de las células encontramos estructuras que
tienen funciones especializadas. Como se muestra en
la figura 2, la célula se puede mover extendiendo la
pared celular y fluyendo en dirección al pseudópodo
(que significa falso pie). Puede obtener alimento en-
golfando y absorbiendo una partícula de alimento. Como
partes del citoplasma encontramos algunas estructuras
y compuestos químicos que convierten los nutrimentos
en energía. En los lisosomas hay enzimas que se combi-
nan con agua en el citoplasma para descomponer las moléculas de alimento. La energía envuelta en este cambio es provista por el mitocondrio. Las vacuolas controlan las presiones internas de la célula y ayudan en
la eliminación de desperdicios.

Dentro del retículo endoplásmico se encuentra un
sistema de membranas que ayudan a fabricar productos
celulares. Estas estructuras unen al citoplasma con el
núcleo de la célula. El núcleo es la parte más importante de la célula. Dentro del núcleo se encuentra el
nucleolo, el cual es rico en una sustancia llamada RNA
(el nombre completo es ácido ribonucléico). El RNA y

los ribosomas estimulan la producción de proteínas, la sustancia constructora básica de las células vivas.

El papel que juega en la herencia el RNA y otra sustancia llamada DNA (ácido deoxiribonucléico) está aún siendo investigado. En la actualidad los biólogos creen que el RNA realiza su trabajo de acuerdo con una orden o plan maestro que le envía el DNA. Las características de una célula son transmitidas a las futuras células que serán producidas. Este proceso es básicamente el mismo en todas las células animales y es más complicado en los seres humanos.

FIGURA 2—Animal unicelular

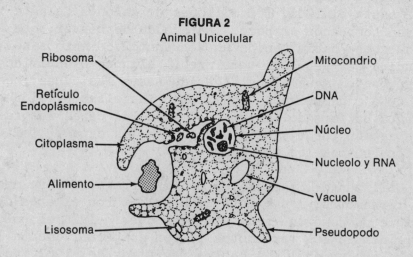

FIGURA 2
Animal Unicelular

18. La función del mitocondrio es
   (1) cambiar alimento en energía
   (2) dar movimiento a las células
   (3) la producción de DNA
   (4) proveer energía para ayudar en la digestión
      de los alimentos
   (5) proveer proteínas

18. 1 2 3 4 5

19. Las moléculas de alimento son descompuestas por
   (1) las enzimas   (2) los lisosomas
      (3) el citoplasma   (4) el mitocondrio
         (5) los pseudópodos

19. 1 2 3 4 5

20. El término *nutrimentos* en el primer párrafo significa
   (1) energía   (2) núcleo   (3) alimento
      (4) plasma   (5) elementos

20. 1 2 3 4 5

21. Podemos concluir que la reproducción de la célula está "planeada" o determinada por
   (1) el núcleo   (2) RNA   (3) la membrana celular
      (4) el nucleolo   (5) DNA

21. 1 2 3 4 5

Pasaje V

Los registros sísmicos de pequeños terremotos cerca de Denver, Colorado, han convencido a los científicos de que un terremoto "provocado por el hombre" puede sacudir a la ciudad. Los sismólogos, científicos que estudian los terremotos, estiman que hay una posibilidad de 10 al 20 por ciento de que el temblor sea severo.

El problema tiene su origen en un pozo de 12,045 pies de profundidad en el Arsenal Militar de las Montañas Rocosas en las afueras de Denver. El pozo fue utilizado para disponer de aguas venenosas que provenían de la manufactura de compuestos para la guerra química, entre ellos los gases nerviosos. Desde el 1962 hasta el 1966, 160 millones de galones de agua fueron bombeados al pozo. La ciudad de Denver, que nunca antes había tenido un terremoto, comenzó a ser sacudida por pequeños temblores. Algunos científicos creen que el agua se ha filtrado hasta las capas rocosas debajo de Denver. Aquí, bajo las altas presiones, el agua ha forzado la separación de las capas rocosas. Esta acción puede causar erosión en las capas. Tal erosión provoca los terremotos.

Utilizando los sismómetros, instrumentos para medir los terremotos, los científicos detectaron el área de terremotos como una zona estrecha que incluía el pozo. Al principio los terremotos fueron comparativamente leves. Pero un análisis de los registros del 1967 indicaron que los terremotos estaban sintiéndose más frecuentemente y con mayor intensidad. Los ingenieros intentaron resolver la situación sacando el agua del pozo. Sin embargo los sismólogos no están convencidos de que esto terminará los terremotos.

22. Este pasaje indica que los terremotos son causados por
    (1) compuestos de la guerra química
    (2) pompas de agua
    (3) materiales sobrantes venenosos
    (4) agua de pozo
    (5) erosión de las capas rocosas

22. 1 2 3 4 5

23. Denver es más vulnerable a los terremotos que Filadelfia porque
    (1) no es una zona portuaria
    (2) está localizado en área montañosa
    (3) está muy al lejano oeste
    (4) tiene menos población
    (5) tiene más edificios en su superficie

23. 1 2 3 4 5

24. Un *arsenal* es   24. 1 2 3 4 5
    (1) un sitio donde se almacenan venenos || || || || ||
    (2) un depósito de armas
    (3) un depósito de motores
    (4) un depósito
    (5) un centro sísmico

25. Los registros sísmicos son hechos por   25. 1 2 3 4 5
    (1) los temblores de tierra || || || || ||
    (2) los sismólogos
    (3) los sismómetros
    (4) los terremotos
    (5) los materiales de desecho

26. El estilo de este pasaje hace uso de   26. 1 2 3 4 5
    (1) razonamiento inductivo más que deductivo || || || || ||
    (2) razonamiento deductivo más que inductivo
    (3) razonamiento inductivo y deductivo
    (4) conclusiones sin data corroborada
    (5) el método de preguntas y respuestas

Pasaje VI

¿Cómo razona usted de una manera científica? ¿Hay
algo especial en el método científico de razonar que
sea diferente a otros métodos de razonar? ¿Es el razonar automáticamente científico?

El científico actúa de una manera científica, la
cual es interpretada por personas no científicas como
una manera fría, desinteresada y menos que humana. Para la persona reflexiva, esté especializada o no en algunas de las ciencias, ser científico consiste en seguir un proceso organizado de razonar. El método cien
tífico es la forma de llegar a una conclusión utilizando datos. Cosas esenciales para el método son: proce-
der ordenadamente y prestar atención a las relaciones.

La observación de datos, eventos, condiciones o reacciones motivan la curiosidad científica sobre el fac-
tor causante. El científico puede comenzar su investigación examinando cualquier posibilidad o puede ser se-
lectivo. Mediante su conocimiento del tópico y especu-
laciones sobre el mismo, éste selecciona una supuesta
posibilidad para ser examinada como su primera hipótesis. El experimento producirá evidencia que confirmará
o desaprobará la hipótesis. A medida que se acumula e-
videncia se hace una decisión para interpretar el significado de la evidencia. Si la evidencia es confir-
mante, la relación entre la causa y el efecto se cla-
rifica. Una hipótesis confirmada es una teoría.

La experimentación continua es necesaria sobre

cualquier dato que pueda tener relación con la teoría.
Cuando la teoría es confirmada repetidas veces por la
experimentación, ésta se acepta como un principio científico o ley. Sin embargo, la naturaleza del método
científico acepta que aún una ley científica puede ponerse en duda si nueva evidencia o nuevas hipótesis
son desarrolladas.

27. El estilo del autor depende de   27. 1 2 3 4 5
    (1) razonamiento inductivo
    (2) contraste
    (3) la reducción a lo absurdo
    (4) reto al pensamiento
    (5) diferentes opiniones

28. El autor da énfasis a la idea de que   28. 1 2 3 4 5
    (1) cualquiera puede razonar científicamente
    (2) solamente los científicos son científicos
    (3) si usted razona científicamente usted es un
        científico
    (4) el razonamiento científico no permite opi-
        niones
    (5) todo el mundo utiliza el método científico

29. El término *hipótesis* significa   29. 1 2 3 4 5
    (1) una conclusión sin evidencia
    (2) una conclusión científica
    (3) un experimento
    (4) una posible explicación
    (5) una teoría

30. La mayor parte del trabajo envuelto en el méto- 30. 1 2 3 4 5
    do científico es
    (1) determinar causas
    (2) desarrollar hipótesis
    (3) especular sobre lo desconocido
    (4) estimular a las personas reflexivas
    (5) organizar principios

31. Considerando la evidencia en este pasaje,   31. 1 2 3 4 5
    ¿cuál de las siguientes *no* es una conclusión
    razonable?
    (1) Las teorías son hipótesis comprobadas.
    (2) El método científico requiere razonamiento
        organizado.
    (3) Las teorías comprobadas desarrollan leyes
        científicas.
    (4) Muchas personas no razonan científicamente.
    (5) Las relaciones son la esencia de los des-
        cubrimientos científicos.

Pasaje VII

El petróleo juega un papel muy importante en nuestra economía — tanto como fuente de energía como fuente de miles de productos químicos y petroleros. En los Estados Unidos solamente, el petróleo, el cual incluye aceite y gas natural, suple alrededor de 76% de toda la energía usada para hacer funcionar nuestras plantas industriales, mover trenes, camiones, aviones y barcos, calentar nuestros hogares, y mover nuestros automóviles. Es más, en el 1985, los Estados Unidos necesitará casi dos veces la energía que usó en 1970, y alrededor de dos terceras partes de este aumento será probablemente suplido por aceite y gas natural. La energía atómica, frecuentemente descrita como la solución a nuestros requisitos de energía, proporcionó menos de 1% de la energía que nuestro país necesitaba en 1970 y se espera que ha de suplir a eso del 14% para el año 1985.

Además de suplir energía, la industria petrolera ha ayudado a América a elevar dramáticamente su nivel de vida proveyendo materiales y productos utilizados en diversos campos tales como industrias manufactureras, medicina, construcción, y agricultura. Las investigaciones científicas sobre el petróleo y las investigaciones químicas asociadas con éstas, han dado origen, por ejemplo, a goma sintética superior a la natural para ciertos usos, detergentes sintéticos que no hacen espuma, insecticidas que ayudan a aumentar el aprovisionamiento mundial de alimentos, materiales plásticos que no se rompen, y carreteras de asfalto mejores que las de concreto.

Ha sido estimado que el americano promedio usa alrededor de 13 libras de productos petroleros diariamente. De éstos, solamente alrededor de la mitad están en la forma de gasolina. Muchos de estos productos tales como nilón y otras fibras sintéticas, papel parafinado, lápiz de labios, champús, y muchos otros productos plásticos muchas veces ni siquiera son reconocidos como productos cuya base es el petróleo.

32. El tema de este pasaje es que
    (1) los Estados Unidos necesitarán más energía en 1980
    (2) el petróleo es importante para los Estados Unidos
    (3) el petróleo eleva el nivel de vida
    (4) los americanos no reconocen los productos petroleros
    (5) la energía atómica suplantará la energía del aceite

32. 1 2 3 4 5
     ‖ ‖ ‖ ‖ ‖

33. Con respecto a los productos de petróleo,
    este pasaje indica que los americanos usan
    (1) la mitad de ellos en forma de gasolina
    (2) como 13 libras por día
    (3) varias fibras sintéticas
    (4) productos cuya fuente no se reconoce
    (5) todas las contestaciones del 1 - 4

    33.   1   2   3   4   5
          || || || || ||

34. El pasaje parece haber sido escrito por
    alguien que
    (1) favorece la industria petrolera
    (2) critica la industria petrolera
    (3) está promoviendo el desarrollo
        de la energía atómica
    (4) no tiene interés en la industria petrolera
    (5) desea elevar el nivel de vida

    34.   1   2   3   4   5
          || || || || ||

35. Es probable que para el año 1980, la mayor
    necesidad con respecto al petróleo, será la de
    (1) producir fibras
    (2) crear productos sintéticos
    (3) hacer productos para cubrir carreteras
    (4) suplir energía
    (5) vender insecticidas

    35.   1   2   3   4   5
          || || || || ||

36. Basándonos en los datos de este pasaje, el
    porcentaje de las necesidades petroleras que
    se suplirán en el año 1980, será alrededor de
    (1) 1%   (2) 67%   (3) 14%
        (4) 75%   (5) 71%

    36.   1   2   3   4   5
          || || || || ||

Pasaje VIII
    Muchos de los esfuerzos del hombre para pronosticar
el tiempo han sido desafiados por el mismo tiempo.
Parte de la dificultad ha sido la inaccesibilidad de
data metereológica al igual que la inhabilidad para
obtener medidas universales. Algunas partes de la
superficie de la Tierra han sido declaradas "fuera
de límites" para observaciones rutinarias del tiempo.
En la mayoría de los casos los expertos del tiempo
han tenido que conformarse con algo menos que una vista
total del globo. Con la invención de los satélites
artificiales, se introdujo la idea de una plataforma
espacial que constituirá una estación del tiempo
exclusiva para los expertos del tiempo. El 8 de abril
de 1960 los Estados Unidos lanzaron, en órbita casi
circular a 450 millas sobre la Tierra, un satélite
experimental del tiempo. Este satélite, conocido como
Tiros I, pesaba 270 libras y tenía forma de una caja
de pastillas de un gran tamaño. Alrededor de éste,
9,200 celdas solares atrapaban las radiaciones solares
y las convertían en energía eléctrica para mantener

en operación los instrumentos y los transmisores de
radio. Dentro del satélite se encontraban dos cámaras,
una con unos lentes angulares anchos y la otra equipada
con lentes angulares estrechos. Estas cámaras tomaban
fotografías de las capas de nubes de la superficie
terrestre y las transmitía a la Tierra. En esta forma
los expertos del tiempo captaron una nueva visión de
los patrones las condiciones atmosféricas de la Tierra.

37. La fuente original de energía para la
operación de los instrumentos en el Tiros I
provenía de
(1) la electricidad   (2) la energía solar
   (3) los rayos gama   (4) las bacterias
      (5) las celdas fotoeléctricas

37. 1 2 3 4 5

38. El satélite Tiros I ayuda en los pronósticos
del tiempo mediante fotografías de
(1) la superficie de la Tierra
(2) el espacio
(3) las nubes
(4) las tormentas de lluvias
(5) los huracanes

38. 1 2 3 4 5

39. La información recogida por el Tiros I
(1) es retransmitida a otros satélites
(2) es almacenada en las cámaras
(3) llega a la Tierra mediante ondas de radio
(4) puede ser captada por televisión
(5) es disponible solamente al gobierno

39. 1 2 3 4 5

40. El propósito fundamental de usar dos
cámaras es para
(1) tomar doble cantidad de fotografías
(2) utilizar la energía solar disponible
(3) mantener una en reserva
(4) tomar fotografías más amplias
   y detalles más exactos

40. 1 2 3 4 5

Respuestas Sub-Prueba 4—Interpretación de lecturas en ciencias naturales

1. 5	9. 3	17. 1	25. 3	33. 5
2. 3	10. 4	18. 4	26. 1	34. 1
3. 4	11. 1	19. 1	27. 4	35. 4
4. 2	12. 5	20. 3	28. 1	36. 5
5. 5	13. 4	21. 5	29. 4	37. 2
6. 1	14. 5	22. 5	30. 1	38. 3
7. 2	15. 1	23. 2	31. 4	39. 3
8. 4	16. 2	24. 2	32. 2	40. 4

Sub-Prueba 5—Habilidad general en la matemática

INSTRUCCIONES

Resuelva los problemas siguientes.

1. Una tonelada de carbón cuesta $24. Calcule
    el costo de 3,000 libras.
    (1 ton. = 2,000 libras)
    (1) $30   (2) $36   (3) $38
        (4) $40   (5) $48

1. 1 2 3 4 5

2. En Santa Fe los metros para estacionamiento
    de automóviles dicen: "12 minutos por 1¢.
    Depósito máximo 10¢." ¿Cuál es el máximo de
    tiempo que un conductor puede legalmente
    estacionar su automóvil en uno de estos metros?
    (1) 12 minutos   (2) 1.2 horas
                (3) 1 hora y 12 minutos
    (4) 2 horas   (5) 100 minutos

2. 1 2 3 4 5

3. El número de millas que un distribuidor ha
    corrido en cinco días sucesivos es como sigue:
    64, 138, 92, 28, 56. Si su camión corrió un
    promedio de 14 millas por galón de gasolina,
    ¿cuántos galones serían consumidos durante
    los cinco días?
    (1) 26   (2) 27   (3) 28
        (4) 37.8   (5) 75.6

3. 1 2 3 4 5

4. ¿Cuántos recipientes de dos galones podrán
    contener la misma cantidad de pintura que
    seis recipientes de tres galones?
    (1) 1/2   (2) 3   (3) 6
        (4) 9   (5) 12

4. 1 2 3 4 5

5. ¿Cuál de los siguientes tiene el mayor valor?
    (1) 1/.04   (2) 1/.4   (3) .1/4
            (4) .1/.4   (5) .4

5. 1 2 3 4 5

6. Un estudiante desea obtener un promedio de 88%
    en cinco pruebas durante un semestre. Hasta
    la fecha, sus notas son: 84%, 92%, 96%, y 85%.
    ¿Qué nota deberá obtener en la última prueba?
    (1) 83%   (2) 84%   (3) 85%
        (4) 88%   (5) 90%

6. 1 2 3 4 5

7. Un pie cúbico de hierro colado pesa 450 libras.
    ¿Cuántos pies cúbicos ocupará una pieza
    fundida que pesa 405,000 libras?
    (1) 90   (2) 100   (3) 900
        (4) 1000   (5) 9,000

7. 1 2 3 4 5

8. Una tintorería limpia alfombras a 12 1/2¢ por
    pie cuadrado. Limpiar una alfombra de 8 pies
    por lo pies costará
    (1) $9.60   (2) $10.00   (3) $10.50
            (4) $10.60   (5) $11.00

9. Si se mezclan 20 libras de dulces que cuestan
    65¢ por libra con 30 libras de otros dulces
    que cuestan 85¢ por libra, el costo promedio
    por libra de esta mezcla es
    (1) 38.5¢   (2) 70¢   (3) 77¢
            (4) 75¢   (5) 76¢

10. La diferencia entre $\sqrt{100}$ y 3^2 es
    (1) 0   (2) 1   (3) 89
                (4) 91   (5) 97

11. Al determinar el espacio disponible para
    trabajar a lo largo de una pared de 27 pies
    de largo, se tomaron en cuenta las siguientes
    dimensiones para trabajar y poner el equipo
    necesario: 5 1/4 pies; 3 pies y 2 pulgadas;
    7 2/3 pies; 4 pies y 6 pulgadas. ¿Cuántos
    pies tiene el espacio libre?
    (1) 6.5   (2) 6 5/12   (3) 6 7/12
            (4) 7.4   (5) 7 7/12

12. Un equipo de fútbol ganó w juegos, perdió 1
    juego, y empató t juegos. ¿Qué parte de
    los juegos se ganó?

    (1) $\dfrac{w}{w + 1 + t}$ (2) $\dfrac{2}{w1t}$ (3) $\dfrac{w}{w1}$

    (4) $\dfrac{w}{w + 1}$ (5) $\dfrac{1}{w + 1 + t}$

13. La mitad de los estudiantes que asisten al
    Colegio Buena Vista van a pie. Una cuarta
    parte del resto de la matrícula va en
    bicicleta. ¿Qué parte de la matrícula
    viaja por otros medios?
    (1) 1/8   (2) 3/8   (3) 3/4
            (4) 1/4   (5) 5/8

14. ¿Cuál de los siguientes tiene el menor valor?
    (1) 2/3   (2) 0.6   (3) 62 1/2%

            (4) 3.6   (5) $(.6)^2$

15. Comprando un vestido en una venta especial,
    María economizó $12. Esto representa 25%
    del precio original. El precio original era
    (1) $36   (2) $40   (3) $48
            (4) $54   (5) $60

16. La matrícula escolar aumentó de 300 a 1200. El por ciento de aumento en la matrícula fue
    (1) 25%   (2) 75%   (3) 90%
        (4) 300%   (5) 400%

16. 1 2 3 4 5
    || || || || ||

17. El promedio de 89.3%, 72.8%, 94.5%, y 88.6% es
    (1) 85%   (2) 85.3%   (3) 85.6%
        (4) 86%   (5) 86.3%

17. 1 2 3 4 5
    || || || || ||

18. Cuando 72 se aumenta por 12 1/2% de sí mismo, el resultado es
    (1) 72 1/8   (2) 73   (3) 80
        (4) 81   (5) 83 1/2

18. 1 2 3 4 5
    || || || || ||

19. Busque 1/4% de 556.
    (1) .139   (2) 1.39   (3) 13.9
        (4) 2.78   (5) 5.56

19. 1 2 3 4 5
    || || || || ||

20. Se puede escribir 3 1/2% como
    (1) .0035   (2) .035   (3) .35
        (4) 3.5   (5) 35

20. 1 2 3 4 5
    || || || || ||

21. ¿Cuál de estas cantidades se aproxima más a 5% de 2,980?
    (1) 75   (2) 90   (3) 150
        (4) 198   (5) 300

21. 1 2 3 4 5
    || || || || ||

22. ¿Qué por ciento de los círculos en el cuadro a la derecha están sombreados?
    (1) 7   (2) 14   (3) 21
    (4) 35   (5) 65   (6) 70

22. 1 2 3 4 5
    || || || || ||

23. El aumento de $5.50 a $7.70 en un boleto de conmutación representa un por ciento de aumento de
    (1) 22%   (2) 28.7%   (3) 30%
        (4) 40%   (5) 32%

23. 1 2 3 4 5
    || || || || ||

24. Un artículo que costaba $80 se vende ahora a un descuento de 25%. Como no atrae aún a los clientes, el vendedor ofrece otro descuento adicional que reduce el precio de ahora a $48. ¿Qué por ciento de descuento se ofrece ahora?
    (1) 5%   (2) 14 2/7%   (3) 20%
        (4) 28 4/7%   (5) 41%

24. 1 2 3 4 5
    || || || || ||

25. El interés simple sobre un préstamo de $600 al 5% por tres meses es
    (1) $7.50   (2) $10.   (3) $12.50
        (4) $15.00   (5) $30.

25. 1 2 3 4 5
    || || || || ||

26. Marisa recibe un salario de $35 más una
comisión de 5% sobre sus ventas. ¿Cuál sería
su ganancia total durante una semana en la
que sus ventas ascendieron a $325?
(1) $19   (2) $16.25   (3) $41.25
        (4) $51.25   (5) $61.25

27. Una refrigeradora cuesta $360 cuando se
compra a plazos. Hay que pagar 30% del
costo al entregarse y el resto ha de pagarse
en doce plazos iguales y mensualmente.
¿Qué cantidad habrá que pagar cada mes?
(1) $21.00   (2) $25.20   (3) $30
        (4) $108   (5) $252

28. Una biblioteca tiene 60 libros de biografías.
Este número es 5% de todos los libros en
los anaqueles. ¿Cuántos libros hay en la
biblioteca?
(1) 57   (2) 63   (3) 120
        (4) 300   (5) 1200

29. Un corredor de bienes raíces vendió un solar
del Sr. Díaz y recibió 5% de comisión. ¿Qué
cantidad recibirá el Sr. Díaz como producto
neto de la venta si el solar fue vendido
por $9,600?
(1) $480   (2) $4800   (3) $9000
        (4) $9120   (5) $10,080

30. El Sr. López aseguró su casa por tres años por
la cantidad de $15,000. Tendrá que pagar
a razón de 75¢ por cada $100 por los tres años.
El promedio anual del costo de la póliza es
(1) $22.50   (2) $30.00   (3) $37.50
        (4) $75.00   (5) $112.50

31. De acuerdo con el plan descrito abajo, Miguel
(edad 24) decide hacer pagos trimestrales
para una póliza de $1000, mientras que Felipe
(edad 25) hará pagos semianuales sobre su
póliza de $1000. ¿Cuál de las siguientes
declaraciones está correcta?
(1) Felipe pagará más cada año.
(2) Miguel pagará lo mismo que Felipe.
(3) Felipe pagará 18¢ más que Miguel
    cada año.
(4) Miguel pagará 18¢ más que Felipe
    cada año.
(5) Felipe pagará $9.36 más que Miguel
    cada año.

Prima anual y plazos por un seguro regular de vida para las edades de 21 a 25

EDAD	PREMIO ANUAL	PLAZO SEMIANUAL	PLAZO TRIMESTRAL
21	$16.62	$8.48	$4.32
22	17.08	8.71	4.44
23	17.55	8.95	4.56
24	18.04	9.20	4.69
25	18.56	9.47	4.83

32. Un bono de $1000 gana interés a razón de 5% anual, pagadero trimestralmente. ¿A cuánto ascenderá el interés sobre seis de estos bonos por cada trimestre?
    (1) $12.50   (2) $50   (3) $75
       (4) $150   (5) $300

32. 1 2 3 4 5

33. En cierta aldea las contribuciones se pagan a razón de 0.029 de la valoración de la propiedad. Esto puede expresarse como $29 por
    (1) $1.00   (2) $10.00   (3) $100.00
       (4) $1000.00   (5) $10,000.00

33. 1 2 3 4 5

34. En el pueblo A la contribución sobre los bienes raíces es $31.25 por cada $1000. En el pueblo B la contribución es $3.45 por cada $100. ¿Cuánto más (por cada $100) es la contribución mayor en un pueblo que en el otro?
    (1) 32 1/2¢   (2) 2.28   (3) $3.25
       (4) $22.80   (5) $32.50

34. 1 2 3 4 5

35. En la ciudad de Iceberg, al mediodía, la temperatura era 2° bajo cero. Los cambios de temperatura, con sus signos, fueron como sigue: 1 P.M. -2°; 2 P.M. -4°; 3 P.M. +3°; 4 P.M. -6°
    A las 4 P.M. la temperatura era
    (1) -7°   (2) -9°   (3) -11°
       (4) -13°   (5) -17°

35. 1 2 3 4 5

36. El equipo nacional de fútbol "Tigres" recibió el balón en la línea de 20 yardas. La ganancia o pérdida de yardas en los tres juegos siguientes, expresada en números con sus signos, fue como sigue: +9 yardas; -5 yardas; +6 yardas. Después de esta serie de juegos el balón está en la línea de (?) yardas?
    (?) es igual a
    (1) 10   (2) 15   (3) 28
       (4) 30   (5) 40

36. 1 2 3 4 5

37. ¿Cuál es la diferencia entre $11x$ y $-4x$?   37. 1 2 3 4 5
    (1) $+7x$ (2) $-7x$ (3) 7 (4) 15 (5) $15x$

38. Si un lápiz cuesta c¢, 6 lápices costarán   38. 1 2 3 4 5
    (1) $6c$ (2) $c/6$ (3) $6/c$ (4) $3c$ (5) $9c$

39. Un quinto de $5x^2 + 20$ es igual a   39. 1 2 3 4 5
    (1) $x^2 + 20$ (2) $x^2 + 4$ (3) $x^2 + 5$
        (4) $5x^2 + 4$ (5) $25x^2 + 100$

40. Si $x = -3$, entonces $3x^2$ es igual a   40. 1 2 3 4 5
    (1) -27 (2) 9   (3) 18
        (4) $+27$ (5) $+27$

41. ¿Cuál es el valor de $3ab + x^2y$ si $a = 4$;   41. 1 2 3 4 5
    $b = 5$; $y = 3$?
    (1) 27 (2) 34 (3) 48 (4) 67 (5) 72

42. Si $3x = 21$, entonces $21x$ es igual a   42. 1 2 3 4 5
    (1) 3 (2) 7 (3) 14 (4) 63 (5) 147

43. El ancho de un campo es tres veces su   43. 1 2 3 4 5
    longitud. Si el perímetro (distancia
    alrededor del campo) es 72 pies, entonces
    la longitud del campo es
    (1) 9 pies   (2) 12 pies   (3) 18 pies
        (4) 27 pies   (5) 36 pies

44. Si un avión completa su vuelo de 1365 millas   44. 1 2 3 4 5
    en 7 horas y 30 minutos, el promedio de la
    velocidad (en millas por hora) es
    (1) 180   (2) 181   (3) 182
        (4) 185   (5) 187

45. Jorge es dos veces más viejo que Juan. La   45. 1 2 3 4 5
    suma de sus edades es 39. La edad de Jorge es
    (1) 10 (2) 13 (3) 19 (4) 20 (5) 26

46. La suma de dos números es 19. El número mayor   46. 1 2 3 4 5
    es 5 menos que dos veces el número menor.
    El número menor es
    (1) 8 (2) 9 (3) 10 (4) 11 (5) 12

47. ¿Cuál es la razón de 800 libras a 2 toneladas?   47. 1 2 3 4 5
    (1 ton = 2000 libras)
    (1) 1:5   (2) 1:4   (3) 40:1
        (4) 5:1   (5) 4:1

48. Si *p* lápices cuestan *c* centavos, *n* lápices costarán

    (1) $\dfrac{pc}{n}$ ¢   (2) $\dfrac{cn}{p}$ ¢   (3) npc ¢

    (4) $\dfrac{np}{c}$ ¢   (5) pc ¢

49. La proporción de hombres a mujeres en una reunión es 9:2. Si hay 12 mujeres en la audiencia, ¿cuál es la asistencia total?
    (1) 33 (2) 44 (3) 54 (4) 66 (5) 77

50. Treinta pies de cierto tipo de alambre pesan 4 libras. ¿Cuántos pies de alambre pesan 6 libras?
    (1) 24 (2) 30 (3) 40 (4) 45 (5) 60

51. En un mapa, 2 1/2 pulgadas representan 25 millas. ¿Cuántas millas representará 1 pulgada en el mismo mapa?
    (1) 7.5   (2) 8   (3) 10
        (4) 11   (5) 12.5

52. Para convertir temperatura de la escala Centígrado a la escala Fahrenheit usamos la fórmula $F = 9/5°C + 32$. Convierta 5°C a Fahrenheit.
        (1) 21°   (2) 33°   (3) 35°
        (4) 37°   (5) 41°

53. En la fórmula $S = 6e^2$, $e = 3$. *S* es igual a
    (1) 18 (2) 30 (3) 36 (4) 54 (5) 324

54. Si $x = 5y$, $y = 4$, el valor de $x^2 - 2y$ es igual a
    (1) 2 (2) 6 (3) 17 (4) 18 (5) 33

55. Si $x - 3 = 4$, entonces $7x$ es igual a
    (1) 1 (2) 7 (3) 14 (4) 28 (5) 49

56. El Sr. León se ha declarado en quiebra. Sus deudas ascienden a $5000. Sus haberes consisten de dinero en efectivo que suma $1500. ¿Cuánto recibirá un acreedor que reclama $500?
    (1) $50   (2) $100   (3) $125
        (4) $150   (5) $250

57. Un ángulo de un triángulo isósceles contiene 100°. Cada uno de los otros dos ángulos contiene
    (1) 20°   (2) 40°   (3) 60°
        (4) 80°   (5) 90°

58. Si un cuadrado tiene un perímetro de 16 pies,   **58.** 1 2 3 4 5
    su área (en pies cuadrados) es
    (1) 4   (2) 8   (3) 16
         (4) 64   (5) 256

59. Si el área de un cuadrado es 25 yardas   **59.** 1 2 3 4 5
    cuadradas, su perímetro es
    (1) 5 yardas   (2) 10 yardas   (3) 15 yardas
         (4) 20 yardas   (5) 25 yardas

La gráfica circular arriba muestra como 180,000
trabajadores asalariados, en cierta ciudad, ganaron
su vida durante un período dado. Usando los grados
indicados, conteste las preguntas 60 y 61.

60. El número de personas ocupadas en servicios de   **60.** 1 2 3 4 5
    transportación en este ciudad durante este
    período fue
    (1) 3600   (2) 9000   (3) 10,000
         (4) 18,000   (5) 36,000

61. Si el número de personas en comercio y   **61.** 1 2 3 4 5
    finanzas se representa por M, entonces el
    número de manufactureros será representado por
    (1) M/3   (2) M + 3   (3) 30 M
         (4) 4M/3   (5) 3M/4

La gráfica ilustrada abajo muestra el promedio de lluvias por un período de seis meses en cierta ciudad. Use esta información para contestar las preguntas 62 y 63.

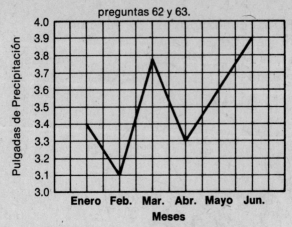

62. El total de pulgadas de precipitación durante este período fue

   (1) 19.1   (2) 19.2   (3) 19.4

       (4) 20.6   (5) 21

62. 1 2 3 4 5
     || || || || ||

63. ¿Cuántas pulgadas más llovió en marzo que en febrero?

   (1) 1/6   (2) 1/2   (3) .6

       (4) 1   (5) 6

63. 1 2 3 4 5
     || || || || ||

64. Martín tiene un pedazo de madera que mide 9 pies y 8 pulgadas de largo. El quiere cortarlo en cuatro partes iguales. ¿A qué distancia del extremo tendrá que hacer el primer corte?

   (1) 2.5 pies   (2) 2 pies y 5 pulgadas

   (3) 2.9 pies   (4) 29 pulgadas

       (5) 116 pulgadas

64. 1 2 3 4 5
     || || || || ||

65. ¿Cuánto más larga, en yardas, es una carrera de 100 metros que una de 100 yardas?

   (1) .09   (2) 0.9   (3) 9.0

       (4) 9.9   (5) 99

65. 1 2 3 4 5
     || || || || ||

La explicación de las contestaciones aparece en la página 150.

Respuestas Sub-Prueba 5—Habilidad general en la matemática

1.	2	14.	2	27.	1	40.	4	53.	3
2.	4	15.	3	28.	5	41.	5	54.	3
3.	2	16.	4	29.	4	42.	5	55.	5
4.	4	17.	5	30.	3	43.	1	56.	4
5.	1	18.	4	31.	3	44.	3	57.	2
6.	1	19.	2	32.	3	45.	5	58.	3
7.	3	20.	2	33.	4	46.	1	59.	4
8.	2	21.	3	34.	1	47.	1	60.	3
9.	3	22.	4	35.	3	48.	2	61.	4
10.	2	23.	4	36.	4	49.	4	62.	5
11.	2	24.	3	37.	5	50.	4	63.	3
12.	1	25.	1	38.	1	51.	3	64.	2
13.	2	26.	4	39.	2	52.	4	65.	3

Respuestas Explicadas Sub-Prueba 5—Habilidad general en la matemática

(La C quiere decir Contestación)

1. C 2 2000 libras = 1 tonelada
3000 libras = 1 1/2 tonelada
($24) x (1 1/2) = $36

2. C 4 (10¢) pagarán por (12 minutos) x (10) =
120 minutos o 2 horas

3. C 2 Las millas recorridas durante este período =
378.   378 ÷ 14 = 27

4. C 4 Seis recipientes de 3 galones = 18 galones
Nueve recipientes de 2 galones = 18 galones
o (6)(3) = (9)(2)

5. C 1 (1) $\frac{1}{.04} = \frac{100}{4} = 25$ (2) $\frac{1}{.4} = \frac{10}{4} = 2.5$

   (3) $\frac{.1}{4} = \frac{1}{40} = .025$ (4) $\frac{.1}{.4} = \frac{1}{4} = .25$

   (5) = .4

6. C 1 Para obtener un promedio de 88% en 5 pruebas,
la suma de las notas deberá ser (88)(5) o
440%. Como la suma de 4 pruebas es 357%,
la diferencia es 440% - 357% = 83%.

7. C 3 450 lbs. de hierro = 1 pie cúbico
405,000 lbs. ocuparán 405,000 ÷ 450 = 900
pies cúbicos.

8. C 2 Área de la alfombra = 8' x 10' = 80 pies
cuadrados   (12 1/2¢) (80) = $10.

9. C 3 20 lbs.   @   .65 = $13.00
30 lbs.   @   .85 = $25.50
Costo total (50 lbs.) = $38.50
$38.50 ÷ 50 = 77¢ (costo por libra)

10. C 2 $\sqrt{100}$ = 10 y 3^2 = 9;
entonces 10 - 9 = 1

11. C 2 5 1/4 = 5 3/12   3 1/6 = 3 2/12
7 2/3 = 7 8/12
Suma = 19 1/12 = 20 7/12 pies
27 pies - 20 7/12 pies = 6 5/12 pies

12. C *1* Número de juegos jugados = $w + l + t$
             Número de juegos ganados = w

$$\frac{\text{Número de juegos ganados}}{\text{Número de juegos jugados}} = \frac{w}{w + l + t} =$$

parte de los
juegos que fueron
ganados

13. C *2* 1/2 no va a la escuela a pie. Como 1/4 de
             1/2 usa bicicletas, entonces 3/4 de esa
             mitad (3/4)(1/2) or 3/8 viajan por otros
             medios.

14. C *2* $\qquad 2/3 = .66+$
             $\qquad\quad .6 = .60$
             $\quad 62\ 1/2\% = .625$
             $\qquad \sqrt{3.6} = 1+$
             $\qquad (.6)^2 = 3.6$

15. C *3* Si $12 = 25% o 1/2 del precio original,
             entonces $48 es igual a 4/4 del precio
             original.

16. C *4* El aumento en matrícula fue 1200 - 300 o 900

$$\frac{\text{Aumento}}{\text{Matríc. Original}} = \frac{900}{300} = 3. = 300\%$$

17. C *5* Suma de 89.3%, 72.8%, 94.5%, 88.6% = 345.2%
             Suma ÷ Número de Casos = Promedio;
             345.2 ÷ 4 = 86.3%

18. C *4* 12 1/2% = 1/8 (1/8)(72) = 9 72 + 9 = 81

19. C *2* 1% de 556 = 5.56   1/4% de 556 = 5.56 ÷ 4 =
             1.39

20. C *2* $3\ 1/2\% = 3.5\% = \frac{3.5}{100} = \frac{35}{1000} = .035$

21. C *3* 10% = 1/10 = .1; (10%)(2980) = (.1)(2980) =
             298; 5% de 2980 = 298 ÷ 2 = 149. El número
             más cercano es 150.

22. C *4* Hay 20 círculos, 7 de los cuales están
             sombreados. $\frac{7}{20} = \frac{35}{100} = 35\%$

23. C *4* $7.70 - $5.50 = $2.20 (aumento)

$$\frac{\text{Aumento}}{\text{Precio Original}} = \frac{\$2.20}{\$5.50} = \frac{2}{5} = 40\%$$

24. C 3 Precio original ($80) menos 25% ($20) = $60
Precio nuevo = $48; Nueva reducción =
$60 - $48 o $12 $\dfrac{\$12}{\$60} = \dfrac{1}{5} = 20\%$

25. C 1 Interés = Principal X Tipo de Interés X
Tiempo (años)
Interés = $600 X $\dfrac{5}{100}$ X $\dfrac{3}{2}$
Interés = $7.50

26. C 4 La comisión fue 5% de $325 = $16.25
(Salario) $35 + $16.25 = $51.25 (ganancia
total)

27. C 1 30% de $360 = $108 (pago de pronto)
$360 (costo) - $108 (pronto) = $252
$252 divido por 12 = $21

28. C 5 5% = 5/100 = 1/20   Si 1/20 = 60, entonces
20/20 = 1200

29. C 4 (5%) de ($9600) = (.05)($9600) = $480.00
$9600 - $480 = $9120 (ganancia neta)

30. C 3 $\dfrac{75\text{¢}}{\$100} = \dfrac{\$7.50}{\$1000} = \dfrac{\$75.00}{\$10,000} = \dfrac{\$112.50}{\$15,000}$
$112.50 = premio por tres años
$ 37.50 = premio por 1 año

31. C 3 Miguel pagará 4 X $4.69 = $18.76 al año.
Felipe pagará 2 X $9.47 = $18.94 al año.
Felipe pagará $18.94 - $18.76 = 18¢ más
cada año.

32. C 3 5% de $100 = (.05)($1000) = $50 (interés
anual sobre el bono)
Interés trimestral = $50 ÷ 4 = $12.50 (por
cada bono)
6 bonos rendirán (6)($12.50) = $75.

33. C 4 .029 = $\dfrac{29}{1000} = \dfrac{\$29}{\$1000}$ = $29 por $1000

34. C 1 El impuesto del Pueblo A, de $31.25 por
cada $1000, es equivalente a $3.125 por
cada $100. El impuesto del Pueblo B es
$3.45 por cada $100. La diferencia es
$3.45 - $3.125 = 32 1/2¢.

35. C 3 La suma de -2, -4, y -6 = -12; como
-12 + 3 = -9, la temperatura bajó un total
de 9 grados de la temperatura del mediodía.

Por lo tanto la temperatura a las 4 PM
era -11°.

36. C *4* $+9 - 5 + 6 = +10$
La bola avanzó de la línea de 20 yardas a
la de 30 yardas.

37. C *5* $11x - (-4x) = 11x + 4x = 15x$

38. C *1* $\dfrac{1}{c} = \dfrac{6}{x}$ $\qquad x = 6c$

39. C *2* $\dfrac{5x^2 + 20}{5} = \dfrac{5x^2}{5} + \dfrac{20}{5}$

$= \dfrac{\cancel{5}x^2}{\cancel{5}} + \dfrac{\cancel{20}^{4}}{\cancel{5}} = x^2 + 4$

40. C *4* $3x^2 = (3)(-3)(-3) = +27$

41. C *5* $3ab + x^2y$
$(3)(4)(5) + (2)(2)(3)$
$\quad\quad 60 \quad + \quad\quad 12 \quad$ es igual a 72

42. C *5* $3x = 21$
$\quad x = 7$
$21x = (21)(7)$
$21x = 147$

43. C *1* Si x = longitud, entonces $3x$ = anchura
El perímetro = $x + x + 3x + 3x = 8x$

44. C *3* $\dfrac{\text{Distancia}}{\text{Tiempo}}$ = Velocidad promedio =
$\dfrac{1365 \text{ millas}}{7.5 \text{ horas}}$ = 182 millas/hora

45. C *5* Si x = la edad de Juan, entonces la edad de
Jorge es $2x$
$x = 2x = 39$
$\quad 3x = 39$
$\quad\quad x = 13$ (edad de Juan)
$\quad 2x = 26$ (edad de Jorge)

46. C *1* Si x = el número más pequeño, entonces
$2x - 5$ = el número mayor
$3x - 5$ = suma de los números
$3x - 5 = 19$
$\quad 3x = 24$
$\quad\quad x = 8$

47. C *1* $\dfrac{800 \text{ libras}}{2 \text{ toneladas}} = \dfrac{800 \text{ libras}}{4,000 \text{ libras}} = \dfrac{\overset{1}{\cancel{800}} \text{ libras}}{\underset{5}{\cancel{4000}} \text{ libras}}$

48. C *2* Si x = precio de n lápices

$\dfrac{p \text{ lápices}}{c \text{ centavos}} = \dfrac{n}{x}$

Por multiplicación cruzada: $px = cn$

Entonces $x = \dfrac{cn}{p}$

49. C *4* Si la razón es 9:2 $(\dfrac{9}{2})$, entonces

$\dfrac{\text{no. de hombres}}{\text{no. de mujeres}} = \dfrac{9}{2} = \dfrac{?}{12}$

$? = 54$ hombres

Concurrencia = 54 + 12 = 66

50. C *4* Si x = pies de alambre que pesan 6 lbs.,

$\dfrac{30 \text{ pies}}{4 \text{ libras}} = \dfrac{x}{6}$

$4x = 180$ pies

$x = 45$ pies

51. C *3* $25 \div 2\ 1/2 = 25 \div \dfrac{5}{2}$ o $(25)\dfrac{2}{5} = 10$ millas

52. C *5* $F = \dfrac{9}{5} C + 32°$

$F = \dfrac{9}{5} (5°) + 32°$

$F = 9° + 32° = 41°$

53. C *4* $S = 6e^2$

$S = (6)(3)^2$

$S = (6)(9)$ o 54

54. C *3* $x^2 - y$

$(5)^2 - 2(4)$

$25 - 8 = 17$

55. C *5* $x - 3 = 4$

$x = 7$

$7x = (7)(7)$

$7x = 49$

56. C *4* $\dfrac{\text{Efectivo disponible}}{\text{Dinero adeudado}} = \dfrac{\$1500}{\$5000} = .3$

Por lo tanto, el Sr. León puede pagar solamente .3 de las deudas. Un acreedor que reclama \$500 recibirá $(.3)(\$500) =$ \$150.

57. C 2 Los ángulos de un triángulo suman 180°. Si
           un ángulo tiene 100°, la suma de los otros
           dos ángulos es igual a 80°. Como éste es
           un triángulo isósceles, cada uno de los
           otros dos ángulos tiene 1/2 de 80° o sea,
           40°.

58. C 3 Perímetro de un cuadrado = 4 x un lado =
           4 x 4 pies = 16 pies
           Si x = 1 lado, $4x$ = perímetro
           $4x$ = 16
           x = 4 pies
           Área del cuadrado = (lado)^2
           Área del cuadrado = $(4)^2$ = 16 pies cuadrados

59. C 4 Área del cuadrado = (lado)^2
           Si x = lado
           Área = x^2 = 25 yardas cuadradas
           Entonces x = 5 yardas
           Perímetro del cuadrado = 4 x (lado) =
           (4)(5) = 20 yardas

60. C 3 $\dfrac{20°}{360°} = \dfrac{1}{18}$ $\dfrac{1}{18}$ de 180,000 = 10,000

61. C 4 Si 90° = M
           $\dfrac{90°}{M} = \dfrac{120°}{?}$
           Por multiplicación cruzada: 90? = 120 M
           $? = \dfrac{120\ M}{90}$
           $? = \dfrac{4\ M}{3}$

62. C 5 La suma de 3.4, 3.1, 3.7, 3.3, 3.6, y
           3.9 es 21.

63. C 3 De acuerdo con la gráfica, marzo tuvo 3.7
           pulgadas y febrero tuvo 3.1 pulgadas.
           Diferencia = 0.6 pulgadas

64. C 2 9 pies 8 pulgadas   116 pulgadas
           116 ÷ 4 = 29 pulgadas o 2 pies 5 pulgadas

65. C 3 100 metros = (1.09 yardas)(100) =
           109 yardas
           109 - 100 = 9 yardas

3

Prueba B

Sub-Prueba 1—Corrección y efectividad de expresión

Esta prueba de castellano se ha preparado con el
fin de valorar sus conocimientos del idioma en las
áreas de: vocabulario, gramática, ortografía y sintaxis.
Lea cuidadosamente las instrucciones de cada sección
antes de seleccionar la respuesta correcta. Escriba sus
respuestas en el espacio previsto.

PARTE I—Vocabulario y Barbarismos

A continuación, en cada grupo hay cuatro (4) palabras y las expresiones "todas correctas" o "ninguna
correcta". Si alguna de las palabras está correctamente escrita, marque el número respectivo en la hoja
de respuesta. En el caso de que todas o ninguna esté
correcta, seleccione la expresión correspondiente.

EJEMPLO X1

En el ejemplo **X1**,
a la derecha, la segunda
palabra es la única co-
rrectamente escrita se-
gún las reglas del idioma.
Por lo tanto, en la hoja de
respuesta está señalada
respuesta número 2.

X1. (1) muelto
(2) muerto
(3) muérto
(4) muélto
(5) múelto

X1. 1 2 3 4 5

1. (1) resurarse (2) marqueta (3) aseguranza
   (4) compañía (5) Todas correctas

    1. 1 2 3 4 5

2. (1) halagüeño (2) comado (3) satisfacido
   (4) incontrar (5) Ninguna correcta

    2. 1 2 3 4 5

3. (1) macánico (2) halta escuela (3) beisman
   (4) embarasar (5) Ninguna correcta

    3. 1 2 3 4 5

4. (1) boila (2) enbasar (3) sospresa
   (4) palanca (5) Ninguna correcta

    4. 1 2 3 4 5

5. (1) patrocinar (2) casamóvil (3) archivista
   (4) arranque (5) Todas correctas

    5. 1 2 3 4 5

6. (1) batiar (2) contratista (3) medecina
   (4) manijar (5) Ninguna correcta

    6. 1 2 3 4 5

7. (1) amarilloso (2) órfano (3) dirricción
   (4) durmido (5) Ninguna correcta

    7. 1 2 3 4 5

8. (1) cauch (2) braun (3) prognosticar
   (4) fallecer (5) Ninguna correcta

    8. 1 2 3 4 5

9. (1) gripa (2) porche (3) mitín
   (4) memorizar (5) Ninguna correcta

    9. 1 2 3 4 5

10. (1) joventud (2) dispertal (3) despedirse
    (4) asemblea (5) Todas correctas

    10. 1 2 3 4 5

11. (1) demandar (2) difusora (3) helicóptero
    (4) entrenador (5) Todas correctas

    11. 1 2 3 4 5

12. (1) frisar (2) ganguista (3) esport
    (4) fornitura (5) Ninguna correcta

    12. 1 2 3 4 5

13. (1) estín (2) corsach (3) gabeta
    (4) mecanógrafo (5) Ninguna correcta

    13. 1 2 3 4 5

14. (1) bildin (2) close (3) Crismas
    (4) tique (5) Ninguna correcta

    14. 1 2 3 4 5

15. (1) marrón (2) bosina (3) footbol
    (4) fuelte (5) Ninguna correcta

    15. 1 2 3 4 5

16. (1) evidente (2) emendar (3) discución
    (4) ensender (5) Todas correctas

    16. 1 2 3 4 5

17. (1) lanzamiento (2) espacial
    (3) trayectoria (4) satélite
    (5) Todas correctas

    17. 1 2 3 4 5

18. (1) adisión (2) numerador (3) ipoteca   **18.** 1 2 3 4 5
    (4) ganansia   (5) Ninguna correcta || || || || ||

19. (1) compás (2) triángulo (3) centímetro   **19.** 1 2 3 4 5
    (4) kilogramo   (5) Todas correctas || || || || ||

20. (1) visepresidente   (2) nombrimiento   **20.** 1 2 3 4 5
    (3) comité   (4) aplasar || || || || ||
         (5) Ninguna correcta

PARTE II—*Vocabulario, ortografía y verbos*

Marque en la hoja de respuesta la oración que no tenga ningún error. En caso de que todas estén correctamente escritas, seleccione la expresión "todas correctas"; si por el contrario, ninguna está correctamente escrita, señale la expresión "ninguna correcta".

EJEMPLO X2

X2. (1) Debo de visitar a un amigo que está enfermo. **X2.** 1 2 3 4 5
(2) Debistes haber visitado a tu amigo enfermo. || || ▮ || ||
(3) Debo visitar a un amigo que está enfermo.
(4) Ninguna correcta
(5) Todas correctas

En la posibilidad "1", el verbo está incorrectamente usado ya que "deber de" indica suposición; "deber" indica obligación. El verbo, en la posibilidad "2", también está incorrectamente usado ya que la segunda persona singular del pretérito indefinido no termina en "s". La posibilidad "3" es la respuesta correcta.

21. (1) No podré verte el viernes que viene; estoy **21.** 1 2 3 4 5
       supuesto a darles una clase de gramática || || || || ||
       a mis alumnos.
    (2) No podré verte el viernes que viene; debo
       de darles una clase de gramática a mis
       alumnos.
    (3) No podré verte el viernes que viene; debo
       darles una clase de gramática a mis
       alumnos.
    (4) Ninguna correcta
    (5) Todas correctas

22. (1) ¿Cuál es el uso que yo te llame por las   **22.** 1 2 3 4 5
       mañanas, si nunca te levantas a tiempo? || || || || ||
    (2) ¿De qué vale el que yo te llame por las
       mañanas, si nunca te levantas a tiempo?
    (3) ¿Cuál uso que yo te llame por las mañanas,
       si nunca te levantas a tiempo?
    (4) Todas correctas   (5) Ninguna correcta

23.   (1) La mar estaba tranquila esa mañana.   **23.** 1 2 3 4 5
      (2) El mar estaban tranquilo esa mañana. || || || || ||
      (3) La mar estaba tranquilos esa mañana.
      (4) Ninguna correcta   (5) Todas correctas

24.   (1) La farmacia está cerrada; el dueño debe   **24.** 1 2 3 4 5
         estar almorzando. || || || || ||
      (2) La farmacia está cerrada; el dueño debe
         de estar almorzando.
      (3) La farmacia está cerrada; el dueño
         estaría almorzando.
      (4) Ninguna correcta   (5) Todas correctas

25.   (1) Antes de la caída del dictador, habían   **25.** 1 2 3 4 5
         habido disturbios. || || || || ||
      (2) Antes de la caída del dictador, habrían
         disturbios.
      (3) Antes de la caída del dictador, hubieron
         disturbios.
      (4) Ninguna correcta   (5) Todas correctas

26.   (1) Hubo muchas muertes a causa del huracán.   **26.** 1 2 3 4 5
      (2) Hubieron muchas muertes a causa del || || || || ||
         huracán.
      (3) Habieron muchas muertes a causa del
         huracán.
      (4) Ninguna correcta   (5) Todas correctas

27.   (1) Pedro no pagó el alquiler el mes pasado;   **27.** 1 2 3 4 5
         tiene miedo de que le den un eviction. || || || || ||
      (2) Pedro no pagó el alquiler el mes pasado;
         tiene miedo de que lo desahucien.
      (3) Pedro no pagó el alquiler el mes pasado;
         tiene miedo de que lo evicteen.
      (4) Pedro no pagó el alquiler el mes pasado;
         tiene miedo de que le den el disposés.
      (5) Todas correctas

28.   (1) Quisiera ir al cine, más no puedo.   **28.** 1 2 3 4 5
      (2) Quisiera ir al cine, mas no puedo. || || || || ||
      (3) Quisiera dil al cine, pero no puedo.
      (4) Todas correctas   (5) Ninguna correcta

29.   (1) Alfonso XIII, último Rey de España, era   **29.** 1 2 3 4 5
         muy aficionado a la casa y practicaba ese || || || || ||
         deporte muy a menudo.
      (2) Alfonso XIII, último Rey de España, era
         muy aficionado a la caza y practicaba ese
         deporte muy a menudo.
      (3) Alfonso XIII, último Rey de España, era
         muy aficionado a la cáza y practicaba
         ese deporte muy a menudo.
      (4) Ninguna correcta   (5) Todas correctas

30. (1) Debe de hacer una tarea que le es anti-
         pática. Por eso está tan disgustado.
     (2) Debe hacer una tarea que le es antipática.
         Por eso está tan disgustado.
     (3) Había debido hacer una tarea que le es
         antipática. Por eso está tan disgustado.
     (4) Deberá de hacer una tarea que le es anti-
         pática. Por eso está tan disgustado.

30. 1   2   3   4   5
     || || || || ||

31. (1) Pedro II, Emperador del Brasil, había
         reinado ya varios decenios cuando el
         movimiento republicano tomó ímpetu.
     (2) Pedro II, Emperador del Brasil, había
         rreinado ya varios decenios cuando el
         movimiento republicano tomó ímpetu.
     (3) Pedro II, Emperador del Brasil, habían
         reinado ya varios decenios cuando el
         movimiento republicano tomó ímpetu.
     (4) Ninguna correcta   (5) Todas correctas

31. 1   2   3   4   5
     || || || || ||

32. (1) Que el mundo gira son un hecho ya
         probado.
     (2) Que el mundo gira serán un hecho ya
         probado.
     (3) Que el mundo gira somos un hecho ya
         probado.
     (4) Que el mundo gira es un hecho ya probado.
     (5) Todas correctas

32. 1   2   3   4   5
     || || || || ||

33. (1) Los antiguos municipios de Santurce, Río
         Piedras y San Juan fueron unidos y se
         creaba la actual capital de Puerto Rico.
     (2) Los antiguos municipios de Santurce, Río
         Piedras y San Juan fueron unidos y se
         creo la actual capital de Puerto Rico.
     (3) Los antiguos municipios de Santurce, Río
         Piedras y San Juan fueron unidos y se
         crearían la actual capital de Puerto Rico.
     (4) Los antiguos municipios de Santurce, Río
         Piedras y San Juan fueron unidos y se creó
         la actual capital de Puerto Rico.
     (5) Ninguna correcta

33. 1   2   3   4   5
     || || || || ||

34. (1) Prohibiendo comer carne los viernes bajo
         pena de pecado mortal.
     (2) Prohiber comer carne los viernes bajo pena
         de pecado mortal.
     (3) Prohivido comer carne los viernes bajo
         pena de pecado mortal.
     (4) Está prohibido comer carne los viernes
         bajo pena de pecado mortal.
     (5) Ninguna correcta

34. 1   2   3   4   5
     || || || || ||

35. (1) Fumado es un placer sensual.   35. 1 2 3 4 5
    (2) Fumé es un placer sensual. || || || || ||
    (3) Fumar es un placer sensual.
    (4) Fumaremos es un placer sensual.
    (5) Habían fumado es un placer sensual.

36. (1) Debido a sus inclinaciones políticas de   36. 1 2 3 4 5
        izquierda, se ha dicho que ese candidato || || || || ||
        es filocomunista.
    (2) Debido a sus inclinaciones políticas de
        izquierda, se ha dicho que ese candidato
        es anticomunista.
    (3) Debido a sus inclinaciones políticas de
        izquierda, se ha dicho que ese candidato
        es reaccionario.
    (4) Ninguna correcta   (5) Todas correctas

37. (1) Los pisos de su apartamiento estaban tan   37. 1 2 3 4 5
        deteriorados que había que cubrirlos || || || || ||
        con carpetas.
    (2) Los pisos de su apartamiento estaban tan
        deteriorados que había que cubrirlos
        con alfombras.
    (3) Los pisos de su apartamiento estaban tan
        deteriorados que había que cubrirlos
        con alfonbras.
    (4) Ninguna correcta   (5) Todas correctas

38. (1) Estoy ocupado y no puedo hablar por   38. 1 2 3 4 5
        teléfono ahora; dígale que lo llamo || || || || ||
        para atrás.
    (2) Estoy ocupado y no puedo hablar por
        teléfono ahora, dígale que lo llamo
        luego.
    (3) Estoy ocupado y no puedo hablar por
        teléfono ahora; dígale que lo llamaré
        para atrás.
    (4) Ninguna correcta   (5) Todas correctas

39. (1) Al cumplir los quince años, la niña sufrió   39. 1 2 3 4 5
        una metamórfosis admirable y se convirtió || || || || ||
        en una bella jovencita.
    (2) Al cumplir los quince años, la niña sufrió
        un cambio admirable y se convirtió en
        una bella jovencita.
    (3) Al cumplir los quince años, la niña sufrió
        una transformación admirable y se
        convirtió en una bella jovencita.
    (4) Ninguna correcta   (5) Todas correctas

40. (1) La cobra es uno de los reptiles más
         peligrosos.
     (2) La cobra es uno de los caninos más
         peligrosos.
     (3) La cobra es uno de los réptiles más
         peligrosos.
     (4) La cobra es uno de los mamíferos más
         peligrosos.
     (5) La cobra es uno de los felinos más
         peligrosos.

40. 1 2 3 4 5
     || || || || ||

41. (1) En la clase de ciencias sociales, el hijo
         de Jaime aprendió la diferencia entre una
         monarquía y una república; aprendió
         también que Inglaterra es una oligarquía
         ya que tiene una reina.
     (2) En la clase de ciencias sociales, el hijo
         de Jaime aprendió la diferencia entre una
         monarquía y una república; aprendió
         también que Inglaterra es una monarquía
         ya que tiene una reina.
     (3) En la clase de ciencias sociales, el hijo
         de Jaime aprendió la diferencia entre una
         monarquía y una república; aprendió
         también que Inglaterra es una dictadura
         ya que tiene una reina.
     (4) Ninguna correcta   (5) Todas correctas

41. 1 2 3 4 5
     || || || || ||

PARTE III—*Corrección de oraciones: Acentuación, concordancia, preposición y puntuación*

En cada una de las oraciones siguientes hay cuatro
(4) palabras o signos de puntuación subrayados. Si
alguna de las palabras o signos de puntuación está incorrectamente escrito, mal usado o no corresponde exactamente al sentido de la oración, marque el número
correspondiente en la hoja de respuesta. Si todas las
partes subrayadas están correctas, seleccione la
posibilidad "todas correctas" (posibilidad número cinco).

EJEMPLO X3

X3. María le pedió a su hermano que le hiciera
      ‾1‾   ‾2‾   ‾3‾
     un favor.
        ‾4‾

X3. 1 2 3 4 5
     || ■ || || ||

En el ejemplo X3, el único error es "pedió"; lo
correcto sería decir: "pidió". Por lo tanto, en la
hoja de respuesta está señalado el número "2".

42. El Paraguay, situado en el centro geográfico
        1
    de la America del Sur, es un país mesopotámico
             2
    a causa de los grandes ríos, Pilcomayo, Paraná
    y Paraguay, que abrazan su territorio.
    3   4

42. 1 2 3 4 5
    || || || || ||

43. La mayoría profeza la religión protestante,
              1   2
    que adopta la forma anglicana en Inglaterra,
                         3   4
    y la presbiteriana en Escocia.

43. 1 2 3 4 5
    || || || || ||

44. Al estallar la Segunda Guerra Mundial, los
                                          1
    Estados Unidos iniciaron un gigantesco plan
    de defensa y, mediante la Ley de Préstamos y
               2   3
    Arriendos, proporcionó ayuda a sus aliados.
               4

44. 1 2 3 4 5
    || || || || ||

45. Juan Domingo Perón habrían continuado sus
                        1
    gestiones para retornar a la Argentina y
         2   3
    al poder.
       4

45. 1 2 3 4 5
    || || || || ||

46. Don José Tomás Silva pagó la fianza y así
                                   1
    puede salir los patriotas puertorriqueños de
    2   3
    las celdas del Castillo del Morro.
        4

46. 1 2 3 4 5
    || || || || ||

47. Los escritores franceses, sobre todo Verlaine,
                    1   2
    influyeron mucho sobre los poetas como
                     3   4
    Rubén Darío.

47. 1 2 3 4 5
    || || || || ||

48. La iglesia católica enseña que los pecados
        1   2
    contra la castidad son pecados graves.
              3   4

48. 1 2 3 4 5
    || || || || ||

49. José de Diego cantarán su dolor por la pérdida
                  1   2
    de su amada, Carmen Echevarría, en el poema,
             3
    "Laura mía".
     4

49. 1 2 3 4 5
    || || || || ||

50. La <u>joven</u> tenía un <u>hermoso</u> <u>traje</u> <u>braun</u> y negro.
       1   2   3   4

50. 1 2 3 4 5 || || || || ||

51. Javier almorzó <u>rapidamente</u> y corrió a tomar
                1

el <u>autobús</u> que lo <u>llevaría</u> a <u>Bayamón</u>.
   2   3   4

51. 1 2 3 4 5 || || || || ||

52. Su esposa, que hacía ya días <u>fingía</u> no pres-
       1   2

tarle atención, se le quedó mirando detenida-
          3

mente y <u>prorrumpía</u> en llanto.
        4

52. 1 2 3 4 5 || || || || ||

53. Tiene gran <u>afición</u> <u>a</u> las <u>artes</u> <u>plásticas</u>.
          1   2   3   4

53. 1 2 3 4 5 || || || || ||

54. El Primer Concilio del Vaticano <u>definió</u> <u>el</u>
                         1   2

dogma de la infalibilidad del <u>papa</u> en
                  3

cuestiones de <u>moral</u> y dogma.
         4

54. 1 2 3 4 5 || || || || ||

55. Las niñas reían; los niños gritaban, los
        1   2

padres miraban la televisión; y la abuela
           3

escuchaba <u>la</u> radio.
    4

55. 1 2 3 4 5 || || || || ||

56. <u>Tenía</u> que <u>darles</u> de <u>comér</u> a seis <u>bocas</u>.
   1   2   3   4

56. 1 2 3 4 5 || || || || ||

57. René Marqués ilustra, de manera magistral,
el terror y dolor que el hombre <u>sienten</u>
                   1

cuando llega a <u>ese</u> punto en el proceso de
          2

crecimiento en que ni se es niño, ni <u>se es</u>
                   3

hombre; en su novela, *La víspera del hombre*.
                  4

57. 1 2 3 4 5 || || || || ||

58. ¡<u>La</u> voy a decir cuatro cosas bien <u>dichas</u>
   1   2

cuando <u>la</u> encuentre!
    3   4

58. 1 2 3 4 5 || || || || ||

59. Sus formas <u>voluptuosas</u> <u>atraía</u> las <u>miradas</u> de
to   1   2   3
todos los <u>hombres</u>.
          4

59.   1   2   3   4   5
     || || || || ||

60. Era jove<u>n</u> rubia y bella; sin embargo, se
            1
creía la mujer <u>más</u> <u>infeliz</u> del <u>mundo</u>.
            2   3   4

60.   1   2   3   4   5
     || || || || ||

61. Pablo Nerud<u>a</u>, <u>poeta chilen</u>o, <u>es</u> el escritor
              1   2
<u>más</u> <u>leído</u> actualmente. Sus obras han sido
 3   4
traducidas a todas las lenguas cultas del
mundo.

61.   1   2   3   4   5
     || || || || ||

62. "<u>Muchas gracias</u>", <u>dijo</u> <u>el</u> <u>méndigo</u>.
       1   2 3   4

62.   1   2   3   4   5
     || || || || ||

63. <u>De</u> <u>de</u> comer <u>al</u> <u>hambriento</u>.
  1 2   3   4

63.   1   2   3   4   5
     || || || || ||

64. La <u>noche</u> estaba <u>demasiada</u> <u>fría</u>; por eso,
     1   2   3
<u>decidimos</u> no ir de pasdo.
 4

64.   1   2   3   4   5
     || || || || ||

65. Los escritores <u>estadounidenses</u> influyeron
                    1
mucho <u>en</u> sus <u>colegas</u> <u>latinoamericanos</u>.
      2   3   4

65.   1   2   3   4   5
     || || || || ||

66. <u>Los</u> regalos <u>les</u> <u>gustaron</u> a <u>las</u> niñas.
  1   2   3   4

66.   1   2   3   4   5
     || || || || ||

67. Le <u>gustó</u> mucho <u>los</u> automóviles que <u>vio</u> en
    1   2   3
<u>la</u> exhibición.
 4

67.   1   2   3   4   5
     || || || || ||

68. <u>Las</u> <u>aguas</u> se <u>separaron</u> para <u>dejar pasar</u> a
  1   2   3   4
Moisés.

68.   1   2   3   4   5
     || || || || ||

69. No me da <u>vergüenza</u> <u>trabajar</u> de <u>mozo</u> en <u>un</u>
            1   2   3   4
restaurante.

69.   1   2   3   4   5
     || || || || ||

70. <u>Solo</u> <u>sé</u> <u>que</u> no sé <u>nada</u>.
  1   2   3   4

70.   1   2   3   4   5
     || || || || ||

71. Me <u>gustaría</u> mucho <u>ir</u> con ustedes, <u>mas</u> <u>debo de</u>

71. Me <u>gustaría</u> mucho <u>ir</u> con ustedes, <u>mas</u> <u>debo de</u>
hacer una tarea muy importante.

   71.   1   2   3   4   5
        || || || || ||

72. Sólo conozco tres personas en España; <u>Juana</u>
Fernández, una <u>amiga</u>; Pedro <u>Nuñez</u>, un médico
conocido de mis <u>padres; y</u> un amigo de mi
hermano.

   72.   1   2   3   4   5
        || || || || ||

73. Aquí se <u>vende</u> <u>antigüedades</u> a <u>precios</u>
<u>razonables</u>.

   73.   1   2   3   4   5
        || || || || ||

74. ¿Cuándo <u>vistes</u> la <u>nueva</u> <u>obra</u> de Arrabal?

   74.   1   2   3   4   5
        || || || || ||

75. ¿<u>Cabió</u> el <u>regalo</u> <u>dentro</u> de la <u>caja</u>?

   75.   1   2   3   4   5
        || || || || ||

76. <u>Tengo</u> que <u>darle</u> una <u>lección</u> de <u>matemáticas</u>
a Juan y José.

   76.   1   2   3   4   5
        || || || || ||

77. <u>Habían</u> <u>demasiadas</u> personas en la fiesta; no
se <u>podía</u> <u>estar</u> en paz en ningún rincón.

   77.   1   2   3   4   5
        || || || ||

78. <u>Iremos</u> a <u>Europa</u> en el barco <u>a</u> vapor <u>más</u>
lujoso del mundo.

   78.   1   2   3   4   5
        || || || || ||

79. Por miedo a perder su <u>cargo,</u> el padre de
Bernardo <u>O'Higgins,</u> libertador de Chile, <u>nunca</u>
se casó con la madre del <u>héroe</u>.

   79.   1   2   3   4   5
        || || || || ||

80. Juan prestaba <u>poco</u> atención a <u>lo</u> <u>que</u> <u>le</u>
decía su madre.

   80.   1   2   3   4   5
        || || || || ||

81. Fueron muchas las víctimas del <u>choque</u>: tres
<u>ambulancias</u> <u>tuvieron</u> que hacer <u>varios</u>
recorridos para poder llevar a todos los
heridos al hospital.

   81.   1   2   3   4   5
        || || || || ||

82. Cuando lo <u>llamé</u> <u>por</u> teléfono, me dijeron que
     1 2

  <u>dijeron</u> que ya <u>salió</u>.
   3   4

82.   1   2   3   4   5
   || || || || ||

83. No <u>sé</u> que <u>decirte</u>; no <u>te</u> puedo <u>ayudar</u>.
   1 2   3   4

83.   1   2   3   4   5
   || || || || ||

84. Los <u>Santiaguinos</u> <u>son</u> <u>gente</u> <u>simpatiquísima</u>.
    1   2 3   4

84.   1   2   3   4   5
   || || || || ||

85. Puerto Rico y Cuba <u>son</u>, de <u>un</u> <u>pájaro</u>, las <u>alas</u>.
        1   2 3   4

85.   1   2   3   4   5
   || || || || ||

86. Se ha dicho que <u>París, Francia</u> es la ciudad
         1

  <u>más</u> bella de <u>toda</u> <u>europa</u>.
   2   3 4

86.   1   2   3   4   5
   || || || || ||

PARTE IV—Completación de oraciones: Elementos modificadores y complementos

  En cada oración falta una o dos palabras claves de la misma. De la lista de palabras, seleccione la que completa mejor el sentido de la oración.

EJEMPLO X4

X4. La ciudad de Nueva York es la ciudad más.......
de los Estados Unidos.
(1) omnívora (2) homogenia (3) ayermado
  (4) desguarnecida (5) cosmopolita

X4.   1   2   3   4   5
   || || || || ▮

  En el ejemplo X4 la única palabra que completa correctamente el sentido de la oración es "cosmopolita", respuesta que está señalada en la hoja de contestaciones.

87. La señorita Torres Olmo era tan distraída y
tan ....como empleada que el jefe le
pidió la renuncia.
(1) afable (2) deficiente (3) eficiente
  (4) deferente (5) deflaciente

87.   1   2   3   4   5
   || || || || ||

88. Rafael salió bien en todas las asignaturas,
excepto en ...., el estudio de los
procesos mentales del hombre.
(1) filología (2) sicología (3) semántica
  (4) versificación (5) grafología

88.   1   2   3   4   5
   || || || || ||

89. Los peores enemigos de los indios que habitaban Puerto Rico antes de la llegada de Colón
eran los Caribes. Estos indios habitaban las

89.   1   2   3   4   5
   || || || || ||

islas vecinas; eran.........., es decir:
comían carne humana.
(1) antropófagos (2) indios
      (3) primitivos   (4) carnívoros
            (5) hervívoros

90. El león es uno de los ....más
    peligrosos.   **90.** 1 2 3 4 5
    (1) reptiles (2) mamíferos (3) caninos
          (4) anfibios (5) todas correctas

91. Cádiz y Muñoz gozaron mucho en su viaje al   **91.** 1 2 3 4 5
    Japón. Contaban que habían pasado la mayor
    parte del tiempo visitando los jardines
    botánicos del país. Decían que la ....
    japonesa era incomparable.
    (1) florería (2) fauna (3) floricultura
          (4) flora   (5) todas correctas

92. Los teólogos .... al Papa que no   **92.** 1 2 3 4
    llamara a los prelados al Primer Concilio
    del Vaticano.
    (1) lo aconsejaron   (2) le aconsejaron
    (3) les aconsejaron   (4) la aconsejaron

93. El director del programa cometió tantos   **93.** 1 2 3 4 5
    errores que la junta administrativa le
    pidió su .... al cargo.
    (1) dimisión   (2) absolución
      (3) abdicación   (4) prestación
            (5) sobreseimiento

94. La industria pesada en Latinoamérica es   **94.** 1 2 3 4 5
    .... y no se puede comparar a la de
    los países desarrollados industrialmente.
    (1) insipiente   (2) insípide
      (3) insoluble   (4) incipiente
            (5) estipendio

95. Los indios usaban los caballos **95.** 1 2 3 4 5
    (1) sin errar   (2) sin herrumbre
      (3) sin herraje   (4) sin herrar
            (5) todas correctas

96. Los Yanquis .... muy bien durante la   **96.** 1 2 3 4 5
    temporada deportiva.
    (1) movilizaron   (2) funcionaron
      (3) seleccionaron   (4) jugaron
            (5) todad correctas

Respuestas Sub-Prueba 1—Corrección y efectividad de expresión

PARTE I

1.	4	5.	5	9.	1	13.	4	17.	5
2.	1	6.	2	10.	3	14.	5	18.	2
3.	5	7.	5	11.	5	15.	1	19.	5
4.	4	8.	4	12.	5	16.	1	20.	3

PARTE II

21.	3	25.	4	29.	2	33.	4	37.	2
22.	2	26.	1	30.	2	34.	4	38.	2
23.	1	27.	2	31.	1	35.	3	39.	5
24.	2	28.	2	32.	4	36.	1	40.	1
								41.	2

PARTE III

42.	2	51.	1	60.	1	69.	5	78.	3
43.	1	52.	4	61.	5	70.	1	79.	5
44.	4	53.	5	62.	4	71.	4	80.	1
45.	1	54.	3	63.	1	72.	5	81.	5
46.	2	55.	2	64.	2	73.	1	82.	4
47.	3	56.	3	65.	5	74.	2	83.	5
48.	1	57.	1	66.	5	75.	1	84.	1
49.	1	58.	1	67.	1	76.	2	85.	5
50.	4	59.	2	68.	5	77.	1	86.	4

PARTE IV

87.	2	89.	1	91.	4	93.	1	95.	4
88.	2	90.	2	92.	2	94.	4	96.	4

Sub-Prueba 2—Interpretación de lecturas en estudios sociales

INSTRUCCIONES

Lea cuidadosamente cada uno de los pasajes siguientes. Seleccione una contestación por cada pregunta numerada la cual, en su opinión, es la que mejor completa la oración o contesta la pregunta. Si encuentra que una es muy difícil, pase a la que sigue y luego vuelva a ella.

Pasaje I

Ante la insensibilidad de los gobernantes y del pueblo todo, de un tiempo a esta parte viene produciéndose un éxodo intermitente de profesionales, obreros y estudiantes universitarios. Salen al exterior en busca de mejores fuentes de trabajo y estudio, unos por un tiempo, otros para siempre.

Se han señalado varias causas, pero quizás la principal sea la carencia de fuentes de trabajo, consecuencia del retraso económico en que se desenvuelve el país. No contamos con una sólida base económica e independiente, capaz de absorber la mano de obra que nos ofrecen los profesionales y los obreros en forma estable y con remuneraciones justas. Frente a la amenaza de la desocupación y la carencia de estímulos muchos prefieren abandonar el país. Como consecuencia un país como el nuestro, que tanto necesita de trabajo clasificado, se ha convertido en un país exportador de mano de obra profesional.

Otra causa posible es la permanente inestabilidad social y política. Los frecuentes cambios de gobierno, la falta de continuidad en los funcionarios públicos y las persecusiones políticas crean situaciones insostenibles.

La emigración de estudiantes adquiere caracteres más alarmantes todavía desde la clausura de las universidades en septiembre del año pasado. La incertidumbre sobre la estructura de la universidad y la irregularidad de las labores docentes están dando ocasión a que muchos estudiantes inicien o concluyan sus estudios en el exterior.

Frente a todo esto, paradójicamente, aumentan cada día los llamados "técnicos residentes", que no constituyen sino una burocracia extranjera en el país. Ya es hora de que la actividad productiva esté en manos de técnicos nacionales, de profesionales nativos

capaces sin interferencias foráneas, fuera del indis-
pensable asesoramiento inicial.

El desarrollo económico de cualquier país depende
mucho de la política económica que adopte cualquier
gobierno central. Si nuestra política económica es
conducida con honestidad, capacidad y velando siempre
por los intereses nacionales, no faltarán puestos de
trabajo y mejores condiciones de vida.

1. En el país de que nos habla el pasaje anterior
   (1) solamente los profesionales emigran a
       otras partes
   (2) los estudiantes universitarios se quedan
       a estudiar en él
   (3) profesionales, obreros y estudiantes
       universitarios emigran de modo alarmante
   (4) ningún obrero se va a otro país
   (5) la gente de dinero se va del país

   1. 1 2 3 4 5
       || || || || ||

2. La causa de alarma del autor es debida
   (1) al continuo cambio político
   (2) a la disminución de mano de obra calificada
       que impide el desarrollo económico del país
       y requiere una "burocracia" extranjera
   (3) a que los ancianos tendrán que ponerse
       a trabajar
   (4) a que las universidades se van a quedar
       sin profesores
   (5) a que hay que mantener las escuelas
       cerradas de noche

   2. 1 2 3 4 5
       || || || || ||

3. En las siguientes causas, según el autor, se
   encuentra el origen de la emigración del
   país, EXCEPTO:
   (1) carencias de fuentes de trabajo
   (2) inestabilidad social y política
   (3) incertidumbre sobre la estructura de
       la universidad
   (4) el gran peligro de frecuentes terremotos
   (5) la carencia de estímulos y eventualmente,
       justa remuneración

   3. 1 2 3 4 5
       || || || || ||

4. Todas las afirmaciones siguientes son
   verdaderas, EXCEPTO:
   (1) la principal causa de emigración parece
       ser la carencia de fuentes de trabajo
   (2) el gobierno del país en consideración
       es inestable
   (3) los "técnicos residentes" son nacionales
       sin título profesional
   (4) el desarrollo económico depende de la
       política económica
   (5) en el país mencionado en el artículo
       existen persecusiones políticas

   4. 1 2 3 4 5
       || || || || ||

5. El autor hace todas las siguientes recomen-   5. 1 2 3 4 5
    daciones MENOS   ‖ ‖ ‖ ‖ ‖
    (1) que los profesionales nacionales trabajen
        sin interferencias extranjeras
    (2) que la entrada al país de técnicos
        extranjeros sea fomentada
    (3) que el fomento económico sea por medio de
        fondos nacionales cuando sea posible
    (4) que el gobierno central adopte una
        "política económica"
    (5) que el gobierno se ocupe más por
        los intereses nacionales

Pasaje II

La organización política de los partidos está
estructurada de tal modo que por medio de ella se
puede influir en los votantes para que apoyen el
candidato escogido de antemano. El distrito es la
base directa de operaciones; en cada distrito electoral
unos 700 ciudadanos acuden a votar. El estado se
subdivide en distritos electorales tan pequeños no
porque cause grave inconveniente si se pidiera
a los ciudadanos ir a votar a puestos centrales
convenientemente localizados; sino porque el trabajo
de los miembros activos del partido sería mucho más
difícil y menos efectivo.

De ordinario los miembros activos de un partido
escogen dos representantes durante las elecciones
primarias que tienen lugar en septiembre, a no ser que
se trate de un año de elecciones presidenciales; en
tal caso las elecciones primarias tienen lugar durante
el mes de junio. El comité del condado puede legalmente exigir que los representantes sean elegidos por
dos años y puede pedir que en cada distrito se elija
un hombre y una mujer; dicho comité puede también
admitir hasta cuatro representantes si se trata de un
distrito muy denso, siempre y cuando dicho número sea
proporcional a la densidad del distrito. El punto
importante es que las elecciones primarias proveen la
ocasión de que cada partido elija sus representantes
propios.

Los nombres de los candidatos aparecen en la
papeleta de votación solamente si se ha sometido
previamente una petición firmada, por lo menos, por el
cinco por ciento de los miembros del partido en cada
distrito. Cualquier persona que cumpla esta condición
puede obtener que su nombre aparezca en la papeleta
correspondiente; pero es muy difícil imponerse a
aquellos candidatos que han manejado los asuntos del
partido y que tienen el aval público del comité del
condado. Esta situación es la causa del poco interés

que se manifiesta con frecuencia por las elecciones
primarias.

6. Los distritos electorales son relativamente   6. 1 2 3 4 5
   pequeños debido || || || || ||
   (1) al deseo de que el trabajo de los miembros
       activos del partido sea más efectivo
   (2) a que no se quiere causar incomodidades
       a los votantes
   (3) a que así se puede presionar a los votantes
       a que voten por candidatos de otro partido
   (4) a que se quiere reducir el número de los
       partidos políticos
   (5) a que se tiene que dar preferencia a los
       sectores rurales

7. Todas las siguientes afirmaciones son   7. 1 2 3 4 5
   verdaderas, EXCEPTO: || || || || ||
   (1) dos representantes se eligen durante
       las primarias
   (2) en el caso de haber elecciones presiden-
       ciales las primarias tienen lugar en junio
   (3) los representantes pueden ser elegidos
       por dos años
   (4) los distritos de gran densidad pueden lle-
       gar a elegir hasta cuatro representantes
   (5) las mujeres no pueden ser miembros del
       comité del distrito

8. El título más adecuado para este pasaje es: 8. 1 2 3 4 5
   (1) El año de las elecciones presidenciales || || || || ||
   (2) Los votantes
   (3) La elección de candidatos para el comité
   (4) El poder de los partidos políticos
   (5) El voto agrícola

9. El propósito de las elecciones primarias es   9. 1 2 3 4 5
   (1) elegir a los senadores || || || || ||
   (2) asegurar una representación proporcional
   (3) promover la igualdad de sexos en las
       elecciones
   (4) elegir a los candidatos a puestos electivos
       de cada partido
   (5) la elección de cuatro representantes

10. Los nombres de los candidatos aparecen   10. 1 2 3 4 5
    en la papeleta de votar || || || || ||
    (1) siempre y cuando un individuo lo solicite
    (2) solamente si un nombre es respaldado por
        el 5% de los miembros del distrito
    (3) después de haber sido aprobada por
        el condado

(4) una vez terminadas las primarias
(5) si lo piden por lo menos dos miembros
del comité ejecutivo

11. Las primarias en cualquier país es
demostración tácita de
(1) un gobierno comunista
(2) mal gusto y peor gobierno
(3) democracia partidista y gubernamental
(4) participación de los líderes del
partido solamente
(5) participación de los menores de 21
años solamente

11. 1 2 3 4 5
‖ ‖ ‖ ‖ ‖

Pasaje III

La propensión de los americanos a unirse, a
agruparse, no es cosa nueva. Se remonta a la época
cuando las damas tenían sus "clubs" de lecturas y otros
grupos de tipo cultural. Estos se diseminaron por
todo el país a medida que las fronteras fueron exten-
diéndose, los cuales dieron la idea para la creación
de la asociación de padres y maestros, los grupos
cívicos, comunitarios, etc... La cantidad de estas
asociaciones voluntarias creció tanto que el país está
denso de ellas a tal extremo que De Tocqueville dijo:
"En ningún país del mundo, el principio de asociarse
ha sido aplicado a tantos diferentes objetos como
en América".

El visto bueno del gobierno, la aceptación por
parte de la sociedad, la novedad del medio ambiente,
la necesidad de entremezclar diferentes grupos étnicos,
quiero decir, la necesidad de amontonarlos juntos
debajo de un mismo techo hasta que fuesen asimilados,
son algunas de las fuerzas de formación presentadas
desde un principio. Lo que vino después fue nada
menos que el rompimiento del modo de vida en las zonas
rurales y en los pequeños pueblos de América y, por
supuesto, el amansamiento de estos seres en las grandes
ciudades, frías e impersonales, trae consigo el
rompimiento del impulso que mantenía unidas a las
personas que pensaban de la misma forma o forma
parecida.

12. La frase que expresa mejor la idea de
este pasaje es:
(1) El antepasado de la asociación de padres
y maestros
(2) Las asociaciones en América
(3) El crecimiento de las organizaciones
en la ciudad
(4) El final de las pequeñas ciudades
(5) Asociación en la América rural

12. 1 2 3 4 5

13. De Tocqueville aparentemente creyó que   13. 1 2 3 4 5
    los americanos || || || || ||
    (1) se crecían al asociarse
    (2) avaluaron grandemente la amistad
    (3) pasaban muchas dificultades como pioneros
    (4) usaban el principio de libre asociación
    (5) eran golosos para las riquezas

14. De Tocqueville señaló que observó que en   14. 1 2 3 4 5
    América || || || || ||
    (1) había asociaciones ilegales
    (2) las asociaciones no eran permitidas
        en algunos estados
    (3) los conglomerados solo existían en la
        zona rural
    (4) había densidad de asociaciones en el país
    (5) las asociaciones contaban con millares
        de miembros

15. De acuerdo con el pasaje, ¿Cuál de las   15. 1 2 3 4 5
    siguientes afirmaciones expresa mejor el || || || || ||
    deseo de asociarse?
    (1) Estaban protegidos por la ley.
    (2) Probablemente llenaba una necesidad.
    (3) Resultó en menos asimilación que antes.
    (4) Era básicamente autocrático, no un
        fenómeno democrático.
    (5) Causó el rompimiento del modo de vida en
        la zona rural y en las ciudades pequeñas.

16. El propósito principal del autor al escribir   16. 1 2 3 4 5
    este pasaje parece ser para || || || || ||
    (1) animar a la gente a unirse a las
        asociaciones
    (2) desacreditar el punto de vista de
        De Tocqueville
    (3) defender el derecho de las personas
        a asociarse
    (4) explicar la base para ciertos grupos
        en América
    (5) indicar por qué los grupos étnicos
        han aumentado

Pasaje IV

La problemática de la industrialización es una de
las más complejas. Para los trabajadores, esto
significa que mayores y mejores destrezas de trabajo
han de ser requeridas, y, en último análisis, que el
trabajo puede ser más dificultoso que en el pasado,
donde el elemento de tiempo no tenía tanta importancia.
Los beneficios marginales positivos son mayores y
opacan cualquier otra consideración negativa. Los

trabajadores hoy, gozan de mayores comodidades, son
menos provinciales, y gozan del fruto de su labor en
grado mayor que lo que fuera posible en otros tiempos.
De esta manera podemos decir que hemos llegado al final
de la Revolución Industrial. Podemos llamarla, hoy,
Revolución Tecnológica: es la ciencia que ha encontrado
los medios y modos para utilizar el esfuerzo y trabajo
del hombre más allá de lo soñado. El comienzo de la
Era Atómica trajo consigo beneficios incalculables al
ser humano para ser utilizados hoy y en el futuro.
Algunos han llamado el comienzo de esta era, la Era
del Poder-Metal. Este término es significante, porque
en estos dos elementos, nuestro país es rico; si no
suficiente en sí mismo, por lo menos hemos demostrado
que podemos explotar ambos elementos a grado nunca
visto en el mundo.

17. El propósito principal del autor al escribir   17. 1 2 3 4 5
     este pasaje parece ser para   ‖ ‖ ‖ ‖ ‖
     (1) señalar las dificultades de la
         industrialización
     (2) defender el trabajo de los científicos
     (3) explicar por qué el hombre moderno tiene
         más tiempo para su esparcimiento
     (4) explicar por qué la Revolución Industrial
         llegó a su final
     (5) describir ciertas manifestaciones de
         la industrialización

18. El autor implica que los trabajadores   18. 1 2 3 4 5
     del mañana   ‖ ‖ ‖ ‖ ‖
     (1) gozarán aún de mayores beneficios
         marginales
     (2) tendrán pocas oportunidades de empleo
     (3) serán más campesinos
     (4) serán destruidos por las máquinas
     (5) tendrán que trabajar más lentamente

19. El autor implica que la futura fuerza interna   19. 1 2 3 4 5
     de su país ha de ser encontrada entre   ‖ ‖ ‖ ‖ ‖
     (1) el número vasto de trabajadores
     (2) sus técnicos diestros
     (3) múltiples recursos de poder-metal
     (4) su forma de utilizar más efectivo
         el tiempo de ocio
     (5) su fuerza de desempleados

20. Cuando el autor establece que "el trabajo   20. 1 2 3 4 5
    puede ser más dificultoso que en el pasado",   ‖ ‖ ‖ ‖ ‖
    el quiere decir que
    (1) el trabajo rompe-espalda (duro) había
        de volver
    (2) trabajar en las máquinas del mañana
        había de ser preciso
    (3) el trabajador tendrá que pasar más
        tiempo en el trabajo
    (4) muchos trabajadores quedarán desempleados
    (5) las guerras harán dificultoso el trabajo

21. Del pasaje inferimos que vivimos   21. 1 2 3 4 5
    (1) en la Era del Vapor de Agua   ‖ ‖ ‖ ‖ ‖
    (2) al comienzo de la Revolución Industrial
    (3) en la Edad de Piedra
    (4) en la Era del Poder-Metal
    (5) Todas correctas

Pasaje V

En realidad Nueva York dejó de ser una colonia el día que se firmó la Declaración de Independencia en 1776. Este documento, leído desde los escalones de la Corte de White Plains el día 11 de julio, fue recibido con alegría y temor. Era un documento muy serio que cortaba de un tajo las antiguas relaciones políticas.

Declaraba la revolución y enfrentaba a hermano contra hermano. En ningún sitio mejor que en Nueva York se podía ver la diferencia de opiniones sobre la sabiduría del paso dado. Una tercera parte de las batallas de la revolución se lucharon en terreno de Nueva York. Sus pueblos fronterizos sufrieron lo indecible. Las comunidades estaban divididas y los *tories* se aliaron con los indios para luchar contra los rebeldes.

El gobierno no podía mantener el orden. Durante la revolución la ciudad de Nueva York fue gobernada por el ejército inglés. En otras partes las organizaciones políticas intentaron pasar y hacer cumplir leyes. El gobierno colonial inglés había votado en favor de una constitución, que a sugerencia del Congreso Continental, comenzó a redactar un comité. Este documento que reflejaba muy de cerca los acontecimientos anteriores, fue adoptado como la primera constitución el 20 de abril de 1777. Reflejo característico de aquellos tiempos es el hecho de que el General Jorge Clinton, primer gobernador, no pudiese hacer su juramento hasta el día 30 de julio de 1777 en Kingston.

El documento tampoco reflejaba la clase de gobierno que se podía esperar al leer la Declaración de Independencia. Un grupo escogido de propietarios se adueñó de la Cámara Baja, y un grupo más selecto de la Cámara Alta. La constitución sobrevivió por 45 años en Nueva York.

22. Todas las afirmaciones siguientes, acerca de Nueva York, son verdaderas, EXCEPTO:

    22. 1 2 3 4 5
          || || || || ||

    (1) hubo muchas dificultades en la ciudad
    (2) un tercio de las batallas revolucionarias tuvieron lugar en Nueva York
    (3) el pueblo estaba unido
    (4) los puestos fronterizos estaban en peligro
    (5) los *tories* se aliaron a los indios

23. En realidad, Nueva York dejó de ser una colonia

    23. 1 2 3 4 5
          || || || || ||

    (1) cuando el ejército inglés abandonó el estado
    (2) cuando adoptó su constitución
    (3) el 30 de julio de 1777
    (4) el 20 de abril de 1777
    (5) al firmarse la Declaración de Independencia

24. Durante las guerras revolucionarias, la ciudad de Nueva York

    24. 1 2 3 4 5
          || || || || ||

    (1) tenía como gobernador a Jorge Clinton
    (2) estaba bajo las órdenes del ejército inglés
    (3) fue el sitio en donde se asesinaron más indios
    (4) fue el sitio en donde tuvo lugar la toma de posesión del primer gobernador del estado
    (5) fue el sitio en donde tuvo lugar la Declaración de Independencia

25. La Constitución del estado de Nueva York

    25. 1 2 3 4 5
          || || || || ||

    (1) fue comenzada por el gobierno británico
    (2) fue publicada en White Plains el día 11 de julio de 1776
    (3) se promulgó en Kingston el día 30 de julio de 1777
    (4) fue sugerida por el Congreso Continental
    (5) fue aprobada, finalmente, en el año 1776

26. Todas las afirmaciones siguientes acerca de   26.. 1 2 3 4 5
la Constitución del Estado son verdaderas, || || || || ||
EXCEPTO:
(1) duró 45 años
(2) se utilizó solamente durante la
guerra revolucionaria
(3) se basa completamente en los principios
de la Declaración de Independencia
(4) el gobernador no se elegía por voto
popular
(5) los legisladores fueron escogidos por
los propietarios y grupos selectos

Pasaje VI

Este no es el lugar más apropiado para describir
las cualidades mentales de los indios. Las diferencias
son mínimas en todas las tribus al norte de México
respecto de las cualidades mentales y modo de pensar.
Pero dentro de esa semejanza hay una gran variedad en
el modo de vida y costumbres entre las tribus de las
orillas de lagos o mar y las de los bosques y llanos.
El haber convivido por varias semanas entre una de las
tribus más salvajes que campean por nuestra planicie,
me ofreció la oportunidad de observar sus costumbres
a diario, y me hace pensar que su descripción no
dejará de ser de interés.

Se portaban como verdaderos salvajes. Ni sus
costumbres ni sus ideas habían sido influenciadas en
manera alguna por la civilización. Ignoraban el poder
y la manera de ser del hombre blanco, y sus hijos se
echaban a llorar cuando me veían. Su religión,
supersticiones y prejuicios eran los mismos que
habían recibido de sus antepasados desde tiempo
inmemorial. Luchaban con las mismas armas de sus
antepasados y vestían de pieles como ellos. Eran
vivos modelos del hombre de la edad de piedra, pues
aunque sus flechas tenían la punta de metal comprado
a los vendedores blancos, usaban aún el martillo
de piedra de su mundo primitivo.

Aquella región está en vísperas de grandes cambios.
Con la corriente de emigración hacia Oregon y California, el búfalo irá desapareciendo y las grandes
comunidades de indios que dependen de él para sobrevivir tendrán que deshacerse y esparcirse. Los indios
serán pronto vencidos por el aguardiente y por los
fuertes soldados; de manera que dentro de unos años
el viajero podrá pasar por estas praderas con seguridad relativa. Su encanto habrá perecido.

27. El autor de este artículo se considera con
    títulos suficientes para escribir este
    pasaje debido a que
    (1) es imparcial
    (2) es un historiador eminente
    (3) ha vivido entre los indios
    (4) ha oído muchas cosas acerca de los indios
        procedentes de testigos presenciales
        y viajeros
    (5) ha leído muchísimas cosas acerca de ellos

27. 1   2   3   4   5
    || || || || ||

28. Parkman, el autor de este pasaje, tiende
    a acentuar que
    (1) los indios tienen una igualdad de
        pensamiento y modo de vivir
    (2) los indios tienen entre ellos la misma
        manera de pensar, pero diferente modo
        de vivir
    (3) se diversifican en su manera de pensar
        y en su modo de vivir
    (4) tienen diferente manera de pensar,
        pero el mismo modo de vivir
    (5) no se ofrece evidencia suficiente para
        llegar a una conclusión satisfactoria

28. 1   2   3   4   5
    || || || || ||

29. Los aspectos siguientes son ofrecidos como
    prueba de la falta de civilización entre
    los indios, EXCEPTO
    (1) sus utensilios primitivos
    (2) sus supersticiones tradicionales
    (3) el desconocimiento del hombre blanco
    (4) sus trajes
    (5) su extrema crueldad

29. 1   2   3   4   5
    || || || || ||

30. Según el pasaje anterior se pueden observar
    entre los indios los siguientes cambios,
    EXCEPTO
    (1) una mejora intelectual
    (2) una disminución en la abundancia
        de alimentos
    (3) un aumento en el control militar
    (4) una disminución en la movilidad
        de un sitio a otro
    (5) un crecimiento en el número de alcohólicos

30. 1   2   3   4   5
    || || || || ||

31. La actitud del autor con respecto a los
    cambios observados es una actitud de
    (1) aprobación   (2) sospecha   (3) disgusto
        (4) duda   (5) melancolía

31. 1   2   3   4   5
    || || || || ||

Pasaje VII

En el décimo año del reinado de Nerón, la capital del imperio fue arrasada por un terrible incendio cuyo horror perduraría en la memoria de muchas generaciones. Las grandes obras de arte griego y romano, los trofeos procedentes de las Guerras Púnicas y de las Galias, los más sagrados templos, los más espléndidos palacios, todo sufrió el común destino de la destrucción y ruina. De los catorce barrios en que Roma estaba dividida sólo tres quedaron intactos; tres más quedaron seriamente afectados y los ocho restantes mostraban un aspecto de ruina y desolación tras el devastador efecto de las llamas.

Pronto se hizo evidente la cuidadosa vigilancia ejercida por los rectores de la ciudad, que tomaron todas las medidas para aliviar los efectos de tan terrible calamidad. Los jardines imperiales abrieron sus puertas a la multitud y se construyeron refugios de emergencia para acomodarla. El suministro de trigo y provisiones fue abundante y a bajo precio. Se publicaron edictos guiados por las más generosas directrices y se llevó a cabo una reconstrucción urbana inteligente y cuidadosa. Como ocurre en épocas de prosperidad (Roma atravesaba una de ellas), a los pocos años, una nueva ciudad, más bella que la anterior, había surgido de entre las ruinas.

Pero toda prudencia y humanidad demostrada por Nerón en esta ocasión no le libraron de la sospecha popular. Cualquier crimen puede imputarse a quien ha asesinado a su madre y a su esposa; un príncipe que ha prostituido su persona y su dignidad en los teatros romanos puede ser capaz de la locura más extravagante. La voz del pueblo acusaba al emperador y le señalaba como incendiario de su propia capital. Se decía, y creía firmemente, que Nerón observaba el espectáculo que él mismo había provocado cantando su oda a la destrucción de Troya acompañándose de su lira.

32. El propósito principal de este párrafo es   32. 1 2 3 4 5
    (1) describir el fuego que destruyó la || || || || ||
        mayor parte de Roma
    (2) destacar los daños causados por el fuego
    (3) demostrar la falta de responsabilidad
        de Nerón hacia su pueblo
    (4) señalar el sentido humanitario de Nerón
        hacia su pueblo
    (5) condenar la falta de precauciones tomadas
        por los responsables de la ciudad

33. La actitud del autor frente a Nerón es   33. 1 2 3 4 5
     (1) hostil   (2) favorable   (3) indiferente || || || || ||
          (4) imparcial   (5) violenta

34. La devastación afectó   34. 1 2 3 4 5
     (1) a toda Roma || || || || ||
     (2) a casi tres cuartas partes de la ciudad
     (3) a casi la mitad de Roma
     (4) a una cuarta parte de la ciudad
     (5) sólo monumentos, templos y palacios

35. Los responsables de la ciudad tomaron todas   35. 1 2 3 4 5
     las medidas siguientes, EXCEPTO || || || || ||
     (1) proveer refugios provisionales
     (2) bajar el precio de los alimentos
     (3) fomentar la reconstrucción de edificios
     (4) abandonar toda reforma urbana
     (5) acoger a la gente en los terrenos
         del palacio

36. El pueblo creía de Nerón todo lo   36. 1 2 3 4 5
     siguiente, EXCEPTO || || || || ||
     (1) que mostró una conducta humana al intentar
         aliviar las calamidades debidas al
         incendio
     (2) que era responsable del incendio
     (3) que tocaba la lira durante el fuego
     (4) que el Emperador era romano
     (5) que perdió su dignidad por su
         afición al teatro

Pasaje VIII

El 9 de diciembre de 1948, tras dos años de debates
preliminares, la Asamblea General de las Naciones
Unidas acordó por unanimidad, una convención sobre
Prevención y Castigo del Crimen de Genocidio.

Una convención de las Naciones Unidas, sobre materia
de moral en la organización mundial, es en sí misma un
tratado internacional que compromete legalmente a los
países que la ratifican.

El término "genocidio" deriva del griego "geno"
que quiere decir raza o tribu, y del sufijo latino
"cide" o exterminio. Este término fue establecido
en 1946 por el gran legalista internacional, el profesor
Rafael Lemkin.

El asesinato enmasa de seis millones de judíos
por los nazis fue la más violenta y trágica expresión
de genocidio ocurrido en nuestro siglo, pero no ha
sido la única. Más de 20 millones de personas —

armenios, gitanos, chinos, eslavos — han muerto por
causa de su raza, religión u origen étnico.

Según se declara en la convención, "genocidio"
significa determinadas acciones específicas: "empren-
didas con la finalidad de destruir total o parcial-
mente una nación, raza, o grupo étnico o religioso,
como tal". Los actos específicos que se mencionan son:

— Asesinato de miembros del grupo.
— La causa de daños físicos o mentales a
  miembros del grupo.
— Infligir deliberadamente al grupo condiciones
  de vida de las que se derive su destrucción
  física total o parcial.
— Imposición de medidas contra la natalidad.
— Transferencia forzosa de niños de un
  grupo a otro.

Desde su adopción, la convención ha sido ratificada
por 67 naciones, incluyendo la República Federal
Alemana y los estados comunistas de Europa Oriental.
Pocos estados europeos o latinoamericanos han dejado de
firmar la ratificación (aunque sólo unos pocos países
africanos lo han hecho). Las abstenciones más notables
son los Estados Unidos de América y Gran Bretaña.

37. En este pasaje, la palabra "convención"   37. 1 2 3 4 5
    significa
    (1) una reunión de una organización mundial
    (2) una ley adoptada por una asamblea
    (3) un tratado
    (4) un término establecido por el
        profesor Lemkin
    (5) una costumbre admitida por mucha gente

38. La palabra "genocidio" literalmente significa   38. 1 2 3 4 5
    (1) asesinato en masa
    (2) exterminio de una raza
    (3) convención
    (4) ratificación
    (5) raza o tribu

39. Según este pasaje, genocidio supone la   39. 1 2 3 4 5
    destrucción de los siguientes grupos,
    con la EXCEPCIÓN de
    (1) naciones   (2) razas
        (3) grupos étnicos   (4) grupos políticos
            (5) grupos religiosos

40. Los grupos siguientes han sido víctimas de   40. 1 2 3 4 5
    genocidio, EXCEPTO
    (1) judíos   (2) nazis   (3) eslavos
        (4) gitanos   (5) chinos

41. La convención que cita este pasaje ha sido
     ratificada por todos los países siguientes,
     EXCEPTO
     (1) Estados Unidos
     (2) Alemania Occidental
     (3) la mayoría de países europeos
     (4) la mayoría de países latinoamericanos
     (5) los estados comunistas de Europa Oriental

41. 1 2 3 4 5
     ‖ ‖ ‖\ ‖ ‖

Pasaje IX

Antes, en 1809, don Pedro Domingo Murillo, se alzó
contra la Corona en la ciudad de La Paz. Derrotado en
Chalcaltaya, fue condenado a la horca. En el pavoroso
estrado dejó esta consigna: "La tea ya encendida de
la libertad nadie la apagará".

El hombre de las dificultades vive la amarga
epopeya final. La constitución boliviana y el Proyecto
de Confederación de los Andes, desatan la tempestad.
Las primeras críticas vendrán de Santander. No son
baldías ni las inspira el intransigente apego al
legalismo. El desacuerdo es demasiado hondo como para
juzgarlo simplemente como una querella de emulación
y vanidades.

Bolívar significa un cambio de actitud deter-
minado por el giro de los acontecimientos. Cada
batalla que gana lo convence más de que la victoria se
vuelve contra los vencedores en el sentido de que los
divide. Siente que se le deshace en las manos. La ha
paseado desde el Orinoco hasta Potosí, pero sus ojos
le revelan que los pueblos se pelean por retazos.

La gran discrepancia entre el hombre de las dificultades y el hombre de leyes, se confía inicialmente
al secreto de las cartas que expresan con toda entereza
el desacuerdo. Santander escribe a Bolívar: "Voy a
hablar a usted con el corazón en las manos y con toda
franqueza y sinceridad de mi carácter y de la generosa
amistad de usted. ¿Quién es el emperador o rey de ese
nuevo imperio? ¿Un príncipe extranjero? No lo quiero
porque yo he sido patriota y he servido diez y seis
años continuos para establecer un régimen legal bajo
formas republicanas. En mi posición y después de
haber logrado una mediana reputación, sería la mayor
iniquidad traicionar mis principios y faltar a mis
promesas".

En el discurso que acompañó al proyecto de constitución boliviana, el mismo Bolívar se expresa de nuevo
en estos términos: "La monarquía que gobierna la
tierra ha obtenido sus títulos de aprobación por

herencia. Estos títulos la hacen estable y le dan la
unidad que la hace fuerte. Estas grandes ventajas se
reúnen también en un presidente vitalicio y un vice-
presidente hereditario".

42. El texto anterior tiene relación con   42. 1 2 3 4 5
    (1) la independencia norteamericana   ‖ ‖ ‖ ‖ ‖
    (2) el origen de algunas nuevas naciones
        alrededor de los Andes
    (3) la isla de Cuba
    (4) las ventajas de la dictadura sobre
        la república
    (5) el arte militar

43. Según el texto anterior es evidente que   43. 1 2 3 4 5
    (1) había unanimidad de pensamiento entre   ‖ ‖ ‖ ‖ ‖
        Santander y Bolívar
    (2) la única diferencia que existía entre
        ellos tenía que ver con el asunto de
        presidente vitalicio
    (3) entre Santander y Bolívar existieron
        desacuerdos que tenían profundas raíces
    (4) los desacuerdos fueron debido a las
        intrigas norteamericanas
    (5) los desacuerdos que existían se
        arreglaron con un pacto

44. Todas las siguientes afirmaciones son   44. 1 2 3 4 5
    verdaderas, EXCEPTO: ‖ ‖ ‖ ‖ ‖
    (1) Don Pedro Murillo murió ahorcado
    (2) Santander sostuvo correspondencia
        epistolar con Bolívar
    (3) Bolívar trabajó 16 años para establecer
        un régimen legal
    (4) Bolívar propugnaba por un presidente
        vitalicio y un vicepresidente hereditario
    (5) Pedro Domingo se alzó contra la corona

45. El deseo manifiesto por Bolívar de un vice-   45. 1 2 3 4 5
    presidente hereditario está basado   ‖ ‖ ‖ ‖ ‖
    (1) en ideas republicanas
    (2) en el hecho de que Bolívar cree que las
        monarquías tienen estabilidad y fortaleza
        porque son hereditarias
    (3) en ideas sugeridas a Bolívar por Santander
    (4) en razones que no se expresan en el texto
    (5) en la constitución americana

Respuestas Sub-Prueba 2—Interpretación de lecturas en estudios sociales

1.	3	10.	2	19.	3	28.	2	37.	3
2.	4	11.	3	20.	2	29.	5	38.	2
3.	2	12.	2	21.	4	30.	1	39.	4
4.	4	13.	4	22.	3	31.	3	40.	2
5.	2	14.	4	23.	5	32.	3	41.	1
6.	1	15.	2	24.	2	33.	4	42.	2
7.	5	16.	3	25.	4	34.	2	43.	3
8.	3	17.	3	26.	2	35.	4	44.	3
9.	4	18.	1	27.	3	36.	5	45.	2

Sub-Prueba 3—Interpretación de selecciones literarias

SELECCIÓN I

Busco entre los hombres aquel amor a la patria que hallé tan celebrado en los libros: quiero decir, aquel amor justo, debido, noble, recto, y virtuoso y no lo encuentro. En unos no veo algún afecto a la patria; en otros sólo veo un afecto delincuente que con voz vulgarizada se llama pasión nacional.

No niego que, revolviendo las historias, se hallan a cada paso millares de víctimas sacrificadas a este ídolo: ¿Qué guerra se emprendió sin este pretexto? ¿Qué campaña se ve bañada de sangre, a cuyos cadáveres no pusiese la posteridad la honrosa inscripción general de que perdieron la vida por la patria? Más si examinamos las cosas por dentro, hallaremos que el mundo vive muy engañado en el concepto que hace que tenga tantos devotos a esta deidad imaginaria. Contemplamos puesta en armas cualquier república sobre el empeño de una justa defensa, y vamos viendo a la luz de la razón qué impulso anima a aquellos corazones a exponer sus vidas. Entre los particulares algunos se alistan por el estipendio, por el despojo, otros, por mejorar de fortuna ganando algún honor nuevo en la milicia, y los más por obediencia y temor al príncipe y al caudillo. Al que manda las armas le insta su interés y su gloria. El príncipe o magistrado, sobre estar distante del riesgo, obra, no por mantener la república sino por conservar la dominación. Ponme que todos ésos sean más interesados en retirarse de sus casas que en defender los muros, verás cómo no quedan diez hombres en las almenas.

1. El fin principal del autor en este pasaje es
   (1) declararse en favor de la guerra
   (2) afirmar que el amor a la patria no es movido por intereses particulares
   (3) probar que absolutamente nadie tiene un amor desinteresado a la patria
   (4) indicar que, con excepción de unos pocos, nadie tiene un amor desinteresado a la patria
   (5) Todas correctas

   1. 1 2 3 4 5
   || || || || ||

2. Los verbos "busco", "no niego", "ponme", etc. indican que el autor
   (1) está escribiendo en estilo impersonal
   (2) habla de un futuro lejano
   (3) escribe en estilo personal

   2. 1 2 3 4 5
   || || || || ||

(4) cambia con frecuencia de un verbo a otro
(5) escribe en tercera persona para dar
    más fuerza a la frase

3. Según este pasaje
    (1) la guerra es digna de alabanza
    (2) nadie sale ganando con la guerra
    (3) la "pasión nacional" es un ídolo que
        justifica muchas guerras y muchas
        acciones interesadas
    (4) el príncipe y magistrado está siempre
        presente en las trincheras
    (5) todo el mundo es sincero en su
        amor a la patria

3. 1 2 3 4 5
    || || || || ||

4. El primer párrafo sirve para destacar
    (1) el tema que va a desarrollar en
        los siguientes párrafos
    (2) la importancia de la guerra
    (3) la sinceridad del autor
    (4) el amor sincero a la patria
    (5) el orden de valores según el
        pensamiento del autor

4. 1 2 3 4 5
    || || || || ||

5. De las siguientes afirmaciones seleccione
    solamente la que es cierta
    (1) el autor hace uso del hipérbaton
    (2) el autor se manifiesta en favor de
        la guerra
    (3) las guerras del presente son diferentes de
        las del pasado
    (4) el autor duda que sea posible encontrar
        un afecto desinteresado a la patria
        con la excepción de pocos casos
    (5) Ninguna correcta

5. 1 2 3 4 5
    || || || || ||

SELECCIÓN II

Olas gigantes que os rompéis bramando
en las playas desiertas y remotas
envuelto entre la sábana de espumas,
    ¡llevadme con vosotras!
Ráfagas del huracán que arrebatáis
del alto bosque las marchitas hojas,
arrastrado en el ciego torbellino,
    ¡llevádme con vosotras!
Nubes de tempestad que rompe el rayo
y en fuego ornáis las desprendidas orlas,
arrebatado entre la niebla oscura,
    ¡llevádme con vosotras!
Llevádme, por piedad, adonde el vértigo
con la razón me arranque la memoria...
¡Por piedad!... ¡Tengo miedo de quedarme!
    ¡con mi dolor a solas!

6. En esta poesía se encuentra con frecuencia un
   (1) encabalgamiento   (2) apóstrofe
      (3) hipérbaton   (4) metáfora
         (5) diálogo

   6. 1 2 3 4 5
      || || || || ||

7. El autor de esta poesía
   (1) muestra un estado de ánimo muy optimista
   (2) es algo satírico
   (3) muestra pesimismo y desesperación
   (4) es excesivamente romántico
   (5) quiere exaltar la bravura de las olas

   7. 1 2 3 4 5
      || || || || ||

8. Las palabras "envuelto", "arrastrado",
   y "arrebatado"
   (1) se refieren todas a las olas del mar
   (2) se refieren respectivamente a las olas,
       las hojas, y las nubes
   (3) se refieren al dolor que manifiesta
       el poeta
   (4) se enlazan con el verso siguiente
       "llevádme con vosotras" y al mismo
       tiempo lo califica
   (5) Ninguna correcta

   8. 1 2 3 4 5
      || || || || ||

9. "Sábana de espumas" es una
   (1) parábola   (2) hipérbole   (3) metáfora
      (4) personificación   (5) encabalgamiento

   9. 1 2 3 4 5
      || || || || ||

10. Esta forma poética se conoce por el nombre de
    (1) oda   (2) elegía   (3) silva
       (4) canción   (5) Ninguna correcta

    10. 1 2 3 4 5
       || || || || ||

SELECCIÓN III

DIEGO: Siéntate ahí sobrino. ¿En dónde has conocido
a esta niña? ¿Qué amor es éste? ¿Qué circunstancias han ocurrido? ¿Qué obligaciones hay entre
los dos? ¿Dónde la viste?

CARLOS: Supe que era hija de una señora de Madrid,
viuda y pobre, pero de gente muy honrada...Logré
que ella leyese algunas cartas mías; y con las
pocas respuestas que de ella tuve, acabé de preci-
tarme en una pasión que mientras viva me hará
infelíz.

DIEGO: ¿Y que proyectos eran los tuyos en esta
venida?

CARLOS: Consolarla, jurarle de nuevo un eterno amor,
pasar a Madrid a verle a Ud., echarme a sus pies,
referirle todo lo ocurrido y pedirle, no riquezas
ni herencias, ni protecciones, ni...eso no...

Sólo su consentimiento y bendición para verificar
un enlace tan suspirado, en que ella y yo fundá-
bamos toda nuestra felicidad...

DIEGO: Pues ya ves Carlos que es tiempo de pensar
muy de otra manera. Si tú la quieres, yo la quiero
también. Su madre y toda su familia aplauden este
casamiento. Ella, y sean las que fueren las
promesas que a ti te hizo, ella misma, no ha media
hora, me ha dicho que está pronta a obedecer a su
madre y darme la mano; así que...

CARLOS: Pero no el corazón.

DIEGO: ¿Qué dices?

CARLOS: No, el corazón no. Usted celebrará sus
bodas cuando guste; ella se portará siempre como
conviene a su honestidad y a su virtud; pero yo he
sido el primero, el único objeto de su cariño, lo
soy y lo seré. Usted se llamará su marido; pero si
alguna o muchas veces la sorprende y ve sus ojos
hermosos inundados en lágrimas, por mí las vierte;
no la pregunte usted jamás el motivo de sus melan-
colías: yo, yo seré la causa; los suspiros que en
vano procurará reprimir serán finezas dirigidas
a un amigo ausente.

DIEGO: ¿Qué temeridad es ésta?

CARLOS: Yo se lo dije a usted: era imposible que yo
hablase una palabra sin ofenderle. Viva usted
feliz y no me aborrezca, que yo en nada le he
querido disgustar. La prueba mayor que yo puedo
darle de mi obediencia y respeto es la de salir de
aquí inmediatamente. Pero no me niegue por lo
menos el consuelo de saber que me perdona.

11. En este trozo de una pieza teatral el   11. 1 2 3 4 5
     carácter de Carlos || || || || ||
     (1) parece ser completamente apasionado y
         dispuesto a correr no importa qué riesgo
     (2) se manifiesta como un carácter sincero
         y amigo de hacer las paces
     (3) es algo desequilibrado
     (4) muy impropio de una persona enamorada
     (5) es irrespetuoso para con su tío

12. De este trozo se desprende que
    (1) la madre de Carlos le obligaba a casarse
        con una muchacha desconocida
    (2) el tío de Carlos no quería casarse con
        la novia de su sobrino
    (3) Carlos quería casarse porque su novia
        tenía mucho dinero
    (4) nadie pensaba en casarse
    (5) Carlos había amado antes que su tío a la
        muchacha con quien éste pensaba
        ahora casarse

12. 1 2 3 4 5
    || || || || ||

13. La escena descrita en el pasaje a que
    nos referimos
    (1) es extremadamente violenta
    (2) sorprende, dado el tema, por la
        moderación y madurez del diálogo
    (3) insinúa que Diego era el culpable
        consciente de todo
    (4) descubre la frivolidad de la muchacha
        con quien ambos pensaban casarse
    (5) Todas correctas

13. 1 2 3 4 5
    || || || || ||

14. Carlos, al ir al encuentro de su tío,
    (1) pretendía desafiarle
    (2) quería asegurarse de que su tío no
        iba a desheredarle
    (3) solamente busca el consentimiento y
        bendición de su tío
    (4) estaba ya dispuesto de antemano a
        ceder completamente
    (5) Ninguna correcta

14. 1 2 3 4 5
    || || || || ||

15. El título que mejor recoge el tema de este
    trozo de teatro es:
    (1) El romance de Alberto
    (2) Disputa entre tío y sobrino
    (3) Amor a primera vista
    (4) El sí de las niñas
    (5) Carlos y Diego

15. 1 2 3 4 5
    || || || || ||

SELECCIÓN IV

Con diez cañones por banda,
viento en popa a toda vela
no corta el mar, sino vuela,
un velero bergantín:
    Bajel pirata que llaman
por su bravura "El Temido",
en todo mar conocido
del uno al otro confín.

La luna en el mar riéla,
en la lona gime el viento,
y alza en blando movimiento
olas de plata y azul;
Y ve el capitán pirata,
cantando alegre en la popa,
Asia a un lado, al otro Europa
y allá en su frente Stambul.
"Navega, velero mío,
sin temor,
que ni enemigo navío,
ni tormenta, ni bonanza
tu rumbo a torcer alcanza,
ni a sujetar tu valor.
"Veinte presas
hemos hecho
a despecho
del inglés,
y han rendido
sus pendones
cien naciones
a mis pies.
"Que mi barco es mi tesoro,
que es mi Dios la libertad,
mi ley la fuerza y el viento,
mi única patria la mar
"Allá mueven feroz guerra
ciegos reyes
por un palmo más de tierra;
que yo tengo aquí por mío
cuanto abarca el mar bravío,
a quien nadie impuso leyes.
"Y no hay playa,
sea cualquiera,
ni bandera
de esplendor,
que no sienta
mi derecho
y dé pecho
a mi valor.
"Que es mi barco mi tesoro,
que es mi Dios la libertad,
mi ley la fuerza y el viento,
mi única patria la mar".

16. El propósito principal de este poema es
     (1) exaltar el poder de los turcos
     (2) cantar la libertad, valor, y
         bravura del pirata
     (3) desafiar a los países europeos
     (4) describir el mar mediterráneo
     (5) promover y fomentar el amor a la piratería

16. 1 2 3 4 5
     || || || || ||

17. En este poema,   17. 1 2 3 4 5
     (1) se respira la atmósfera limpia de || || || || ||
         las montañas
     (2) parece que se viaja juntamente con los
         perseguidores del barco pirata
     (3) se palpa y se siente la valiente libertad
         del capitán pirata y se participa del
         rítmico navegar del velero
     (4) se aterroriza uno al escuchar la
         osadía del capitán
     (5) se encuentran muchas expresiones sin
         ritmo y sin colorido

18. Un ejemplo de personificación se   18. 1 2 3 4 5
     encuentra en el verso: || || || || ||
     (1) Con diez cañones por banda
     (2) Asia a un lado, al otro Europa
     (3) Que es mi barco mi tesoro
     (4) En la lona gime el viento
     (5) Mi única patria el mar

19. La expresión "olas de plata y azul"   19. 1 2 3 4 5
     (1) es una expresión metafórica || || || || ||
     (2) es un ejmplo de hipérbole
     (3) describe vivamente el color de las olas
     (4) indica que el poeta era también pintor
     (5) es poco propia para el contexto del poema

20. ¿Cuál de las siguientes oraciones   20. 1 2 3 4 5
     NO es verdadera? || || || || ||
     (1) Este poema tiene estribillos.
     (2) Todos los versos de este poema
         son octosílabos.
     (3) Este poema no es un poema satírico.
     (4) En este poema el capitán pirata está
         convencido de su valor.
     (5) Casi todos los versos de este poema
         tienen rima consonante.

SELECCIÓN V

Y con esto entró en el aposento y todos tras él,
y hallaron a don Quijote en el más extraño traje del
mundo. Estaba en camisa, la cual no era tan cumplida
que por delante le acabase de cubrir los muslos, y por
detrás tenía seis dedos menos: las piernas eran muy
largas y flacas, llenas de vello y no nada limpias;
tenía en la cabeza un bonetillo, colorado y grasiento,
que era del ventero; en el brazo izquierdo tenía
desenvuelta la manta de la cama, con quien tenía
ojeriza Sancho, y el sabía bien por qué; y en la
derecha denvainada la espada, con la cual daba cuchilladas a todas partes, como si verdaderamente estuviera

peleando con algún gigante. Y es lo bueno que no
tenía los ojos abiertos, porque estaba durmiendo y
soñando que estaba en batalla con el gigante; que fue
tan intensa la imaginación de la aventura que iba a
fenecer, que le hizo soñar que ya había llegado al
reino de Micomicón y que estaba en pelea con su enemigo;
y que había dado tantas cuchilladas en los cueros,
creyendo que las daba al gigante, que todo el aposento
estaba lleno de vino. Lo cual visto por el ventero,
tomó tanto enojo que arremetió contra don Quijote, y
a puño cerrado le comenzó a dar tantos golpes, que si
Cardenio y el cura no se le quitaran, el acabara la
guerra del gigante; y con todo aquello, no despertaba
el pobre caballero, hasta que el barbero trajo un gran
caldero de agua fría del pozo y se la echó por todo el
cuerpo de golpes, con lo cual despertó a don Quijote;
más con tanto acuerdo que hechase de ver la manera en
que estaba, Dorotea que vio cuan corta y sutilmente
estaba vestido, no quiso entrar a ver la batalla de
su ayudador y de su contrario.

21. Este pasaje de don Quijote de la Mancha
    (1) es muy poco descriptivo
    (2) se fija demasiado en la locura de
        don Quijote
    (3) es un modelo de descripción vigorosa
        y llena de colorido
    (4) es completamente incoherente
    (5) no contiene ningún pormenor descriptivo

21. 1 2 3 4 5
     || || || || ||

22. De la lectura de este pasaje se deduce que
    (1) Dorotea estuvo presente todo el tiempo
    (2) don Quijote peleaba con gigantes
        verdaderos
    (3) Cardenio comenzó a golpear a
        don Quijote
    (4) don Quijote estaba completamente
        despierto
    (5) don Quijote estaba dormido y soñando

22. 1 2 3 4 5
     || || || || ||

23. De los títulos que se mencionan a continua-
    ción el que más se adapta a este pasaje es:
    (1) Las tribulaciones del ventero
    (2) Dorotea y don Quijote
    (3) Aventura de los cueros de vino
    (4) El bueno de Sancho
    (5) La importancia de la locura

23. 1 2 3 4 5
     || || || || ||

24. La expresión "Estaba en camisa, la cual no
    era tan cumplida...", quiere decir que
    (1) la camisa era muy larga
    (2) la camisa estaba rota
    (3) la camisa estaba sucia

24. 1 2 3 4 5
     || || || || ||

(4) la camisa era por lo menos algo corta
(5) la comisa estaba zureida

25. Dorotea no quiso entrar en el aposento porque   25. 1 2 3 4 5
     (1) estaba enfadada con don Quijote   ‖ ‖ ‖ ‖ ‖
     (2) don Quijote no estaba vestido de modo
         apropiado
     (3) nadie la había llamado
     (4) en el aposento se encontraba Cardenio
     (5) don Quijote se peleaba con gigantes

SELECCIÓN VI

La noche que llegamos nos señaló nuestro aposento
y nos hizo una plática corta, que aún por no gastar
tiempo, no duró más; díjonos lo que habíamos de hacer:
estuvimos ocupados hasta la hora de comer. Fuimos
allá. El refectorio era un aposento como de medio
celemín; sentábanse en una mesa hasta cinco caballeros.
Yo miré primero por los gatos, y como no los vi,
pregunté que como no los había a otro criado antiguo,
el cual, de flaco, estaba ya con la marca del pupilaje.
Comenzó a enternecerse, y dijo:

— ¿Cómo gatos? ¿Quién os ha dicho a vos que los
gatos son amigos de los ayunos y penitencias? En lo
gordo se os echa de ver que sois nuevo.

Yo, con esto comencé a afligir, y más me afligí
cuando advertí que todos los que vivían en el pupilaje
de antes estaban como lenzas, con caras que parecían
que se afeitaban diaquilón. Sentóse el licenciado
Cabra, echó la bendición, comieron una comida eterna,
sin principio ni fin; trajeron caldo en unas escudillas
de madera, tan claro, que en comer en una de ellas
peligrara Narciso más que la fuente. Noté la ansia
con que los macilentos dedos se echaron a nado tras un
garbanzo huérfano y solo que estaba en el suelo. Decía
Cabra a cada sorbo:

— Cierto que no hay cosa como la olla, digan lo
que dijeren. Todo lo demás es vicio y gula.

Y acabando de decirlo, echóse su escudilla a
pechos, diciendo:

— Todo esto es salud y otro tanto ingenio.

"¡Mal genio te acabe!" decía yo entre mi, cuando
veo un mozo medio espíritu, tan flaco, con un plato de
carne en las mano, que parecía la había quitado de
sí mismo. Venía un nabo aventurero a vueltas y dijo
el maestro:

— ¿Nabos hay? No hay perdiz que se le iguale.
Coman que me huelgo de verlos comer.

Repartió a cada uno tan poco carnero, que entre lo
que se les pegó a las uñas y se les quedó entre los
dientes, pienso que se les consumió todo, dejando
descomulgadas las tripas de los participantes. Cabra
los miraba y decía:

— Coman que mozos son, y me huelgo de ver sus
buenas ganas.

26. El estilo de este pasaje es
    (1) persuasivo (2) elocuente (3) poético
    (4) lógico   (5) jocoso y picaresco

    26. 1 2 3 4 5

27. El licenciado Cabra es descrito por Quevedo
    (1) como personaje espléndido y generoso
    (2) como mezquino y tacaño
    (3) como hombre hablador
    (4) como persona rica, pero enferma
    (5) como persona con carácter atractivo
       y alegre

    27. 1 2 3 4 5

28. "Dejar descomulgadas las tripas de los parti-
    cipantes" quiere decir que
    (1) todos los presentes quedaron satisfechos
    (2) el licenciado Cabra era muy glotón
    (3) nadie tuvo ocasión de comer algo
    (4) se obligó a todos a comer
    (5) la comida no les gustó nada

    28. 1 2 3 4 5

29. El tema principal de este pasaje es
    (1) alabar los buenos guisados españoles
    (2) describir en forma picaresca lo mal que
       se alimentaban los que vivían en
       aquella casa
    (3) indicar que los gatos se morían de hambre
    (4) decir que solamente el licenciado
       comía mucho
    (5) criticar las costumbres españolas
       de aquel tiempo

    29. 1 2 3 4 5

30. "Garbanzos huérfanos" es una descripción
    (1) que no tiene sentido alguno
    (2) incorrecta
    (3) llena de colorido que indica que solamente
       había un garbanzo
    (4) que sugiere una gran cantidad de garbanzos
       en el caldo
    (5) muy usual y corriente

    30. 1 2 3 4 5

31. De los títulos que se mencionan a continuación, **31.** 1 2 3 4 5
    ¿cuál es el más apropiado para este pasaje? || || || || ||
    (1) El nuevo internado
    (2) El fonducho
    (3) El vendedor de carnes
    (4) El garbanzo huérfano
    (5) La perdiz

Respuestas Sub-Prueba 3—Interpretación de selecciones literarias

1. 4	7. 3	13. 2	19. 3	25. 2
2. 3	8. 4	14. 3	20. 2	26. 5
3. 3	9. 3	15. 4	21. 3	27. 2
4. 1	10. 5	16. 2	22. 5	28. 3
5. 4	11. 2	17. 3	23. 3	29. 2
6. 2	12. 5	18. 4	24. 4	30. 3
				31. 1

Sub-Prueba 4—Interpretación de lecturas en ciencias naturales

INSTRUCCIONES

Lea cuidadosamente cada uno de los pasajes siguientes. Seleccione una contestación por cada pregunta numerada la cual, en su opinión, es la mejor que completa la oración o contesta la pregunta.

Pasaje I

La química es el estudio de las reacciones de los elementos químicos. Se utilizan símbolos para representar los elementos. Por ejemplo: solio es Na, hidrógeno es H, y oxígeno es O. Cuando los elementos forman moléculas, los símbolos de las moléculas reflejan los elementos envueltos. El cloruro de hidrógeno (HCl), un ácido, se forma mediante la unión de un átomo de hidrógeno (H) con un átomo de cloro (Cl). En una forma similar, el hidróxido de sodio (NaOH), una base, se forma cuando un átomo de sodio (Na) se une a un grupo hidroxilo (OH) compuesto por un átomo de oxígeno y un átomo de hidrógeno.

Los químicos utilizan símbolos para escribir las ecuaciones que representan las reacciones químicas. Por ejemplo: $NaOH + NCl = NaCl + H_2O$.

Cuando una molécula de hidróxido de sodio (NaOH) se combina con una molécula de cloruro de hidrógeno (HCl), se forma cloruro de sodio (NaCl) y agua (H_2O).

Los elementos que reaccionan no desaparecen, son reagrupados. Los lados de una ecuación química tienen que estar balanceados. El número de átomos de un elemento tiene que ser el mismo en ambos lados de la ecuación.

A veces se requiere pensar detenidamente para balancear algunas ecuaciones. Un ejemplo es la reacción de hidróxido de potasio (KOH) con sulfato de hidrógeno (H_2SO_4) para producir sulfato de potasio (K_2SO_4) y agua (H_2O). Si esta ecuación es representada por:

$$KOH + H_2SO_4 = K_2SO_4 + H_2O$$

la ecuación no está balanceada. Hay dos átomos de potasio (K) en el lado derecho y solamente uno en el

izquierdo. Puesto que una molécula de K_2SO_4 tiene que
tener dos átomos, el problema no puede resolverse
restando un átomo de K. Colocando un 2 frente a la
molécula de KOH, el número de átomos de potasio queda
balanceado.

$$2 \text{ KOH} + H_2SO_4 = K_2SO_4 + H_2O$$

Ahora tenemos otro problema. Los átomos de hidrógeno y oxígeno no están balanceados. Hay, por ejemplo,
cuatro átomos de hidrógeno en el lado izquierdo y solamente dos en el lado derecho. No podemos cambiar las
moléculas de KOH y H_2SO_4 porque se transforman en moléculas diferentes. El problema del hidrógeno y el oxígeno puede ser resuelto colocando un 2 frente a la
molécula de agua. La ecuación balanceada es:

$$2 \text{ KOH} + H_2SO_4 = K_2SO_4 + 2H_2O$$

1. El grupo hidroxilo es representado por
(1) H_2 (2) SO_4 (3) OH
     (4) K_2 (5) NaOH

1.   1   2   3   4   5

2. El número de átomos de hidrógeno en $C_2H_5COCH_3$ es
(1) 2   (2) 8   (3) 5   (4) 10   (5) 3

2.   1   2   3   4   5

3. En la última ecuación del pasaje el número de
átomos de oxígeno en el lado izquierdo es
(1) 6   (2) 2   (3) 5   (4) 1   (5) 4

3.   1   2   3   4   5

4. $HCl + NH_4OH =$
(1) $NCl + 3H_2O$ (2) $NH_4Cl + H_2O$
   (3) $NHCl + 5HO$ (4) $2HCl + NH_4OH$
     (5) $HOH + NH_3 + Cl$

4.   1   2   3   4   5

5. $2LiOH + H_2CO_3 =$
(1) $Li_2CO_3 + 2H_2O$ (2) $2Li_2CO_3 + H_2O$
   (3) $LiCO_2 + H_2O$ (4) $LiO + H_2CO_2$
     (5) $2LiC + 2H_2O$

5.   1   2   3   4   5

Pasaje II

El corazón es un órgano muscular del tamaño del
puño. Tiene cuatro cavidades y actúa como una bomba
que impulsa la sangre a todas partes del cuerpo. Empieza a latir antes de las tres primeras semanas en el
desarrollo del embrión y no cesa de latir hasta el
momento de la muerte. Su construcción es más delicada
que la del reloj más fino, pero es más fuerte que una

locomotora. Durante su vida promedio late dos billones
y medio de veces, circula 45 millones de galones de
sangre a través de 12,000 millas de venas. Más de 20
millones de americanos de todas las edades sufren de
alguna forma de mal cardiovascular. Las enfermedades
del corazón y los vasos sanguíneos causan la muerte a
más de un millón de americanos cada año. Esto es, más
que todas las demás enfermedades y otras causas juntas.
No hay una sola familia que sea inmune a este mal.

Cuando una sección del músculo cardíaco no recibe
el suministro de sangre adecuado, ocurre entonces un
ataque cardíaco. Aunque este ataque parezca ser repen-
tino, generalmente se debe a un proceso progresivo de
arteriosclerosis en las arterias coronarias.

A veces una arteria puede ser obstruida por un
coágulo de sangre (trombo) que se forma próximo a un
depósito grasoso; o estos depósitos aumentan en tamaño,
llenando el canal de la arteria totalmente. Esto no
permite que la parte del músculo cardíaco que esa
arteria alimenta reciba su suministro de sangre y se
produce un ataque cardíaco.

6. El tema general de este pasaje es
   (1) cómo trabaja el corazón
   (2) el sistema de circulación
   (3) la fuerza del corazón
   (4) cómo ocurre un ataque cardíaco
   (5) como los médicos tratan a los pacientes
       cardíacos

6. 1 2 3 4 5
   || || || || ||

7. De todas las muertes en los Estados Unidos,
   las enfermedades cardíacas son responsables de
   (1) más de la mitad
   (2) menos de la mitad
   (3) exactamente la mitad
   (4) menos que los accidentes
   (5) 20 millones por año

7. 1 2 3 4 5
   || || || || ||

8. La mejor definición de *cardiovascular*
   pertenece
   (1) al corazón
   (2) a los vasos sanguíneos
   (3) a la edad del paciente
   (4) a las arterias solamente
   (5) al corazón y los vasos sanguíneos

8. 1 2 3 4 5
   || || || || ||

9. En una vida promedio, el corazón impulsará
   (1) 2 1/2 billones de galones de sangre
   (2) 45,000,000 de galones de sangre
   (3) 12,000 galones de sangre
   (4) 20 millones de galones de sangre
   (5) 1,000,000 de galones de sangre

9. 1 2 3 4 5
   || || || || ||

10. El escritor de este pasaje da mayor énfasis al   10. 1 2 3 4 5
     hecho de que   ‖ ‖ ‖ ‖ ‖
     (1) los ataques cardíacos no se pueden
          prevenir
     (2) las afecciones del corazón no tienen
          importancia
     (3) las afecciones del corazón se desarrollan
          gradualmente
     (4) algunas familias son inmunes a los ataques
     (5) ninguna familia es inmune a los ataques

11. Un *trombo* es   11. 1 2 3 4 5
     (1) un vaso sanguíneo   ‖ ‖ ‖ ‖ ‖
     (2) un depósito graso
     (3) un músculo cardíaco
     (4) un ataque cardíaco
     (5) un coágulo de sangre

Pasaje III

Un circuito eléctrico tiene cuatro partes básicas:
1) Una fuente de energía para iniciar el flujo de los
electrones — tal como una batería o un generador —
en la misma forma que una bomba mantiene en movimiento
un chorro de agua. 2) Un aparato eléctrico — tal como
un motor, estufa eléctrica, una televisión o un teléfono — a ser operado por los electrones. 3) Un conductor que provea una "cañería" continua a través de
la cual el flujo de electrones puede pasar desde la
fuente de energía al aparato y de regreso a la fuente
de energía. Los electrones no fluyen fácilmente a
través de materiales tales como madera, ladrillos —
solamente a través de "buenos conductores" de electricidad, como el cobre. 4) Un interruptor para completar
el circuito y para iniciar o parar el flujo de electrones, en la misma forma que una pluma de agua abre
y cierra. Esto es nada más que un circuito simple.
Los circuitos más complicados pueden tener muchas
piezas unidas, y cientos o miles de interruptores.
Un circuito eléctrico, ya sea simple o complejo, tiene
que tener estos cuatro elementos básicos. En un experimento simple de un circuito eléctrico en función,
una batería (fuente de energía) puede ser conectada a
una bombilla (aparato) con un alambre (conductor) y
operada con un botón de contacto (interruptor).
Mientras no se presione el botón de contacto, nada
ocurrirá. El circuito permanece "abierto"; hay un
corte en la "cañería" y los electrones no pueden fluir
a través de la misma. Pero presionando el botón de
contacto, se conectarán los conductores eléctricos en
los puntos de contacto del botón. Esto "cierra" el
circuito. Ahora los electrones pueden fluir a través

del recién terminado circuito y la bombilla se encen-
derá. En el momento en que se libera el botón, los
puntos de contacto se separan. El circuito se rompe.
Como la electricidad no puede fluir hasta la bombilla,
ésta se apaga.

FIGURA 1

Un circuito eléctrico simple

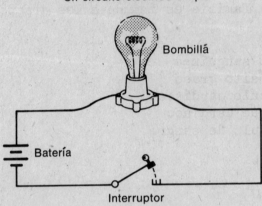

Bombillá

Batería

Interruptor

12. Cuando se conecta un aparato eléctrico la
     energía fluye por medio de
     (1) un interruptor   (2) un conductor
          (3) una batería   (4) un motor
               (5) un botón de contacto

     12. 1 2 3 4 5

13. Para que una bombilla se encienda, el circuito
     eléctrico tiene que estar
     (1) abierto   (2) separado   (3) cerrado
          (4) libre   (5) roto

     13. 1 2 3 4 5

14. La función de un interruptor es
     (1) generar corriente eléctrica
     (2) proveer una fuente de energía
     (3) conducir electricidad
     (4) bombear electrones hacia un circuito
     (5) iniciar o parar un flujo de electrones

     14. 1 2 3 4 5

15. Un buen conductor de electricidad es
     (1) madera   (2) cristal   (3) ladrillo
          (4) plomo   (5) cobre

     15. 1 2 3 4 5

Pasaje IV

     El teléfono es básicamente un instrumento que
permite hablar casi instantáneamente con alguien
distante por medio de un circuito eléctrico (semejante
a un cable). Las señales vocales no pasarán a través

del cable, pero sus vibraciones pueden convertirse en leves impulsos de electricidad que pueden transmitirse por un cable conductor. El teléfono tiene que convertir los sonidos vocales en un chorro de electrones capaces de fluir por un circuito eléctrico.

Para entender como un teléfono convierte ondas sonoras en ondas eléctricas tenemos que conocer primero lo que es el sonido. Los sonidos que oímos los percibimos por vibraciones del aire. Cuando una persona habla, las cuerdas vocales vibran y ponen el aire en movimiento. Estas ondas de aire, o vibraciones son las que "oímos" al hacer vibrar la membrana o tímpano del oído.

Tal vez haya cubierto una peinilla con papel de seda para hacer un instrumento musical simple. Al tocar el instrumento el papel vibra. El aire transmite estas vibraciones y oimos el sonido producido.

Las vibraciones del sonido producen ondas de presión en el aire. En el punto más alto de las ondas, el aire se comprime, como cuando una goma de bicicleta se llena—el aire se pone más denso que lo normal. En el punto más bajo de la onda, el aire es menos denso. Hablar o cantar ocasionan un complicado patrón de ondas en el cual el aire cambia de mayor densidad a menor densidad cientos o miles de veces por segundo.

La forma en que el teléfono envía la voz a través del cable es convirtiendo el patrón de sonido en un patrón eléctrico semejante. Al final de la línea, las vibraciones eléctricas hacen vibrar el aire reproduciendo así el patrón del sonido original.

El teléfono efectúa esta maravilla mediante el uso de un *transductor*. Los transductores son dispositivos que convierten una forma de energía, tal como las ondas del sonido, en otra forma de energía tal como las ondas eléctricas.

16. El teléfono funciona mediante   16. 1 2 3 4 5
    (1) la transmisión de señales vocales por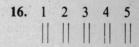
        un cable
    (2) las vibraciones humanas
    (3) la conección de un circuito eléctrico
    (4) convirtiendo ondas de sonidos en impulsos
        eléctricos
    (5) poniendo el aire en movimiento

17. Hablar o cantar ocasionan un patrón de
vibraciones que es
    (1) aire cambiando frecuentemente de mayor
        densidad a menor densidad
    (2) vibraciones electrónicas
    (3) el constante aumento en la presión
        del aire
    (4) igual a un circuito eléctrico
    (5) una serie de ondas que se mueven
        lentamente

17. 1   2   3   4   5
     ‖   ‖   ‖   ‖   ‖

18. La palabra que más se acerca al significado de
expansión del sonido es
    (1) engrandecimiento   (2) amplificación
        (3) extensión   (4) reducción
                (5) transformación

18. 1   2   3   4   5
     ‖   ‖   ‖   ‖   ‖

19. El oír está más directamente relacionado con
    (1) electrones en la atmósfera
    (2) ondas de sonido
    (3) el patrón de aire más denso y aire
        menos denso
    (4) la forma del oído
    (5) ondas de sonido vibrando en el tímpano
        del oído

19. 1   2   3   4   5
     ‖   ‖   ‖   ‖   ‖

20. El *transductor* hace todo lo siguiente *excepto*
    (1) convertir energía de una forma a otra
    (2) expandir la presión de las ondas de
        sonido
    (3) cambiar patrones de sonido a patrones
        eléctricos
    (4) convertir patrones eléctricos a patrones
        de sonido
    (5) hacer posible que se escuchen las voces
        por teléfono

20. 1   2   3   4   5
     ‖   ‖   ‖   ‖   ‖

Pasaje V

Cuando una abeja se encuentra con una fuente abundante de néctar o polen, se precipita de regreso a la
colmena y comienza a bailar. Si la fuente de alimento
se encuentra muy lejos, la abeja realiza un baile de
"coleado", nombrado de esta manera por la forma en que
menea su cola. Hace un semicírculo a la derecha, sale
en picada con su cola y finalmente hace un semicírculo
hacia la izquierda.

Los tres movimientos componen una figura del baile
y el número de figuras completadas en un período dado
de tiempo les dice a las demás abejas en el panal cuán
lejos se encuentra la fuente de néctar.

La abeja también les dice a las compañeras del panal en qué dirección volar efectuando el coleado con relación a la posición del sol. Si por ejemplo, la abeja encontró una fuente de alimento hacia el sur del panal al mediodía, efectuará el coleado directamente hacia arriba del panal verticalmente.

Para las 3:00 P.M., el sol se habrá movido hacia el oeste y el alimento se encontrará a 45 grados hacia la izquierda del mismo. En esta ocasión la abeja efectuará su coleado a 45 grados del panal de miel en vez de hacerlo directamente hacia arriba.

Algunos peces pequeños también bailan para obtener su alimento. A medida que consumen el alimento les rinden un servicio vital de salud a peces más grandes. Su alimento consiste en parásitos y piel dañada que remueven a medida que limpian al pez grande. Este fenómeno se conoce como "simbiosis de limpieza".

Algunos peces limpiadores, como el labro esperan en "estaciones de limpieza" donde se albergan hasta que los clientes nadan al frente de la misma. Para comenzar el negocio, el pez limpiador comienza a bailar en dirección y al frente de un buen cliente hasta tanto el pez grande acceda al proceso de limpieza.

21. El "Baile de coleado" de la abeja obtiene su nombre de
    (1) la forma en que la abeja vuela
    (2) los círculos que hace cuando se mueve a la izquierda
    (3) la forma en que la abeja mueve la cola
    (4) las señales que la abeja hace con la antena
    (5) los sonidos musicales hechos por la abeja

21. 1 2 3 4 5

22. El número de veces que la abeja efectúa el baile de coleado indica
    (1) a qué distancia se encuentra el polen o néctar
    (2) la dirección al polen o néctar
    (3) el sitio donde se encuentra el panal
    (4) la cantidad de polen o néctar
    (5) la clase de polen o néctar

22. 1 2 3 4 5

23. El término *simbiosis* significa
    (1) proceso de limpieza
    (2) representación por símbolos
    (3) un sistema de comunicación
    (4) patrones de vida de interdependencia
    (5) remoción de parásitos

23. 1 2 3 4 5

24. Si la fuente de alimento en el pasaje hubiese sido reportada a las 9:00 A.M., el baile de la abeja hubiera sido

    (1) directamente hacia arriba del panal
    (2) 45° a la derecha de una línea vertical
    (3) 45° a la izquierda de una línea vertical
    (4) 90° a la derecha de una línea vertical
    (5) 90° a la izquierda de una línea vertical

24. 1 2 3 4 5

25. En este pasaje el autor parece estar

    (1) comparando clases de pescado con los comerciantes
    (2) expresando disgusto por las señales de los animales
    (3) comparando las abejas con los peces
    (4) expresando su aprobación por las señales de los animales
    (5) describiendo las señales que usan los animales

25. 1 2 3 4 5

26. El labro les hace señales a los peces más grandes

    (1) nadándoles por el lado
    (2) limpiándolos de parásitos
    (3) quedándose quieto
    (4) culebreando el cuerpo
    (5) nadando en círculos alrededor del pez

26. 1 2 3 4 5

Pasaje VI

La naturaleza ha desarrollado mecanismos para la recirculación de elementos y compuestos químicos importantes. Dos de estas sustancias son el bióxido de carbono y el nitrógeno, cuyos respectivos ciclos están ilustrados en la FIGURA 2.

La gente y los animales obtienen oxígeno del aire y exhalan bióxido de carbono como un producto secundario de la respiración. A través de las hojas las plantas inhalan bióxido de carbono y con la energía de las radiaciones solares, liberan oxígeno como un producto secundario de su proceso para producir alimento (fotosíntesis). De esta manera las plantas ayudan a mantener el nivel de oxígeno en el aire.

El nitrógeno se encuentra en la atmósfera en su estado elemental en forma de gas. Cierta cantidad de nitrógeno es obtenida por las plantas a través de las hojas, pero otra cantidad se combina con otros elementos para formar compuestos nitrogenados en el terreno. Como son solubles en agua, gran cantidad de estos compuestos nitrogenados son absorbidos por las

plantas a través de las raíces. Los desperdicios
humanos, animales y vegetales proveen otra fuente de
compuestos nitrogenados necesarios para el crecimiento
de las plantas. Algunos compuestos nitrogenados
encontrados en el estiércol animal son convertidos en
otros compuestos útiles a las plantas mediante la
acción bacterial. Las bacterias también liberan
nitrógeno que regresa a la atmósfera.

La interacción del ciclo del carbono y el ciclo
del nitrógeno proveen un balance natural. Este equilibrio se convierte en un problema particular a medida
que el desarrollo urbano reduce las áreas de vegetación.
No es razonable exhortar a que regresemos a la vida
rural de cien años atrás, pero sí es importante planear
cuidadosamente la construcción de parques y áreas de
vegetación.

FIGURA 2—El ciclo del notrogeno y
bióxido de carbono

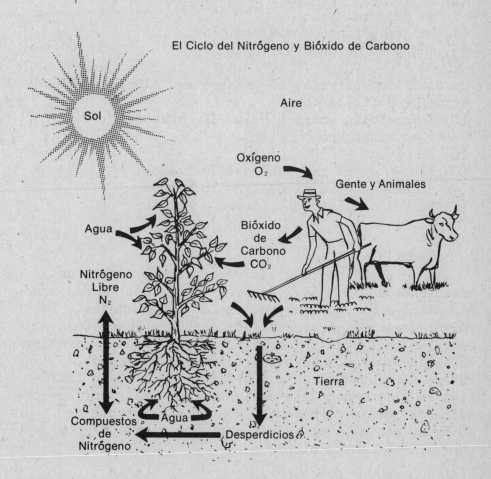

El Ciclo del Nitrógeno y Bióxido de Carbono

27. Un producto secundario de la respiración   **27.** 1 2 3 4 5
    humana y animal es || || || || ||

    (1) oxígeno   (2) N$_2$ (3) CO$_2$
        (4) compuestos nitrogenados   (5) O$_2$

28. El proceso de fotosíntesis depende de *todos*   **28.** 1 2 3 4 5
    los siguientes EXCEPTO || || || || ||
    (1) el bióxido de carbono
    (2) la radiación solar
    (3) el agua
    (4) el oxígeno
    (5) las hojas de las plantas

29. Otra interacción de este ciclo que no es   **29.** 1 2 3 4 5
    mostrada en el diagrama es que || || || || ||
    (1) el nitrógeno libre es consumido por
        la gente
    (2) los animales comen plantas y sus minerales
    (3) el terreno rechaza los materiales
        de desperdicios
    (4) la gente produce desperdicios
    (5) las plantas absorben agua

30. En el último párrafo, la palabra *equilibrio*   **30.** 1 2 3 4 5
    es mejor definida como || || || || ||
    (1) interacción entre bióxido de carbono
        y el nitrógeno
    (2) un ciclo
    (3) elementos en cantidades balanceadas
    (4) necesidad para el desarrollo urbano
    (5) reacciones entre la tierra y el aire

Pasaje VII
Los científicos médicos reconocen dos tipos de
reacciones de inmunidad del cuerpo humano. Ambas son
importantes en la lucha contra las enfermedades. La
primera reacción ocurre cuando pequeños invasores,
como las bacterias y los viruses, comienzan a circular
en el cuerpo. Cuando estos intrusos, *antígenos*,
entran en contacto con los tejidos del sistema linfático en el cuerpo, éste comienza a producir *anticuerpos*
químicos que lo combaten. Cada tipo diferente de
antígeno estimula al cuerpo a producir anticuerpos
específicos contra ellos.

Los médicos hacen uso de esta reacción cuando
vacunan en contra de las viruelas o cualquier otra
enfermedad. ¿Cómo lo hacen? Primero inyectan en el
cuerpo una dosis inofensiva de la bacteria o virus
débil o muerto. Rápidamente el cuerpo comienza a

producir anticuerpos en contra de los antígenos
bacteriales o virales. Los anticuerpos permanecen
circulando en el cuerpo aún después de haberse eliminado los antígenos. Si alguna bacteria o virus
usado en la vacuna entra en el cuerpo, los anticuerpos
protegerán en contra de la infección.

El segundo tipo de reacción de inmunidad ocurre
cuando partículas más grandes de materia extraña, como
de un órgano transplantado, entran al cuerpo. Evidentemente estas partículas no pueden circular por el
sistema linfático del cuerpo y no pueden iniciar la
producción de anticuerpos. En su lugar, el cuerpo
reacciona produciendo pequeñas células llamadas
linfocitos. Estos "soldados" responsables de la
reacción de inmunidad del cuerpo circulan alrededor
del tejido y lo atacan. Si el tejido es destruido, los
científicos dicen que ha sido rechazado por el cuerpo.

31. Un impedimento muy serio para el éxito de un   31. 1 2 3 4 5
    transplante de corazón es
    (1) una infección bacteriana
    (2) el antígeno viral
    (3) el anticuerpo
    (4) la técnica quirúrgica
    (5) el linfocito

32. Los antígenos se pueden describir como   32. 1 2 3 4 5
    (1) anticuerpos del sistema linfático
    (2) intrusos que rechazan órganos
        transplantados
    (3) reacción de inmunidad contra los
        anticuerpos
    (4) un transplante de corazón
    (5) invasores químicos orgánicos

33. El proceso de vacunación depende del   33. 1 2 3 4 5
    recibimiento de una inyección de
    (1) linfocitos   (2) anticuerpos
        (3) anestésicos   (4) antígenos
            (5) vitaminas

34. La función principal de un linfocito es   34. 1 2 3 4 5
    (1) desarrollar inmunidad
    (2) fomentar la producción de antígenos
    (3) producir anticuerpos
    (4) destruir o rechazar materia extraña
    (5) fomentar los transplantes

Pasaje VIII
    La destilación depende de dos procesos opuestos:
evaporación y condensación. Cuando un sólido o un
líquido se somete a suficiente calor, se evapora o

o permite que pequeñas gotas escapen. Bajo una gran
cantidad de calor, las partículas de vapor son invisibles. Si el líquido es agua (como se muestra en la
FIGURA 3), el resultado de la evaporación es vapor de
agua. No estamos acostumbrados a considerar el vapor
como algo claro porque nuestra experiencia con el
vapor es usualmente después que la temperatura del aire
ha causado la condensación de las gotas. Por ejemplo,
un recipiente con agua hirviendo en una estufa emite
vapor claro directamente sobre la superficie. Sin
embargo la condensación produce el vapor visible que
es lo que frecuentemente vemos.

Estos principios de evaporación y condensación
pueden ser utilizados para producir sustancias más
puras. En los laboratorios y en muchas operaciones
industriales, los químicos necesitan agua destilada,
pura, sin residuos de sales u otras sustancias
químicas. En forma similar gases y otros líquidos
pueden ser separados de una serie de sustancias. Como
se muestra en la FIGURA 3, el vapor escapa del matraz
que está siendo calentado, por medio de un tubo de
vidrio. Cuando el vapor pasa por el tubo central del
condensador éste es enfriado por agua fría y se condensa formando agua líquida. Cualquier residuo de
sustancias químicas no interesadas permanecen en el
matraz original.

Con recipientes más grandes, tubos de vidrio y
condensadores más elaborados, mayores cantidades de
sustancias y temperaturas más altas, el principio de
destilación puede ser aplicado para obtener muchos
productos. Los licores, gasolina y otros combustibles,
y sustancias extraídas del agua de mar son algunos
ejemplos. El agua destilada es grandemente utilizada
en la preparación de sustancias químicas y en las
baterías de los automóviles. Cuando el proceso utiliza
diferentes puntos de ebullición en una mezcla de sustancias para obtener diferentes vapores, se le llama
destilación fraccional.

FIGURA 3—Aparato de destilición

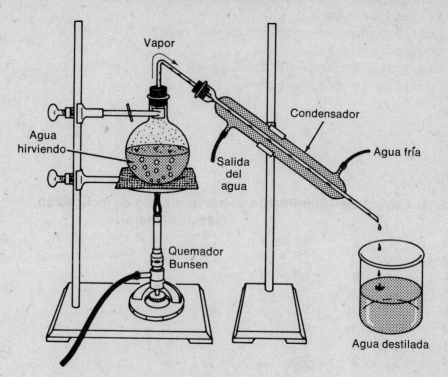

Aparato de Destilación

35. Como se indica en la FIGURA 3, cuando el vapor
    de agua pasa por el condensador
    (1) su temperatura baja
    (2) se mezcla con el agua
    (3) el agua se evapora
    (4) el agua y el gas se separan
    (5) el vapor permanece igual

    35.　1　2　3　4　5

36. El propósito principal de la destilación
    es producir
    (1) una sustancia más pura
    (2) un aparato para enfriar
    (3) sustancias químicas diferentes
    (4) vapor para calefacción
    (5) agua potable

    36.　1　2　3　4　5

37. La diferencia más importante entre la
    destilación fraccional y la destilación
    ordinaria es que la destilación fraccional
    hace uso de
    (1) aparatos más grandes para la destilación
    (2) pequeños aparatos para cada destilación
    (3) diferentes puntos de ebullición

    37.　1　2　3　4　5

(4) pequeñas cantidades de sustancias
(5) diferentes tamaños de condensadores

38. Una buena definición para el término "punto
    de ebullición" sería la temperatura a la cual
    (1) se produce vapor
    (2) los líquidos se convierten en vapor
    (3) se produce gas
    (4) las gotas de agua se condensan
    (5) comienza la evaporación

38. 1 2 3 4 5
    || || || || ||

Respuestas Explicadas—Sub-Prueba 4—Interpretación de lecturas en ciencias naturales

1.	3	9.	2	17.	1	25.	5	33.	4
2.	2	10.	3	18.	2	26.	4	34.	4
3.	1	11.	5	19.	5	27.	3	35.	1
4.	2	12.	2	20.	2	28.	4	36.	1
5.	1	13.	3	21.	3	29.	2	37.	3
6.	4	14.	5	22.	1	30.	3	38.	2
7.	1	15.	5	23.	4	31.	5		
8.	5	16.	4	24.	2	32.	5		

Sub-Prueba 5—Habilidad general en la matemática

INSTRUCCIONES

Resuelva los problemas siguientes.

1. La Sra. Gómez compró un juego de comedor que se vendía por $210. Como lo compró a plazos tuvo que pagar el 20% de pronto y 12 pagos mensuales de $16.50. ¿Cuánto más tuvo que pagar la Sra. Gómez sobre el precio original?
(1) $20   (2) $30   (3) $12
    (4) $15   (5) $25

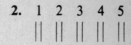

2. El Sr. Negrón tiene un jardín en forma de L, como se muestra en el diagrama a continuación. El decidió usar abono para la grama que le costaba $2.75 el saco. Si necesitaba 1 saco de abono por cada 2,000 pies cuadrados de grama, ¿cuánto dinero pagó por el abono?
(1) $24.75   (2) $11.83   (3) $14.50
    (4) $16.50   (5) $21.76

2. 1 2 3 4 5

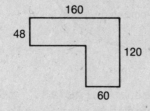

3. Las dimensiones internas de un arcón de forma rectangular son 10 pies 8 pulgadas de largo, 6 pies 6 pulgadas de ancho y 6 pies de profundidad. Cuando el arcón se llena hasta una profundidad de 3 pies, ¿cuántos sacos de trigo contiene si cada saco ocupa 1 1/2 pies cúbicos?
(1) 164   (2) 277 1/3   (3) 156
    (4) 312   (5) 216

3. 1 2 3 4 5

4. La contribución tributable de un señor es $4,280. Las instrucciones en la planilla de contribución le dicen que tiene que pagar el 2% de los primeros $1,000, 3% de los segundos y terceros $1,000, y 4% del resto. Halle la cantidad total de contribución que tiene que pagar.
(1) $131.20   (2) $101.20   (3) $171.20
    (4) $91.20   (5) $121.40

4. 1 2 3 4 5

5. Una familia tiene un ingreso de $800 mensuales.   5. 1 2 3 4 5
   La gráfica a continuación demuestra cómo el   ‖ ‖ ‖ ‖ ‖
   dinero es invertido. ¿Cuál de las siguientes
   aseveraciones es incorrecta?
   (1) Más de la mitad se gasta en alimento
       y renta.
   (2) Si se pagan $25 mensuales para un seguro,
       la familia se ahorra $39 por mes.
   (3) El gasto en víveres es $210.
   (4) El gasto mensual de ropa es $104.
   (5) El número de grados en el centro del
       sector utilizado para gastos rutinarios
       es 10.

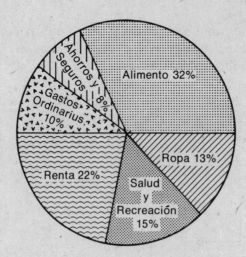

6. El lado de un cuadrado es *x* pulgadas. ¿Cuál   6. 1 2 3 4 5
   es el perímetro de un cuadrado cuyo lado es   ‖ ‖ ‖ ‖ ‖
   3 pulgadas más corto?
   (1) $4x$ (2) $x - 12$ (3) $4x - 3$
       (4) $4(x - 3)$ (5) $2(x - 3)$

7. Un hombre dejó a su esposa e hijo $24,000. La   7. 1 2 3 4 5
   razón de distribución de madre a hijo fue 5:3.   ‖ ‖ ‖ ‖ ‖
   ¿Cuánto dinero recibió la esposa?
   (1) $9,000   (2) $15,000   (3) $12,000
       (4) $18,000   (5) $10,000

8. El diámetro de una rueda de bicicleta es 28   8. 1 2 3 4 5
   pulgadas. Si $\pi = \frac{22}{7}$, el número de vueltas que   ‖ ‖ ‖ ‖ ‖
   la rueda da al correr una milla es
   (1) 720   (2) 72   (3) 1,440
         (4) 100   (5) 300

9. Si $a = 5$, $b = 3$, $c = 4$, el valor numérico de   9. 1 2 3 4 5
   $2a^2 - bc^2$ es   ‖ ‖ ‖ ‖ ‖
   (1) 10   (2) 52   (3) 2
         (4) 36   (5) 43

10. Un cuadro de 8 pulgadas de largo y 6 pulgadas   10. 1 2 3 4 5
    de ancho va a ser ampliado de manera que su
    largo sea 12 pulgadas. ¿Cuántas pulgadas de
    ancho deberá tener el cuadro?
    (1) 7   (2) 13   (3) 8
        (4) 16   (5) 9

11. Un comisionista gana un salario de $200   11. 1 2 3 4 5
    mensuales más el 5% en comisiones sobre
    todas las ventas mayores de $8,000. En un mes
    sus ventas ascendieron a $15,000. ¿Cuánto
    se ganó en ese mes?
    (1) $375.00   (2) $203.75   (3) $575.00
        (4) $275.00   (5) $172.50

12. La esquina AFE es cortada del rectángulo   12. 1 2 3 4 5
    como se muestra en la figura a continuación.
    El área de la figura restante en pulgadas
    cuadradas es
    (1) 29   (2) 68   (3) 78
        (4) 88   (5) 75

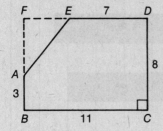

13. Una retenida de alambre en la parte superior   13. 1 2 3 4 5
    de un poste de teléfono de 20 pies de altura
    baja hasta un punto en la tierra a 15 pies
    de la base del poste. ¿Cuál es la longitud
    de la retenida de alambre?
    (1) 30 pies   (2) 25 pies   (3) 28 pies
        (4) 27 1/2 pies   (5) 12 pies

14. En la figura a la derecha   14. 1 2 3 4 5
    el radio del círculo mayor
    es R y el radio de cada
    círculo pequeño es r.
    Escriba la fórmula que
    puede ser utilizada para
    hallar el área A, de la
    porción sombreada.

    (1) $A = \pi R^2 - 2\pi r$ (2) $A = 2\pi R - 2\pi r$
        (3) $A = \pi R^2 - 3\pi r^2$ (4) $\pi R - \pi r$
            (5) $\pi R^2 - r^2$

15. Un investifador sembró 105 semillas de las cuales 84 germinaron. ¿Qué por ciento de semillas no germinó?
(1) 80%   (2) 60%   (3) 40%
   (4) 30%   (5) 20%

15. 1 2 3 4 5
|| || || || ||

16. Un matraz de 30 cuartillos contiene una solución ácida que consiste de un 20% de ácido puro. Si se añaden 10 cuartillos de ácido puro al matraz, el por ciento de ácido puro en la nueva mezcla será
(1) 40%   (2) 30%   (3) 25%
   (4) ninguno de éstos   (5) 15%

16. 1 2 3 4 5
|| || || || ||

17. La gráfica siguiente muestra la longitud de algunos ríos famosos corregida hasta las cien millas más cercanas.

17. 1 2 3 4 5
|| || || || ||

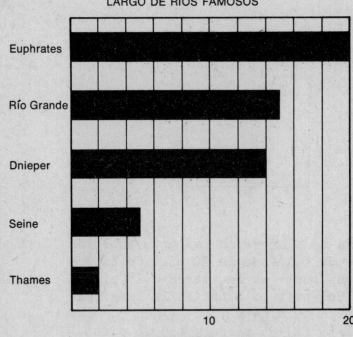

LARGO DE RÍOS FAMOSOS

Euphrates

Río Grande

Dnieper

Seine

Thames

10   20

CENTENARES DE MILLAS

¿Cuál de las siguientes aseveraciones es correcta?
(1) El Támesis es más de la mitad más largo que el Sena.
(2) El Dnieper es 1,200 millas de largo.
(3) El Eufrates es alrededor de 250 millas más largo que el Río Grande.
(4) El Río Grande es alrededor de 1,000 millas más largo que el Sena.
(5) El Támesis es 100 millas más largo que el Sena.

18. Se necesita un barril de aceite para asperjar
    330 pies de carretera. ¿Cuántos barriles de
    aceite se necesitan para asperjar 1 1/2 millas
    de carretera?
    (1) 12   (2) 24   (3) 16
      (4) 20   (5) 18

18. 1 2 3 4 5
    || || || || ||

19. El Sr. Núñez le pidió a su hijo que le
    depositara $325 en el banco. Había exactamen-
    te 60 billetes de 10 dólares y 5 dólares.
    ¿Cuántos billetes de 10 dólares depositó?
    (1) 5   (2) 35   (3) 10
      (4) 25   (5) ninguna de éstas

19. 1 2 3 4 5
    || || || || ||

20. Un aeroplano cubrió una distancia de 900
    millas en 3 horas y 20 minutos. ¿Cuál fue
    la velocidad promedio en millas por hora
    en este viaje?
    (1) 3,000   (2) 300   (3) 450
      (4) 500   (5) 270

21. 1 2 3 4 5
    || || || || ||

21. En un triángulo isósceles el ángulo en el
    vértice es 30° mayor que los ángulos de la
    base. Halle el número de grados del ángulo
    más grande en el triángulo.
    (1) 50°   (2) 60°   (3) 80°
      (4) 75°   70°

21. 1 2 3 4 5
    || || || || ||

22. Un ejemplo de figuras congruentes es
    (1) cualesquiera dos corbatas.
    (2) el piso y la pared.
    (3) cualesquiera dos páginas de un libro.
    (4) un estado de Estados Unidos y un mapa
        del estado.
    (5) un cuadrado y un rectángulo.

22. 1 2 3 4 5
    || || || || ||

23. El Sr. Robles compró un seguro de vida
    ordinario que tiene un valor nominal de
    $12,500. A su edad la prima es $28.76 por
    cada mil. ¿Cuánto paga por esta póliza
    semi-anualmente?
    (1) $359.50   (2) $179.75   (3) $179.25
        (4) $178.75   (5) $272.50

23. 1 2 3 4 5
    || || || || ||

24. Una columna de concreto de forma cilíndrica
    mide 7 pies de alto y 4 pies de diámetro.
    ¿Cuál es el peso de la columna si un pie
    cúbico de concreto pesa 147 libras?
    (use $\pi = \dfrac{22}{7}$)

    (1) 12,836 lbs.   (2) 51,744 lbs.
        (3) 51,644 lbs.   (4) 12,936 lbs.
            (5) 24,326 lbs.

24. 1 2 3 4 5
    || || || || ||

25. Un equipo profesional de baloncesto anotó el   **25.** 1 2 3 4 5
    20% de sus puntos en el primer cuarto, 25%   ‖ ‖ ‖ ‖ ‖
    en el segundo cuarto y 39% en el tercer
    cuarto. Si el equipo anotó 20 puntos en el
    último cuarto, ¿cuántos anotó el equipo
    durante el juego?
    (1) 120   (2) 116   (3) 140
          (4) 110   (5) 125

26. Un barco navega *x* millas el primer día, *y*   **26.** 1 2 3 4 5
    millas el segundo día y *z* millas el tercer   ‖ ‖ ‖ ‖ ‖
    día. La distancia promedio cubierta por
    día es
    (1) $\dfrac{xyz}{3}$ (2) $\dfrac{x + y + z}{3}$ (3) $3\,xyz$
          (4) $3(x + y + z)$ (5) ninguna de éstas

27. Si restamos 19 de tres veces un número el   **27.** 1 2 3 4 5
    resultado es 110. Halle el número.   ‖ ‖ ‖ ‖ ‖
    (1) 43   (2) 30 1/2   (3) 34
          (4) 57   (5) 63

28. El Sr. Ríos compró un automóvil por $3,200.   **28.** 1 2 3 4 5
    En el primer año la depreciación del auto-   ‖ ‖ ‖ ‖ ‖
    móvil fue 25%. Después del segundo año la
    depreciación fue el 20% de su valor al
    principio de ese año. ¿Cuál es el valor del
    automóvil después de dos años?
    (1) 1,760   (2) $2,000   (3) $1,840
          (4) $1,920   (5) $3,500

29. Una receta de cocina requiere 2 1/2 onzas   **29.** 1 2 3 4 5
    de chocolate y 1/2 taza de almíbar de maíz.   ‖ ‖ ‖ ‖ ‖
    Si solamente hay disponibles 2 onzas de choco-
    late, la cantidad de almíbar de maíz que
    debe usarse es
    (1) 1/3 taza   (2) 4/5 taza   (3) 2/5 taza
          (4) 4/7 taza   (5) 3/2 taza

30. El Sr. Mora hizo un cofre de cedro de 3 pies   **30.** 1 2 3 4 5
    de largo, 2 pies y 6 pulgadas de ancho y   ‖ ‖ ‖ ‖ ‖
    1 pie y 6 pulgadas de alto. ¿Cuántos pies
    cuadrados de madera utilizó?
    (1) 7.5   (2) 15.6   (3) 30 1/2
          (4) 15 1/4   (5) 31 1/2

31. El Sr. Gómez aseguró su edificio contra fuego
por la cantidad de $28,500 con una prima
anual de $.34 por cada $100. Después de haber
reconstruido la parte del edificio que era de
madera con material a prueba de fuego encontró
que su prima anual había sido reducida a $.29
por cada $100. ¿Cuánto dinero se ahorró el
Sr. Gómez en tres años por haber reconstruido
su edificio?

(1) $14.25   (2) $142.50   (3) $42.75
    (4) $50.00   (5) $65.75

31. 1 2 3 4 5
     ‖ ‖ ‖ ‖ ‖

32. Un tanque de almacenar gasolina de forma
cilíndrica tiene un diámetro de 14 pies y una
profundidad de 6 pies. ¿Cuántos galones de
gasolina hay en el tanque cuando éste se
llena hasta 2/3 partes? (use π = 22/7;
1 pie cub. = 7 1/2 gal.)

(1) 9,240   (2) 4,620   (3) 660
    (4) 1,320   (5) 5,200

32. 1 2 3 4 5
     ‖ ‖ ‖ ‖ ‖

33. La población en un pueblo aumentó en cinco
años de 2,750 a 3,410. El por ciento de
aumento fue

(1) 24%   (2) 16 1/2%   (3) 80%
    (4) 39%   (5) 33%

33. 1 2 3 4 5
     ‖ ‖ ‖ ‖ ‖

34. Si p libras de naranjas se pueden comprar con
c centavos, ¿cuántas libras de naranjas se
pueden comprar con 98¢?

(1) $\dfrac{98c}{p}$ (2) $98cp$ (3) $\dfrac{cp}{98}$

    (4) $98p$ (5) $\dfrac{98p}{c}$

34. 1 2 3 4 5
     ‖ ‖ ‖ ‖ ‖

35. Un hombre invierte $8,000 a un interés de 5%
anual. ¿Cuánto más dinero debe invertir al
6% de interés anual de manera que su ingreso
anual por ambos ingresos sea de $1,300?

(1) $23,000   (2) $15,000   (3) $8,000
    (4) $12,000   (5) $10,000

35. 1 2 3 4 5
     ‖ ‖ ‖ ‖ ‖

36. Un arcón de carbón es 9 pies de largo, 4 pies
2 pulgadas de ancho y 4 pies 6 pulgadas de
profundidad. Se carga de carbón liviano hasta
una altura de 3 pies y 4 pulgadas. Si el
carbón liviano pesa 80 lbs. por cada pie
cúbico, ¿cuántas toneladas de carbón caben
en el arcón?

(1) 5   (2) 6 3/4   (3) 6
    (4) 7 1/2   (5) 9

36. 1 2 3 4 5
     ‖ ‖ ‖ ‖ ‖

37. El Sr. López compró un automóvil por el cual
    dio un pronto pago de $900 y pagó 24 mensua-
    lidades de $112.50. Si hubiese comprado el
    automóvil al contado pudo haberse ahorrado
    el 8% del precio original. ¿Cuál era el
    precio al contado del automóvil?
    (1) $3,600   (2) $2,484   (3) $4,300
       (4) $3,400   (5) $3,312

    37. | 1 2 3 4 5
        || || || || ||

38. Dos mayoristas A y B venden el mismo producto
    a los siguientes precios y descuentos:
    A: $750 con el 20% de descuento, más el 2%
       por ventas al contado
    B: $800 con el 25% de descuento, más el 5%
       por ventas al contado
    ¿Qué mayorista ofrece la mejor venta a un
    comprador que compra al contado y por
    cuánto más?
    (1) B por $18   (2) A por $25   (3) B por $64
       (4) A por $60   (5) A por $15

    38. | 1 2 3 4 5
        || || || |! ||

39. El Sr. Cerra desea cubrir
    el piso de su sótano
    con linóleo (diagrama
    a la derecha). Si el
    linóleo se vende a
    $6.40 por yarda cua-
    drada, ¿cuánto sería
    el costo?

    39. | 1 2 3 4 5
        || || || |! ||

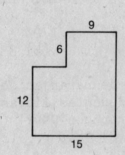

    (1) $76.80   (2) $149.76   (3) $98.50
       (4) $166.40   (5) $87.60

40. La gráfica a continuación muestra la forma en   **40.** 1 2 3 4 5
    que un hombre pasa el día. ¿Cuál de las || || || || ||
    aseveraciones es la correcta?
    (1) El hombre trabaja 8 horas al día.
    (2) El hombre estudia la mitad del tiempo.
    (3) El hombre duerme 7 horas al día.
    (4) El hombre pasa la mitad de su tiempo
        trabajando y viajando.
    (5) El hombre se toma 1 hora más en las
        comidas que viajando.

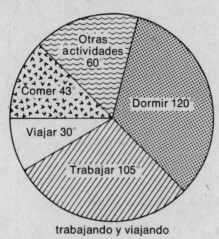

trabajando y viajando

41. Un hombre gana x dólares al mes y gasta y   **41.** 1 2 3 4 5
    dólares al mes. ¿Cuántos dólares ahorrará || || || || ||
    en un año?
    (1) 12xy   (2) 12x - y   (3) 12(x-y)
         (4) x - 12y   (5) 12x ÷ y

42. Un vendedor tiene dulces que se venden a $.75   **42.** 1 2 3 4 5
    la libra y otros dulces que se venden a $.45 || || || || ||
    la libra. El desea hacer una mezcla de 240
    libras que se pueda vender a $.55 la libra.
    ¿Cuántas libras de dulces de 75 centavos
    debe usar en la mezcla?
    (1) 40   (2) 80   (3) 160
         (4) 120   (5) 75

43. Un cesto de tomates que pesa 15 lbs. tiene un   **43.** 1 2 3 4 5
    valor de $1.70. ¿Cuál sería el valor || || || || ||
    proporcional de un cesto de tomates que
    pesa 9 lbs.?
    (1) $1.05   (2) $1.10   (3) $1.40
         (4) $1.12   (5) $1.02

44. Un barco navega 8 millas hacia el este y 15   **44.** 1 2 3 4 5
    millas hacia el norte. ¿A qué distancia se || || || || ||
    encuentra de su punto de partida?
    (1) 12 millas   (2) 20 millas   (3) 19 millas
         (4) 17 millas   (5) 15 millas

45. En un mapa la escala es 1 pulg. igual a 50
     millas. En el mismo mapa dos ciudades se
     escuentran separadas por 2 3/4 pulgadas. La
     distancia real en millas entre las dos
     ciudades es
     (1) 140   (2) 135   (3) 137.5
            (4) 150   (5) 120

46. Un semicírculo se levanta
     sobre un rectángulo cuyo
     largo es 2a y cuyo ancho
     es a. Una fórmula para
     buscar el área, A es

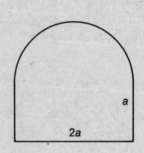

(1) $A = 2a^2 + \dfrac{\pi a^2}{2}$ (2) $A = 2\pi a^2$

(3) $A = 3\pi a^2$ (4) $A = 2a^2 + \pi a2$
            (5) $A = 3\pi A^3$

47. Un maestro pintor, un pintor y su ayudante
     se tomaron 5 días en pintar una casa. El
     pintor recibió $8 más por día que el ayudante,
     y el maestro pintor recibió el doble de lo
     que recibió el ayudante. Si entre los tres
     recibieron $360 por todo el trabajo, ¿cuánto
     recibió el ayudante?
     (1) $120   (2) $160   (3) $80
            (4) $100   (5) $135

48. El Sr. Franco compró un traje por $78.40
     que había sido marcado con un 20% de
     descuento. ¿Cuál era el precio original
     del traje?
     (1) $100   (2) $98   (3) $105
            (4) $102.50   (5) $120

49. Un hombre compró 40 participaciones en la
     acción X a 35 1/2 y las vendió al año
     siguiente a 41 1/4. La comisión del corredor
     y otros gastos fueron $30. ¿Cuál fue el
     por ciento de ganancia en esta transacción,
     al por ciento más cercano?
     (1) 14%   (2) 15%   (3) 12%
            (4) 16%   (5) 17%

50. La siguiente tabla provee la prima anual
pagadera por una póliza de seguro de vida
tomada a diferentes edades.

50. 1 2 3 4 5
‖ ‖ ‖ ‖ ‖

EDAD EN AÑOS	PRIMA POR CADA $1,000
22	$18.75
30	22.59
28	28.66
46	38.24

Si la póliza se paga completamente después
de 25 años, ¿cuánto dinero se ahorra tomando
una póliza de $1,000 a la edad de 30 años
en vez de a la edad de 46?
(1) $381.25   (2) $491.25   (3) $461.25
     (4) $481.25   (5) $391.25

51. Un cargamento de 15 toneladas de abono
empacado en bolsas de 10 kilogramos será
enviado a un país extranjero. ¿Cuántas
bolsas se necesitan?
(1) 1,500   (2) 1,360   (3) 1,400
     (4) 1,364   (5) 1,270

51. 1 2 3 4 5
‖ ‖ ‖ ‖ ‖

52. En un triángulo rectángulo la proporción
entre los dos ángulos agudos es de 3:2.
El número de grados en el ángulo agudo mayor
es
(1) 36°   (2) 54°   (3) 72°
     (4) 90° . (5) 86°

52. 1 2 3 4 5
‖ ‖ ‖ ‖ ‖

53. La gráfica siguiente muestra la temperatura
en un día del mes de marzo en cierto pueblo.

53. 1 2 3 4 5
‖ ‖ ‖ ‖ ‖

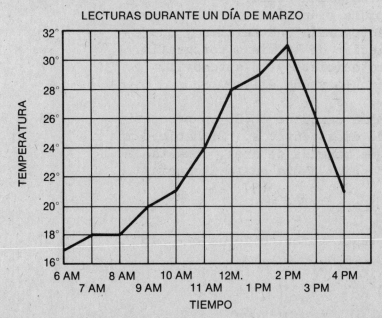

LECTURAS DURANTE UN DÍA DE MARZO

¿Cuál de las siguientes aseveraciones es incorrecta?
(1) El cambio entre el mediodía y las 4 P.M. fue -7°.
(2) La temperatura más alta fue 31°.
(3) El cambio en temperatura entre las 8:00 A.M. y el mediodía fue -10°.
(4) La temperatura promedio para el día fue 23°.
(5) La temperatura más baja fue -10°.

54. Halle el ancho del tubo que se muestra en el diagrama si el diámetro exterior es 7 1/4 pulg. y el diámetro del círculo exterior es 4 1/2.
(1) 2 3/4"   (2) 1 3/8"   (3) 5 7/8"
        (4) 11 3/4"   (5) 12 1/4"

54. 1 2 3 4 5
     ‖ ‖ ‖ ‖ ‖

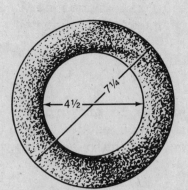

55. Un ejemplo de dos figuras semejantes es
(1) una mesa y una silla.
(2) una pluma y un lápiz.
(3) una fotografía instantánea y una ampliación de la misma fotografía.
(4) una motocicleta y un automóvil.
(5) un círculo y una elipse.

55. 1 2 3 4 5
     ‖ ‖ ‖ ‖ ‖

56. Una alcancía contiene $6.20 en pesetas y monedas de diez centavos. Si había 8 más pesetas que monedas de diez, ¿cuántas monedas de diez había en la alcancía?
(1) 20   (2) 15   (3) 32
        (4) 17   (5) 12

56. 1 2 3 4 5
     ‖ ‖ ‖ ‖ ‖

57. Halle el valor numérico de $5a^2b - 3ab^2$ si $a = 7$, $b = 4$
(1) 644   (2) 654   (3) 56
        (4) 224   (5) 346

57. 1 2 3 4 5
     ‖ ‖ ‖ ‖ ‖

58. Después de haber hecho todas las deducciones   **58.** 1 2 3 4 5
    un hombre encuentra que tiene que pagar || || || || ||
    contribuciones sobre $2,760. Las instruc-
    ciones en la planilla le dicen que tiene
    que pagar $444 más el 24.6% de la cantidad
    sobre $2,000. ¿Cuánto dinero tiene que
    pagar en contribuciones?
    (1) $678.96   (2) $620.96   (3) $630.96
          (4) $708.96   (5) $565.96

59. Una aleación metálica contiene 48% hierro,   **59.** 1 2 3 4 5
    34% bronce y el resto cobre. ¿Cuántas libras || || || || ||
    de cobre hay en 50 lbs. de esta aleación?
    (1) 19   (2) 9   (3) 6
          (4) 8.4   (5) 12

60. El valor de x en la ecuación $4x - 7 = 18$ es   **60.** 1 2 3 4 5
    (1) 6   (2) 2 3/4   (3) 7 || || || || ||
          (4) 6 1/4   (5) 8 1/2

61. El precio de una máquina de lavar valorada   **61.** 1 2 3 4 5
    en $360, fue reducido el 25% antes de que || || || || ||
    el nuevo modelo entrara en venta. Además se
    ofreció un descuento del 10% por venta al
    contado. ¿Cuál es el precio original de la
    máquina de lavar?
    (1) $234.00   (2) $243.00   (3) $175.00
          (4) $265.00   (5) $260.00

62. Un hombre está planeando remodelar su jardín   **62.** 1 2 3 4 5
    para el año próximo. El jardín nivelado y de || || || || ||
    forma rectangular con 90 pies de largo y 30
    pies de ancho va a ser cubierto con terreno
    superior a una profundidad de 3 pulgadas. El
    hombre carga el terreno en una camioneta con
    capacidad para 27 pies cúbicos. ¿Cuántos
    cargamentos necesita?
    (1) 20   (2) 18   (3) 16
          (4) 22   (5) 25

63. Un conductor salió en un viaje a las 8:50 A.M.   **63.** 1 2 3 4 5
    y cesó de guiar a las 3:30 P.M. Si su || || || || ||
    velocidad promedio durante este viaje fue
    45 millas por hora, ¿cuántas millas recorrió?
    (1) 303 3/4   (2) 255   (3) 300
          (4) 275   (5) 320

64. Si 1 libra y 4 onzas de carne cuestan $1.05,   **64.** 1 2 3 4 5
    ¿cuál es el precio de una libra de carne? || || || || ||
    (1) $.95   (2) $.84   (3) $1.00
          (4) $1.15   (5) $.79

65. Cuatro dependientes de tienda reciben cada
     uno $95 a la semana y dos ayudantes de almacén
     $56 a la semana cada uno. ¿Cuál es el salario
     promedio para los seis empleados en la tienda?
         (1) $75.50   (2) $78.50   (3) $90
             (4) $82   (5) $68

     La explicación de las contestaciones aparece en
la página 227.

Respuestas Sub-Prueba 5—Habilidad general en la matemática

1.	2	14.	3	27.	1	40.	5	53.	3
2.	4	15.	4	28.	4	41.	3	54.	2
3.	3	16.	1	29.	3	42.	2	55.	3
4.	1	17.	4	30.	2	43.	5	56.	4
5.	5	18.	2	31.	3	44.	4	57.	1
6.	4	19.	1	32.	2	45.	3	58.	3
7.	2	20.	5	33.	1	46.	1	59.	2
8.	1	21.	3	34.	4	47.	3	60.	4
9.	3	22.	3	35.	2	48.	2	61.	?
10.	5	23.	2	36.	1	49.	1	62.	!
11.	3	24.	4	37.	3	50.	3	63.	3
12.	3	25.	3	38.	1	51.	4	64.	2
13.	2	26.	2	39.	4	52.	2	65.	4

Respuestas Explicadas—Sub-Prueba 5—Habilidad general en la matemática

(La C quiere decir Contestación)

1. C 2 20% de 210 = 210 x .20 = 42
         El pago de pronto fue $42
         12 pagos mensuales a $16.50 = 12 x $16.50 =
                                              $198.00

         Pago total = $42 + $198 = $240
         La cantidad sobre el precio marcado =
         $240 - $210 = $30

2. C 4 Debemos determinar el área del jardín, Hay
         dos formas simples para calcularlo.

Método 1

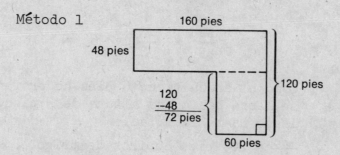

Se dibuja una línea para formar dos
rectángulos.
            60 x 72 = 4320
            160 x 48 = 7680
      Área total 12,000 pies cuadrados
Si un saco cubre 2,000 pies cuadrados de
grama, se necesitarán 6 sacos para cubrir
12,000 pies cuadrados.
      6 x $2.75 = $16.50

Método 2

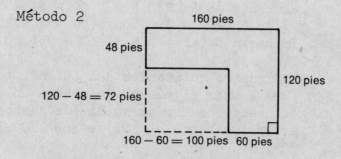

Se dibujan dos líneas para formar un
rectángulo grande. El área del jardín será
igual al área del rectángulo grande menos
el área del rectángulo con líneas
entrecortadas.

Area del rectángulo grande = 160 x 120 = 19,200 pies^2
Rectángulo de líneas
      entrecortadas = 100 x 72 = $\underline{- 7,200}$ pies^2
   Area del jardín   = $\overline{12,000}$ pies^2

$$\frac{12,000}{2,000} = 6 \text{ (sacos de abono)}$$

$$6 \text{ x } \$2.75 = \$16.50$$

3. C 3 Volumen del arcón = largo x ancho x altura

    Volumen = 10 pies 8 pulgadas x 6 pies 6 pulgas x 6 pies

    Volumen = $10 \frac{2}{3}$ x $6 \frac{1}{2}$ x 6

$$\frac{32}{3} \text{ x } \frac{13}{2} \text{ x } 6 = 416$$

Como el arcón tiene 6 pies de profundidad y se llena hasta una altura de 3 pies, estará lleno hasta la mitad.

$\frac{416}{2}$ = 208 pies cúbicos de trigo

Como una fanega ocupa 1 1/3 pies cúbicos, el número de fanegas es

$$208 \div 1 \frac{1}{3} = 208 \div \frac{4}{3}$$

$$= 208 \text{ x } \frac{3}{4} = 156$$

4. C 1 2% de $1,000 = $1,000 x .02 = $20
        3% de $2,000 = $2,000 x .03 = $60
        El resto es $4,280 - $3,000 = $1,280
        4% de $1,280 = $1,280 x .04 = $51.20
        Impuesto total = $20 + $60 + $51.20 = $131.20

5. C 5 Los gastos rutinarios son 10% del total. Para buscar el número de grados en el centro del sector que representa los gastos rutinarios, se busca el 10% de 360°, o .10 x 360° = 36°.

6. C 4 El lado del cuadrado que tiene 3 pulgadas
           menos que el lado del cuadrado original es
           igual a $x - 3$. El perímetro del cuadrado
           más pequeño es $4(x - 3)$

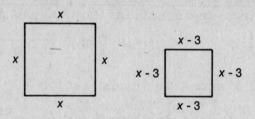

7. C 2 Si $5x$ parte de la esposa
           y $3x$ parte del hijo,

$$5x + 3x = 24,000$$
$$8x = 24,000$$

$$x = \frac{24,000}{8} = 3,000$$

Como la parte de la esposa es $5x$, será
$5 \times \$3,000 = \$15,000$.

8. C 1 El radio de la rueda es $28/2 = 14"$
           Cada vez que la rueda hace una revolución
           completa, traza una circunferencia en la
           tierra.

$$\text{Circunferencia} = 2\pi r = 2 \times \frac{22}{7} \times 14 = 88"$$

Para determinar el número de revoluciones
que la rueda hace al correr una milla, debemos dividir una milla en pulgadas, por 88
pulgadas. Como hay 5,280 pies en una milla,
entonces hay $5,280 \times 12$ pulgadas en una
milla.

$$\frac{5,280 \times 12}{88} = \frac{\overset{60}{\cancel{5280}} \times 12}{\underset{1}{\cancel{86}}} = 720$$

La rueda hará 720 revoluciones al correr una
milla.

9. C 3 $2a^2 - bc^2 = (2 \times a \times a) - (b \times c \times c)$
           $= 2 \times 5 \times 5 - 3 \times 4 \times 4$
           $= 50 - 48 = 2$

10. C 5 Como la lámina y su ampliación son similares, las dimensiones tendrán las mismas proporciones. Esto es,

$$\frac{\text{largo de la lámina}}{\text{largo de la ampliación}} = \frac{\text{ancho de la lámina}}{\text{ancho de la ampliación}}$$

$$\frac{12"}{18"} = \frac{6"}{\text{ancho de la ampliación}}$$

12 x ancho de la ampliación = 6 x 18 = 108

$$\text{ancho de la ampliación} = \frac{108}{12} = 9 \text{ pulgadas}$$

11. C 3 Las ventas sobre $8,000 son $15,500 - $8,000 = $7,500; 5% de $7,500 = .05 x $7,500 = $575.00

12. C 3 Ha de buscarse el área del rectángulo *BCDF* y restarle el área del rectángulo *AEF*.

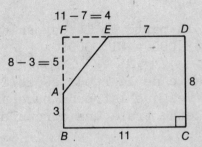

Area del rectángulo BCDF = BC x CD =
11" x 8" = 88 pulg.²
AF = 8" - 3" = 5"; *FE* = 11" - 7" = 4"
Area of rectángulo AEF = 1/2(*AF* x *FE*)
         = 1/2(5)(4) = 10 pulg. cuad.
El área de la figura que queda es 88 - 10 = 78 pulg. cuad.

13. C 2 Como el △ *ABC* es un triángulo rectángulo, podemos usar la ley de Pitágoras.

$(AB)^2 = (AC)^2 + (BC)^2$
$(AB)^2 = (15)^2 + (20)^2$
$(AB)^2 = 225 + 400 = 625$
$(AB) = \sqrt{625} = 25$

14. C *3* Para buscar una fórmula para el área de la porción sombreada, se resta la suma de las áreas de los círculos pequeños del área del círculo grande.

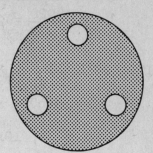

Área del círculo
  grande $= \pi R^2$
Área del círculo
  pequeno $= \pi r^2$
Suma de las áreas de los 3 círculos pequeños = $3\pi r^2$

Área de la porción
  sombreada $= \pi R^2 - 3\pi r^2$

15. C *4* El número de semillas que no germinaron es igual a 105 - 84 = 21.
La fracción que representa la parte de las semillas que no germinaron es $\frac{21}{105}$. Para cambiar esta fracción a un decimal se divide 21 por 105.

$$105\overline{\smash)21.0}$$
$$\;.2$$
$$21\;0$$

.2 or $\frac{2}{10}$ = 20%

16. C *1* 20% de 30 = .20 x 30 = 6.00
La fracción que representa la parte de la solución que era ácido originalmente, es

$$\frac{\text{ácido}}{\text{mezcla}} = \frac{6}{30}$$

Cuando se añaden 10 pintas de ácido tenemos

$$\frac{\text{ácido}}{\text{mezcla}} = \frac{6 + 10}{30 + 10} = \frac{16}{40}$$

$$\frac{16}{40} = \frac{4}{10} = 40\%$$

La nueva mixtura contiene 40% de ácido.

17. C *4* Nótese que cada línea divisoria en el eje horizontal, representa 200 millas.
El Río Grande tiene alrededor de 1,500 millas de largo.
El Sena tiene alrededor de 500 millas.
El Río Grande es 1,000 millas más largo que el Sena.

18. C *2* 1 1/2 millas de carretera = (1 1/2 x 5,280)
pies = 7,920 pies.
Como cada barril de aceite cubre 330 pies,
el número de barriles que se necesita es
$\frac{7920}{330} = 24$

19. C *1* Si x = el número de billetes de 10 dólares
           $60 - x$ = el número de billetes de 5 dólares
       $5(60 - x)$ = el valor de los billetes de 5
                       dólares
           $10x$ = el valor de los billetes de 10
                       dólares

$$10x + 5(60 - x) = 325$$
$$10x + 300 - 5x = 325$$
$$5x + 300 = 325$$
$$5x + 300 - 300 = 325 - 300$$
$$5x = 25$$
$$x = 5$$

Él depositó 5 billetes de 10 dólares

20. C *5* Para hallar la velocidad promedio, dividimos
la distancia recorrida por el tiempo trans-
currido.

3 horas y 20 minutos = $3\frac{20}{60}$, o $3\frac{1}{3}$ horas

$$\frac{900}{3\frac{1}{3}} = \frac{900}{\frac{10}{3}} = 900 \times \frac{3}{10} = 270$$

La velocidad promedio era 270 millas por hora.

21. C *3* En el △ ABC, dejemos
que los ángulos de la
base sean $x°$ cada uno.
El ángulo en el vérti-
ce es $(x + 30)°$. Como
la suma de los ángulos
de un triángulo es
180°, tenemos:

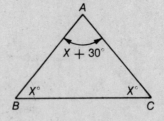

$$x + x + x + 30 = 180$$
$$3x + 30 = 180$$
$$3x + 30 - 30 = 180 - 30$$
$$3x = 150$$
$$x = \frac{150}{3} = 50$$

Así, cada ángulo de la base es de 50° y el
ángulo en el vértice es 50 + 30, = 80°.
El ángulo más grande mide 80°.

22. C 3 Las figuras congruentes son aquéllas que tienen la misma forma y el mismo tamaño.

23. C 2 Hay 12.5 miles en 12,500.
Como el Sr. Robles paga $28.76 por cada mil, su prima *anual* es 12.5 x 28.76 = $359.50.
La prima semianual es $\frac{1}{2}$ x $359.50 = $179.75

24. C 4 Para hallar el volumen de la columna usamos la fórmula

$$V = \pi r^2 h$$

En este caso, $\pi = \dfrac{22}{7}$ $r = 2$, y $h = 7$

$$V = \frac{22}{7} \text{ x } 2 \text{ x } 2 \text{ x } 7 = 88 \text{ pies cúbicos}$$

Como cada pie cúbico de concreto pesa 147 libras, el peso de la columna es 88 x 147 = 12,936 libras

25. C 5 En las tres primeras partes del juego el equipo anotó 20 + 25 + 39 = 84% del total.
En la cuarta parte del juego el equipo anotó 100 - 84 = 16% del total.

16% del total fue 20 puntos

1% del total fue $\dfrac{20}{16}$ puntos

100 % del total completo fue

$\dfrac{20}{16}$ x 100 = 125

El equipo anotó 125 puntos en el juego.

26. C 2 Para hallar el promedio de tres números, sumamos los tres números y dividimos el resultado por 3. La contestación correcta es $\dfrac{x + y + z}{3}$

27. C 1 Si x = el número,

$$3x - 19 + 19 = 110 + 19$$
$$3x = 129$$
$$x = 43$$

El número es 43.

28.   C   4   La depreciación durante el primer año fue
              .25 x 3200 = $800.
              Al final del primer año el automóvil valía
              $3,200 - $800. = $2,400.
              Durante el segundo año la depreciación fue
              20% de su valor al principio de ese año

$$\$2,400 \times .20 = \$480$$

Al final del segundo año el automóvil valía

$$\$2,400 - \$480 = \$1,920$$

29.   C   3   Como $\dfrac{2}{2\frac{1}{2}}$ de la cantidad de chocolate que se

necesitaba estaba disponible necesitaríamos
$\dfrac{2}{2\frac{1}{2}}$ de la cantidad de almíbar en la receta

$$\frac{2}{2\frac{1}{2}} = \frac{2}{\frac{5}{2}} = 2 \times \frac{2}{5} = \frac{4}{5}$$

Por lo tanto se necesitan solamente 4/5 de
1/2 taza de almíbar.
$$\frac{4}{5} \times \frac{1}{2} = \frac{4}{10} = \frac{2}{5}$$

30.   C   2   Para buscar la cantidad de madera que se
              necesita usamos la fórmula

$$A = 2lw - 2lh - 2wh \quad \text{donde}$$

l = longitud, w = ancho y h = altura
En este caso, $l = 3$, $w = 2\,1/2$, y $h = 1\,1/2$

$$A = 2(3)\left(\frac{5}{2}\right) + 2(3)\left(\frac{3}{2}\right) + 2\left(\frac{5}{2}\right)\left(\frac{3}{2}\right)$$

$$A = 15 + 9 + 15/2$$

$$A = 15 + 9 + 7\,1/2 = 31\frac{1}{2} \text{ pies}^2 \text{ de madera.}$$

31.   C   3   Hay 285 cientos en $28.500.
              A $.34 por cada 100
              el Sr. Gómez pagó   .34 x 285 = $96.90
              A $.29 por cada 100
              el Sr. Gómez pagó   .29 x 285 = -82.65
              En un año el Sr. Gómez ahorró $14.25

En tres años él ahorró 3 x $14.25 o $42.75

32. C 2 Usamos la fórmula para el volumen

$$V = \pi r^2 h$$

En este caso, $\pi = \dfrac{22}{7}$, $r = 7$, $h = 6$

$$V = \dfrac{22}{7} \times 7 \times 7 \times 6 = 924 \text{ pies}$$

cúbicos

Puesto que $7\dfrac{1}{2}$ galones ocupan 1 pie cúbico,

el número de galones cuando el tanque está lleno es 924 x 7.5 = 6,930 galones.
Cuando el tanque está lleno hasta dos terceras partes (2/3) tenemos

$$\dfrac{2}{3} \times 6930 = 4{,}620 \text{ galones.}$$

33. C 1 El aumento numérico fue 3,410 - 2,750 = 660

La fracción que indica el aumento es $\dfrac{660}{2750}$

$$\dfrac{660}{2750} = \dfrac{66}{275} = \dfrac{6}{25}$$

```
        .24
   25 / 6.0
        5 0
        1 00
        1 00
```

$$\dfrac{6}{25} = .24 = 24\%$$

34. C 5 El estudiante encontrará este tipo de problema más fácil para resolver si lo escribe nuevamente usando números en vez de letras. En este caso podemos decir

Si 5 libras de naranjas pueden ser compradas con $.30, ¿cuántas libras se pueden comprar con $.98?

El costo de una libra se puede obtener dividiendo .30 por 5. Así, una libra puede comprarse con $.06. Para buscar el número de libras que pueden comprarse con $.98, se divide $.98 por 6.

Ahora seguiremos el mismo procedimiento con letras. Si p libras de naranjas se pueden comprar con c centavos, una libra puede comprarse con $\frac{c}{p}$ centavos. El próximo paso a seguir es dividir 98 por $\frac{c}{p}$.

$$\frac{98}{\frac{c}{p}} = 98 \div \frac{c}{p} = 98 \times \frac{p}{c} = \frac{98p}{c}$$

35. C 2 Si un hombre invierte $8,000 a un interés anual de 5%, su ingreso anual es .05 x 8000. o $400. Vemos que tiene que invertir una cantidad de dinero que le dará $900 más.

6% de la cantidad necesaria = $900

1% de la cantidad necesaria = $\frac{\$900}{6}$

100% de la cantidad total = $\frac{\$900}{6}$ x 100 =

$15,000

36. C 1 Para obtener el volumen de carbón en el arcón usamos la fórmula $V = lwh$.
En este caso, $l = 9$, $w = 4\frac{1}{6}$, $h = 3\frac{1}{3}$

$V = 9 \times 25/6 \times 10/3 = 125$ pies
cúbicos de carbón

Puesto que cada pie cúbico de carbón pesa 80 libras, el peso del carbón en el arcón es 125 x 80. El peso del carbón en el arcón es 10,000 libras.
Para que podamos hallar el número de toneladas de carbón dividimos 10,000 por 2,000.

37. C 5 El Sr. López realmente pagó $900 + 24 x $112.50
El Sr. López pagó $900 + $2,700 = $3,600
Pudo haberse ahorrado 8% de 3600 =
.08 x 3600 = $288
El precio al contado del automóvil era
$3,600 - $288 = $3,312

38. C 1 Oferta neta del mayorista A

$750 - .20 x $750, ó $750 - $150 = $600
Descuento adicional del 2% = 600 x .02 = $12
Precio neto de la oferta de A es
$600 - $12 = $588

Oferta neta del mayorista *B*

$800 - .25 x $800, o $800 - $200 = $600
Descuento adicional del 5% = 600 x .05 = $30
Precio neto de la oferta de *B* es
$600 - $30 = $570

La oferta de *B* es mejor por $18.00.

39. C *4* Dividimos la figura en dos rectángulos dibu-
jando la línea entrecortada.

El área del rectángulo
superior es 2 yardas x 3
yardas = 6 yardas cuadra-
das.

El área del rectángulo
inferior es 4 yardas x 5
yardas = 20 yardas cuadradas.

El área de la figura completa es 6 + 20 = 26
yardas cuadradas.

Para determinar el precio del linóleo a $6.40
por yarda cuadrada, multiplicamos 26 por
$6.40 y se obtiene $166.40.

40. C *5* Tiempo usado en las comidas = $\frac{45}{360}$ x 24 = 3
horas
Tiempo usado en el viaje = $\frac{30}{360}$ x 24 = 2 horas

41. C *3* Si se gana *x* dólares al mes y gasta *y* dólares
al mes, él ahorra *x* - *y* dólares en un mes.
En un año se ahorra 12(*x* - *y*) dólares.

42. C *2* Si *x* = el número de libras de dulces a 75
centavos
240 - *x* = el número de libras de dulces a 45
centavos
    75*x* = Valor de dulces de 75 centavos
45(240 - *x*) = Valor de dulces de 45 centavos

$$75x + 45(240 - x) = 55 \times 240 = 13200 \text{ cents}$$
$$75x + 45(240 - x) = 13,200$$
$$75x + 10,800 - 45x = 13,200$$
$$30x + 10,800 = 13,200$$
$$30x + 10,800 - 10,800 = 13,200 - 10,800$$
$$30x = 2,400$$
$$x = 80$$

Él usa 80 libras de dulces de 75 centavos.

43. C 5 El precio de los tomates es proporcional a la cantidad comprada.
Si x = el precio de una canasta de tomates de 9 libras

$$\frac{170}{15} = \frac{x}{9}$$

$$15x = 9 \times 170 = 1530$$

$$x = \frac{1530}{15} = 102$$

El costo de 9 libras de tomates es $1.02.

44. C 4 En el triángulo rectángulo *ABC*, usamos el Teorema de Pitágoras.

$(AB)^2 = (AC)^2 + (BC)^2$
$(AB)^2 = (8)^2 + (15)^2$
$(AB)^2 = 64 + 225 = 289$
$AB = \sqrt{289} = 17$

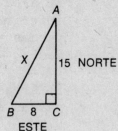

45. C 3 La escala es 1 pulgada = 50 millas
2 3/4 pulgadas = 2 3/4 x 50 millas
= 11/4 x 50 = 550/4 = 137.5
La distancia real es 137.5 millas

46. C 1 La figura se compone de un semicírculo y un rectángulo.
El diámetro del semicírculo es *2a* y el radio es *a*. El área del semicírculo es $\frac{1}{2}\pi a^2$.

El área del rectángulo es $2a^2$. Las áreas combinadas son
$2a^2 + \frac{\pi a^2}{2}$.

47. C *3* Si x = el salario diario del ayudante
              $2x$ = el salario diario del maestro pintor
           $x + 8$ = salario del pintor
             $5x$ = salario del ayudante

           $5(2x)$ = $10x$ = salario del maestro pintor
             $5(x + 8)$ = salario del ayudante
             $5x + 10x + 5(x + 8) = 360$
             $5x + 10x + 5x + 40 = 360$
                      $20x + 40 = 360$
                 $20x + 40 - 40 = 360 - 40$
                           $20x = 320$
                             $x = 16$

El ayudante recibe $16 por día, $80 por el trabajo.

48. C *2* El 80% del precio de un traje = $78.40

1% del precio del traje $= \dfrac{\$78.40}{80}$

100 % del precio total del $= \dfrac{\$78.40}{80} \times 100$
traje
$$\dfrac{\$78.40}{\underset{4}{80}} \times \dfrac{5}{100} = \dfrac{\$392.00}{4} = \$98.$$

El precio del traje era $98.00

49. C *1* $41\frac{1}{4} - 35\frac{1}{2} = 5\frac{3}{4}$

El hombre se ganó 5\frac{3}{4}$ en cada acción vendida.

Por las 40 acciones se ganó 40 x $5.75 = $230
Puesto que tuvo gastos de $30 su ganancia
neta fue $200
Su inversión original fue 40 x $35\frac{1}{2}$, ó $1420.

Su ganancia expresada como una fracción es
$\dfrac{200}{1420} = \dfrac{10}{71}$
Para expresar $\dfrac{10}{71}$ como un por ciento dividimos
10 por 71.

$$
\begin{array}{r}
.14 \\
71\overline{)10.00} \\
\underline{7\ 1} \\
2\ 90 \\
\underline{2\ 84} \\
6
\end{array}
$$

Su por ciento de ganancia, al por ciento más cercano, fue 14%

50. C 5   A la edad de 30 años la prima es de $22.59.
En 25 años será $22.59 x 25, o $564.75. A
la edad de 46, la prima es $38.24. En 25
años, $38.24 x 25, ó $956.00 serán pagados.
El ahorro es $965.00 - $564.75 = $391.25

51. C 4   15 toneladas de abono son 15 x 2,000, o
30,000 libras
Si 1 kilogramo es alrededor de 2.2 libras,
cada saco de 10 kilogramos pesa 22 libras.
El número de sacos que se necesita se obtiene
dividiendo 30,000 por 22.

$$
\begin{array}{r}
1\ 363.6 \\
22\ \overline{)30,000.} \\
\underline{22} \\
8\ 0 \\
\underline{6\ 6} \\
1\ 40 \\
\underline{1\ 32} \\
80 \\
\underline{66} \\
140 \\
\underline{132}
\end{array}
$$

Se necesitan 1,364 sacos.

52. C 2   En un triángulo rectángulo un ángulo mide 90°
y la suma de los dos ángulos restantes es 90°

Si $3x$ = el ángulo agudo mayor
y $2x$ = el ángulo agudo menor

$$3x + 2x = 90$$
$$5x = 90$$
$$x = \frac{90}{5} = 18$$

El ángulo más grande es 3 x 18, ó 54°

53. C 3   La temperatura a las 8 A.M. era 18°
La temperatura al mediodía era 28°
Esto representó un *aumento* de 10°

54. C 2   El ancho del tubo puede determinarse restando
el radio del círculo pequeño del radio del
círculo mayor.
Diámetro del círculo mayor = $7\frac{1}{4}"$, ó $\frac{29"}{4}$

Radio del círculo mayor = $\frac{1}{2} \times \frac{29}{4}$, ó $\frac{29"}{8}$

$$\text{Diámetro del círculo menor} = 4\tfrac{1}{2}, \text{ ó } \tfrac{9}{2}$$

$$\text{Radio del círculo menor } = \tfrac{1}{2} \times \tfrac{9}{2} = \tfrac{9}{4}$$

$$\frac{29}{8} - \frac{9}{4} = \frac{29}{8} - \frac{18}{8} = \frac{11}{8}$$

El ancho del tubo es 1 3/8".

55. C *3* Las figuras similares son aquellas figuras
que tienen la misma forma.
La (3) es la contestación correcta puesto
que una fotografía instantánea y su ampliación tienen exactamente la misma forma.

56. C *5* Si $x =$ el número de monedas de diez
centavos en la alcancía

$x + 8 =$ el número de pesetas en la alcancía

$10x =$ el valor de las monedas de diez
en la alcancía

$25(x + 8) =$ el valor de las pesetas en la
alcancía

$$10x + 25(x + 8) = 620$$
$$10x + 25x + 200 = 620$$
$$35x + 200 = 620$$
$$35x + 200 - 200 = 620 - 200$$
$$35x = 420$$
$$x = \frac{420}{35} = 12$$

La alcancía tiene 12 monedas de diez.

57. C *1* $5a^2b - 3ab^2 = 5 \times a \times a \times b - 3 \times a \times b \times b$
$= 5 \times 7 \times 7 \times 4 - 3 \times 7 \times 4 \times 4$
$= 980 - 336 = 644$

58. C *3* La cantidad sobre $2,000 es,
$2,760 - $2,000 = $760
La contribución es $444 + 24.6% de $760

```
      760
    x.246
    4 560
   30 40
  152 0
  186.960      24.6% de $760 = $186.96
```

La contribución total es
$444 + $186.96 = $630.96

59. C 2 Si la aleación contiene 48% de hierro y 34% de bronce, el por ciento de hierro y bronce es 82%. Como resultado, el por ciento de cobre es 100% - 82%, o 18%

$$.18 \times 50 = 9$$

Hay 9 libras de cobre.

60. C 4
$$4x - 7 = 18$$
$$4x - 7 + 7 = 18 + 7$$
$$4x = 25$$
$$x = \frac{25}{6} = 6\frac{1}{4}$$

61. C 2 La máquina de lavar fue reducida en un 25%; .25 x 360 = $90.
El nuevo precio de la máquina de lavar era $360 - $90 = $270.
También había un 10% de descuento adicional en ventas al contado;
10% de $270 = 1/10 x 270 = $27
El precio final fue $270 - $27 = $243

62. C 5 Para determinar el volumen de terreno superior necesitado usamos la fórmula $V = lwh$. En este caso, $l = 90$, $w = 30$, y $h = 3/12$ ó $\frac{1}{4}$.

$$V = 90 \times 30 \times \frac{1}{4} = 675 \text{ pies cúbicos}$$

Para determinar el número de cargamentos se divide 675 por 27.
El resultado es 25 cargamentos.

63. C 3 El conductor viajó 6 horas y 40 minutos, o sea, $6\frac{40}{60}$ ó $6\frac{2}{3}$ horas. Para que podamos hallar la distancia recorrida, tenemos que multiplicar $6\frac{2}{3}$, ó $\frac{20}{3}$, por el número de millas recorridas en 1 hora.

$$\frac{20}{3} \times \frac{15}{45} = 300$$

El conductor cubrió 300 millas.

64. C *2* 1 libra y 4 onzas de carne es $1\frac{4}{16}$, ó $1\frac{1}{4}$

libras, ó $\frac{5}{4}$. Para buscar el costo de 1 lb.

se divide $1.05 por $1\frac{1}{4}$ ó $\frac{5}{4}$.

$$1.05 \div \frac{5}{4} = \overset{.21}{\cancel{1.05}} \times \frac{4}{\cancel{5}} = .84$$

El precio de la carne es $.84 por libra.

65. C *4* Para poder hallar el promedio, tenemos que buscar primero la cantidad total de dinero ganado por los seis trabajadores y dividir este total por 6.

4 x 95 = $380, dinero ganado por los
                    dependientes
2 x 56 = $112, dinero ganado por los
                    ayudantes
 Total = $492

$$\frac{\$492}{6} = \$82$$

El salario promedio era $82.

4

Prueba C

Sub-Prueba 1—Corrección y efectividad de expresión

Esta prueba de castellano se ha preparado con el fin de valorar sus conocimientos del idioma en las áreas de vocabulario, gramática, ortografía y sintaxis. Lea cuidadosamente las instrucciones de cada sección antes de seleccionar la respuesta correcta. Escriba sus respuestas en la parte respectiva.

PARTE I—*Vocabulario y Barbarismos*

A continuación, en cada grupo hay cuatro (4) palabras y las expresiones "todas correctas" o "ninguna correcta". Si alguna de las palabras esta correctamente escrita, marque la número respectiva en la respuesta. En el caso de que todas o ninguna esté correcta, seleccione la expresión correspondiente.

EJEMPLO **Z1**

En el ejemplo Z1, a la derecha, la segunda palabra es la única correctamente escrita según las reglas del idioma. Por lo tanto, la respuesta correcta es el número 2. número 2.

Z1 (1) cancion
(2) ámbar
(3) percivir
(4) escrito
(5) Todas
     correctas

1. (1) atropeyar   (2) alluntamiento   **1.** 1 2 3 4 5
    (3) diccionario   (4) farmacía   ‖ ‖ ‖ ‖ ‖
    (5) Ninguna correcta

2. (1) bachiller   (2) ipódromo   (3) exercicio   **2.** 1 2 3 4 5
    (4) huachar   (5) Ninguna correcta   ‖ ‖ ‖ ‖ ‖

3. (1) exército   (2) gasolín   (3) desarroyar   **3.** 1 2 3 4 5
    (4) orario   (5) Ninguna correcta   ‖ ‖ ‖ ‖ ‖

4. (1) pantaya   (2) oguera   (3) esmeralda   **4.** 1 2 3 4 5
    (4) prohivir   (5) Ninguna correcta   ‖ ‖ ‖ ‖ ‖

5. (1) vainiya   (2) himpreso   (3) diborcio   **5.** 1 2 3 4 5
    (4) experiencia   (5) Ninguna correcta   ‖ ‖ ‖ ‖ ‖

6. (1) llegada   (2) índice   (3) conciencia   **6.** 1 2 3 4 5
    (4) subvertir   (5) Todas correctas   ‖ ‖ ‖ ‖ ‖

7. (1) encantaor   (2) interviú   (3) conclüir   **7.** 1 2 3 4 5
    (4) vípera   (5) Ninguna correcta   ‖ ‖ ‖ ‖ ‖

8. (1) percivir   (2) relogero   (3) consilio   **8.** 1 2 3 4 5
    (4) yarda   (5) Todas correctas   ‖ ‖ ‖ ‖ ‖

9. (1) marfil   (2) décimoquinto   (3) carnet   **9.** 1 2 3 4 5
    (4) bohío   (5) Todas correctas   ‖ ‖ ‖ ‖ ‖

10. (1) carretera   (2) así mismo   **10.** 1 2 3 4 5
    (3) prosegüir   (4) ajihado   ‖ ‖ ‖ ‖ ‖
    (5) Todas correctas

11. (1) manager (2) vergüenza (3) toscadiscos   **11.** 1 2 3 4 5
    (4) ahorita   (5) Todas correctas   ‖ ‖ ‖ ‖ ‖

12. (1) agüinaldo   (2) inorar   (3) average   **12.** 1 2 3 4 5
    (4) enseniar   (5) Ninguna correcta   ‖ ‖ ‖ ‖ ‖

13. (1) isleño (2) apirador (3) esclamativo   **13.** 1 2 3 4 5
    (4) viejez   (5) Ninguna correcta   ‖ ‖ ‖ ‖ ‖

14. (1) güarapo   (2) cuora   (3) ajudicar   **14.** 1 2 3 4 5
    (4) extranjero   (5) Ninguna correcta   ‖ ‖ ‖ ‖ ‖

15. (1) llerno   (2) auscencia   (3) ocurrencia   **15.** 1 2 3 4 5
    (4) hinscribirse   (5) Ninguna correcta   ‖ ‖ ‖ ‖ ‖

16. (1) huramento (2) semásforo (3) panfleto   **16.** 1 2 3 4 5
    (4) cuatro cientos   (5) Todas correctas   ‖ ‖ ‖ ‖ ‖

17. (1) deliverar   (2) laranjitis   **17.** 1 2 3 4 5
    (3) himpuesto   (4) villancico   ‖ ‖ ‖ ‖ ‖
    (5) Ninguna correcta

18. (1) iracional (2) piscina (3) veldura   **18.** 1 2 3 4 5
     (4) guisantes   (5) Ninguna correcta

19. (1) detective   (2) fidalgo   **19.** 1 2 3 4 5
     (3) esplosivo   (4) queique
     (5) Ninguna correcta

20. (1) ingeniería   (2) mayordomo   **20.** 1 2 3 4 5
     (3) sinnúmero   (4) subrayar
     (5) Todas correctas

PARTE II—*Vocabulario, ortografía y verbos*

Marque en la hoja de respuesta la oración que no tenga ningún error. En caso que todas estén correctamente escritas, seleccione la expresión "todas correctas"; si por el contrario, ninguna está correctamente escrita, señale la expresión "ninguna correcta".

EJEMPLO Z2

(1) En Río de Janeiro, ciudad brasileña la vegetación es exuberante.   **Z2.** 1 2 3 **4** 5
(2) Chile y Uruguay se caracteriza por su democracia.
(3) Buenos Aíres es una ciudad cosmopolita.
(4) Tres poetas latinosamericanos han obtenido el Premio Nóbel: Gabriela Mistral, Miguel Angel Asturias y Pablo Neruda.
(5) Todas correctas

La posibilidad 1 no tiene coma después de "brasileña"; en 2 no hay concordancia y 3 tiene hiato en "Aires" que no corresponde. La única oración correcta es 4, la que se señala en la respuesta.

21. (1) Llueve como en los mejores tiempos.   **21.** 1 2 3 4 5
     (2) Como los mejores tiempos llueve.
     (3) Los como en los mejores tiempo, llueve.
     (4) Ninguna correcta
     (5) Todas correctas

22. (1) Corre el caballo vélozmente.   **22.** 1 2 3 4 5
     (2) Vélozmente corre el caballo.
     (3) El caballo corre velozmente.
     (4) Ninguna correcta
     (5) Todas correctas

23. (1) Yo le miré a ella jugar a la lotería   **23.** 1 2 3 4 5
     (2) Dijéronla a Melody la verdad sin tapujos.
     (3) Se lo recomiendo como un texto muy bueno.

(4) Ninguna correcta
(5) Todas correctas

24. (1) Yo les miró salir en dirección Sur.   24. 1 2 3 4 5
     (2) Juan lo dio al programa sus conocimientos.   ‖ ‖ ‖ ‖ ‖
     (3) ¿Con qué le diste que quedó tan
          brillante?
     (4) Ninguna correcta
     (5) Todas correctas

25. (1) Yo saldrés cuando Uds. lleguen.   25. 1 2 3 4 5
     (2) Yo saldrén cuando Uds. lleguen.   ‖ ‖ ‖ ‖ ‖
     (3) Yo ha saldré cuando Uds. lleguen.
     (4) Yo habré salido cuando Uds. lleguen.
     (5) Todas correctas

26. (1) Cuando llegaste ya habré terminado   26. 1 2 3 4 5
          esta prueba.   ‖ ‖ ‖ ‖ ‖
     (2) Habremos dicho a los niños en la mañana
          que ayer no hubo clases.
     (3) Mi amigo Gaddiel publicará sus memorias.
     (4) El publicará sus memorias cuando estudio
          en el colegio.
     (5) Todas correctas

27. (1) El agua mojas los prados.   27. 1 2 3 4 5
     (2) Los hombres eres mortales.   ‖ ‖ ‖ ‖ ‖
     (3) El hombre cuidan la familia.
     (4) Los niños cantan en el coro.
     (5) Todas correctas

28. (1) El padre, el hijo y un amigo salieron   28. 1 2 3 4 5
          en automóvil.   ‖ ‖ ‖ ‖ ‖
     (2) El padre, el hijo y un amigo salió
          en automóvil.
     (3) El padre, el hijo y un amigo salisteís
          en automóvil.
     (4) Ninguna correcta
     (5) Todas correctas

29. (1) Claudio nunca amé a Mirella.   29. 1 2 3 4 5
     (2) José y María se amaron cuando se habrán   ‖ ‖ ‖ ‖ ‖
          encontrado.
     (3) Esta semana estuvimos dos veces
          escribiendo cartas.
     (4) Tú nunca amaste a esa señorita.
     (5) Todas correctas

30. (1) Lo hemos entrevistado anoche.   30. 1 2 3 4 5
     (2) Lo habremos entrevistado anoche.   ‖ ‖ ‖ ‖ ‖
     (3) Lo entrevistamos anoche.

    (4)   Ninguna correcta
    (5)   Todas correctas

31.   (1)   Anoche me inscribí en el curso.   **31.** 1 2 3 4 5
    (2)   Anoche me he inscrito en el curso. || || || || ||
    (3)   Anoche me había inscrito en el curso.
    (4)   Ninguna correcta
    (5)   Todas correctas

32.   (1)   Ellos fueron a Puerto Rico el próximo   **32.** 1 2 3 4 5
          mes. || || || || ||
    (2)   Nosotros habremos ido a Puerto Rico
          el próximo mes.
    (3)   Nosotros iremos a Puerto Rico el
          próximo mes.
    (4)   Ninguna correcta
    (5)   Todas correctas

33.   (1)   Yo traje mi automóvil a la fiesta.   **33.** 1 2 3 4 5
    (2)   Yo truje los discos más modernos que || || || || ||
          encontré.
    (3)   Yo traje la alegría en este conjunto
          musical.
    (4)   Ninguna correcta
    (5)   Todas correctas

34.   (1)   Porque era un pobre, las gente   **34.** 1 2 3 4 5
          despreciaba al niño. || || || || ||
    (2)   La gente lo despreciaba porque era
          un niño pobre.
    (3)   La gente porque era un niño pobre
          la despreciaba.
    (4)   Ninguna correcta
    (5)   Todas correctas

35.   (1)   Ha ganado, en 1971, el premio Nóbel.   **35.** 1 2 3 4 5
    (2)   El premio Nóbel ha ganado, en 1971. || || || || ||
    (3)   Ha ganado el premio Nóbel en 1971.
    (4)   Ninguna correcta
    (5)   Todas correctas

36.   (1)   ¿Cuándo llegaste?   **36.** 1 2 3 4 5
    (2)   ¡Oh, es hermoso! || || || || ||
    (3)   ¡Viva mi hermosa patria!
    (4)   ¿Por qué no está de acuerdo?
    (5)   Todas correctas

37.   (1)   ¿Cómo te llamas?   **37.** 1 2 3 4 5
    (2)   ¿Cómo te llama? || || || || ||
    (3)   Cómo te llama.
    (4)   Ninguna correcta
    (5)   Todas correctas

38. (1) ¡"Oh", exclamó ella!   **38.** 1   2   3   4   5
     (2) Oh, ¡Exclamó ella!   ‖ ‖ ‖ ‖ ‖
     (3) ¡"Oh"!, exclamó ella.
     (4) Ninguna correcta
     (5) Todas correctas

39. (1) Nosotros no vamos si él viene.   **39.** 1   2   3   4   5
     (2) Si él viene, nosotros no vamos.   ‖ ‖ ‖ ‖ ‖
     (3) Si él viene nosotros no vamos.
     (4) Ninguna correcta
     (5) Todas correctas

40. (1) El número de trenes que tenía que tomar   **40.** 1   2   3   4   5
          eran unos cinco, según calculé después.   ‖ ‖ ‖ ‖ ‖
     (2) El número de trenes que tenía que tomar
          eran unos cinco, según calculé, después.
     (3) Según calculé después, el número de
          trenes que tenía que tomar, eran cinco.
     (4) Según calculé después, tenía que tomar,
          cinco trenes.
     (5) Todas correctas

41. (1) "El agua con Fluor disminuye las   **41.** 1   2   3   4   5
          caries", dice la OMS, "según datos   ‖ ‖ ‖ ‖ ‖
          recientes".
     (2) "Según datos recientes estadísticos,
          disminuye las caries el agua con Fluor,
          dicen los expertos de la OMS".
     (3) "Dicen los expertos de la OMS que, según
          recientes datos estadísticos, las aguas
          con Fluor disminuyen las caries".
     (4) "Las caries disminuyen según expertos
          de la OMS, el agua con Fluor, según
          datos recientes".
     (5) Todas correctas

PARTE III—*Corrección de oraciones: Acentuación, concordancia, preposición, y puntuación*

En cada una de las oraciones siguientes hay
cuatro (4) palabras o puntuación subrayadas. Si alguna
de las palabras o puntuación está incorrectamente
escrita — mal puntuada — o no corresponde exactamente al sentido de la oración, marque la número
correspondiente en la respuesta. Si todas las partes
subrayadas están correctas, seleccione la posibilidad
"Todas correctas".

EJEMPLO Z3

La <u>bahía</u> de Nueva York <u>esta</u> formada por los <u>ríos</u>   **Z3.** 1 2 3 4 5
   1   2   3

<u>Este</u> y Hudson.
  4

        En el ejemplo **Z3,** la única palabra incorrectamente escrita es 2 a la que le falta el acento ortográfico. Por lo tanto, en las respuestas está señalado el número 2.

42.   Las aduanas <u>es</u> las <u>instituciones</u> <u>encargadas</u>   **42.** 1 2 3 4 5
                1   2   3
   de controlar <u>lo</u> que ingresa o <u>egresa</u> del país.
                  4   5

43.   <u>Sólo</u> los países que controlan la <u>energía</u>   **43.** 1 2 3 4 5
     1   2
   atómica <u>es</u> <u>llamados</u> las grandes potencias.
         3   4

44.   La <u>Declaración</u> de la Independencia de los   **44.** 1 2 3 4 5
         1
   Estados Unidos se <u>firmó</u> en Filadelfia con
                   2

   <u>anuencia</u> de las 13 <u>colonias</u>.
     3   4

45.   <u>Enrique</u> salió <u>a</u> <u>su</u> casa antes <u>de</u> amanecer.   **45.** 1 2 3 4 5
     1   2 3   4

46.   <u>Ante</u> la <u>amenaza</u> <u>de</u> lluvia, los alumnos   **46.** 1 2 3 4 5
    1   2   3
   <u>salieron</u> temprano.
    4

47.   Se pusieron <u>a</u> nuestra <u>vista</u> después <u>en</u>   **47.** 1 2 3 4 5
             1   2   3
   varios <u>minutos</u>.
        4

48.   Carlos <u>estaba</u> muy <u>sólo</u> en su hogar <u>porque</u> su   **48.** 1 2 3 4 5
         1   2   3
   esposa no llegaba; <u>mas</u> no estaba preocupado.
                 4

49.   Eduardo <u>e</u> Isaura <u>discutían</u> <u>contra</u> <u>divergencia</u>   **49.** 1 2 3 4 5
          1   2   3   4
   de opiniones.

50. Colocó sus libros ante la mesa para estudiar.
    1   2   3   4

50. 1 2 3 4 5
   || || || || ||

51. Los pueblos del mundo están contra la
   1   2   3
contaminación del aire.
   4

51. 1 2 3 4 5
   || || || || ||

52. El burriquito iba por el camino de la montaña.
   1   2 3   4

52. 1 2 3 4 5
   || || || || ||

53. Una expresión sabia es: "No hagas a otro lo
                   1   2
que no quieras que hicieran contigo".
               3   4

53. 1 2 3 4 5
   || || || || ||

54. La independencia se consagra en una ley, pero
                   1   2
antes debe formarse en la conciencia indivi-
      3
dual e instituirse en la conciencia colectiva.
      4

54. 1 2 3 4 5
   || || || || ||

55. El bienestar físico y espiritual es el mas
                1   2
difícil de lograr, no obstante, los avances
               3
de la humanidad.
      4

55. 1 2 3 4 5
   || || || || ||

56. La fuerza centrípeta es lo contrario de
   1   2   3
centrífuga.
   4

56. 1 2 3 4 5
   || || || || ||

57. Nora y Claudia forman el ángulo recto de mi
              1
existencia que me permite sustentar los
          2   3   4
cimientos de un hogar feliz y dichoso.

57. 1 2 3 4 5
   || || || || ||

58. Bárbara es para algunos orgullosa; para otros,
                     1   2
misteriosa, sin embrago, es agradable.
      3   4

58. 1 2 3 4 5
   || || || || ||

59. Eva, Milagros e Ivonne tienen algo en común
          1   2
su sino, que las puede elevar en la vida o
   3
hundirlas irremediablemente.
      4

59. 1 2 3 4 5
   || || || || ||

60. Las obras del poeta Pablo Neruda son muchas;
                                              1
    sin embargo, podemos recordar las más conoci-
              2
    das: *Odas elementales nuevas odas elementales*,
        3   4
    Residencia en la tierra, etc.

    60. 1 2 3 4 5
         || || || || ||

61. ¡"Hermanos, escúchenme por favor"!, suplicó
               1
    el reverendo dirigiéndose a los fieles,
                                          2
    "La pureza del alma debe reflejarse en todos
    nuestros actos: la rectitud en nuestra vida;
                  3
    la sencillez en nuestras costumbres; la hon-
    radez en nuestras acciones"...
                              4

    61. 1 2 3 4 5
         || || || || ||

62. Es admirable observar las cualidades de cada
    una: Carmen Ana orgullosa de su hijo; Paula
        1   2
    dedicada unicamente a su trabajo; Edna
                                    3
    Margarita en proteger su familia; en fin, si
                                            4
    pudiéramos reunir siempre estas cualidades.
    ¡Cuán dichosa sería la humanidad!

    62. 1 2 3 4 5
         || || || || ||

63. Orlandito sorprendió al profesor cuando
    repitió del libro, sin equivocarse: "La densi-
                                        1
    dad de población es el número de habitantes
    que viven en un quilómetro cuadrado", para
                                        2
    proseguir diciendo. "Los extremos los encon-
                                        3
    tramos en Hong-Kong con 1,305 habitantes por
    Km^2 y Mauritania, Libia y Botswana (Africa)
    que apenas promedian un habitante por Km^2".
    ¿Respondí correcta y cabalmente su pregunta"?
    4

    63. 1 2 3 4 5
         || || || || ||

64. El líder dijo en su discurso que abogaría por
                                1
    la paz y la libertad de los pueblos; expresión
                                      2
    que complementó al decir que una vez en el
                            3
    poder se regiría por los principios de los
    derechos humanos!
                   4

    64. 1 2 3 4 5
         || || || || ||

65. La vida es difícil y amarga, para muchos: hay
                      1   2
    quienes no logran ni sus más simples anhelos;
                                             3
    otros, por el contrario, no están satisfechos
                             4
    de lo que poseen.

    65. 1 2 3 4 5

66. El cansancio había paralizado todos sus
          1   2   3
    músculos.
      4

    66. 1 2 3 4 5

67. La manada de caballos salvajes galopó cuando
                          1   2
    el hombre comenzó a observarla.
               3   4

    67. 1 2 3 4 5

68. Se habla muchas lenguas en España: el vasco,
       1   2   3
    el catalán, el galaico-portugués y el
           4
    castellano.

    68. 1 2 3 4 5

69. Nebrija es uno de los mas grandes gramáticos
            1   2   3
    que ha producido la hispanidad.
                     4

    69. 1 2 3 4 5

70. El duque de Rivas fue uno de los más sobre-
       1   2
    salientes dramaturgos del romanticismo español.
                             3   4

    70. 1 2 3 4 5

71. El Español es una lengua románica, es decir:
       1   2   3
    se deriva del latín.
              4

    71. 1 2 3 4 5

72. La atmósfera, capa de aire que rodea la
            1
    tierra es imprescindible para la vida del
        2   3
    hombre, de los animlaes y de las plantas.
        4

    72. 1 2 3 4 5

73. Al llegar al colegio, Jorge dijo: "Estoy
                        1   2
    ansioso de conocer mis nuevos alumnos."
                                 3
    ¿"Dónde estan?"
              4

    73. 1 2 3 4 5

74. El fútbol y el baloncesto son los deportes
    <u>más</u> populares de los <u>países</u> latinos<u>;</u> los
       1   2   3
    demás deportes<u>,</u> ocupan un lugar secundario.
                  4

74. 1 2 3 4 5
     || || || || ||

75. <u>A</u> no ser <u>por</u> mis amigos, aún estaría <u>en</u> una
    1   2   3
    situación no <u>muy</u> confortable.
                 4

75. 1 2 3 4 5
     || || || || ||

76. La familia de Freddy es alegre<u>,</u> muy condescen-
                                  1
    diente con todo el que llega a su casa<u>,</u>
                                          2
    limpios de corazón y de espíritu<u>;</u> en fin<u>;</u>
                                    3   4
    dignos de considerarse amigos.

76. 1 2 3 4 5
     || || || || ||

77. Dos amigos recuerdo co<u>n</u> nostalgia<u>,</u> sinceridad<u>;</u>
                         1   2   3
    y deseos de volver a compartir con ellos momen
    momentos gratos<u>:</u> Carlos y René.
                   4

77. 1 2 3 4 5
     || || || || ||

78. El empleo <u>constante</u> del diccionario<u>;</u> ayuda
              1   2
    a dominar los matices <u>y</u> expresiones que son
                          3
    <u>más</u> utilizados en un idioma.
    4

78. 1 2 3 4 5
     || || || || ||

79. Se llama <u>"orden alfabético"</u> la ubicación de
             1
    nombres, calles, ciudades, ríos, palabras,
    enfermedades, autores, <u>etc., etc.,</u> tomando en
                           2
    primer lugar la letra "A" para seguir con la
    "B" y as<u>í:</u> sucesivamente<u>,</u> hasta llegar a la
            3   4
    "Z".

79. 1 2 3 4 5
     || || || || ||

80. En el Mar Mediterráneo floreció la cultura
    del mundo antiguo<u>;</u> allí tuvieron origen
                     1
    los idiomas<u>,</u> las artes<u>,</u> la política<u>,</u> y las
               2   3   4
    ideas religiosas modernas.

80. 1 2 3 4 5
     || || || || ||

81. El uso de drogas trae primero un bienestar
    sensual para el <u>drogado</u>; le sigue un bien-
                    1

81. 1 2 3 4 5
     || || || || ||

estar físico general; posteriormente, un

          2   3

hábito que conduce a la ruina física,

<u>moralmente</u> e intelectualmente.

   4

82. El <u>petróleo</u> es uno de los productos más
          1

    útiles al hombre; sin <u>él</u> no sería posible
              2   3

    gozar en la actualidad; de tanta comodidad
                        4

    y bienestar.

82.   1   2   3   4   5
      || || || || ||

83. Una <u>democracia</u> mal llevada <u>pueden</u> ocasionar
        1   2

    más peligros que una dictadura mentenida por
    la fuerza de las <u>armas</u> y el <u>deshonor</u> de un
                3   4

    pueblo.

83.   1   2   3   4   5
      || || || || ||

84. La "<u>personalidad</u>" es la <u>diferencias</u> <u>individual</u>
         1   2   3
    que distingue a una persona <u>de</u> otra.
                      4

84.   1   2   3   4   5
      || || || || ||

85. En poesía son tres las licencias poéticas:
                                 1

    sinalefa, diéresis y sinéresis; con ellas,
         2   3   4

    el autor puede acomodar sus versos a un
    número determinado de sílabas.

85.   1   2   3   4   5
      || || || || ||

86. Las tres pruebas precedentes, de gramática,
                          1

    sirven para valorar los conocimientos de
    aquél que las realice; y además, indicarle
                    2   3

    cuáles son las dificultades que debe vencer
    en una prueba oficial. ¡Adelante que el
                  4

    saber no ocupa espacio!

86.   1   2   3   4   5
      || || || || ||

PARTE IV—Completación de oraciones: Elementos modificadores y complementos

En cada oración falta 1 o 2 palabras claves de la misma. De la lista de palabras seleccione la que complete mejor el sentido de la oración.

EJEMPLO **Z4**

Al ____1____ la embarcación, los ____2____   **Z4.** 1 2 3 4 5
nadaron desesperadamente hasta alcanzar la playa.   ‖ ‖ ‖ ‖ █

1. (1) zozobrar   (2) volcar
   (3) hundirse   (4) naufragar
        (5) todas correctas

2. (1) antropófagos   (2) nativos   **4.** 1 2 3 4 5
        (3) náufragos   (4) prófugos   ‖ ‖ █ ‖ ‖
            (5) Todas correctas

En la número 1 todas las palabras pueden
utilizarse, ya que son sinónimas. En la número 2,
la palabra que completa correctamente la oración
es *naúfragos*. Por lo tanto la respuesta marcada ha
de ser 5 para la 1 y 3 para la 2.

87. Las _____ eran peregrinaciones   **87.** 1 2 3 4 5
    europeas, de tipo guerrero, a la Tierra   ‖ ‖ ‖ ‖ ‖
    Santa con el fin de libertar la ciudad de
    la ocupación árabe.
    (1) procesiones   (2) seminarios
      (3) cruzadas   (4) ninguna correcta
            (5) Todas correctas

88. Jorge compró a Efraín un veneno _____   **88.** 1 2 3 4 5
    (1) a los ratones   (2) contra los ratones   ‖ ‖ ‖ ‖ ‖
    (3) de los ratones   (4) Todas correctas
            (5) Ninguna correcta

89. Napoleón fue vencido en _____ de   **89.** 1 2 3 4 5
    Trafalgar por el inglés Wellington.   ‖ ‖ ‖ ‖ ‖
    (1) el combate   (2) la batalla
    (3) la conflagración (4) Todas correctas
            (5) Ninguna correcta

90. Las tres carabelas de Colón con las cuales   **90.** 1 2 3 4 5
    descubrió América eran _____ pequeñas;   ‖ ‖ ‖ ‖ ‖
    comparándolas con los barcos modernos.
    (1) demasiado (2) muy (3) bastantes
    (4) Ninguna correcta   (5) Todas correctas

91. El fósforo tiene propiedades_____,   **91.** 1 2 3 4 5
    pues es esencial para la vida y sin embargo;   ‖ ‖ ‖ ‖ ‖
    en estado puro es venenoso.
    (1) homogéneas   (2) parciales
    (3) paradógicas   (4) Ninguna correcta
            (5) Todas correctas

92. El canal de Panamá, contruido en 1914, es   **92.** 1 2 3 4 5
    una obra de ingeniería _____ sólo || || || || ||
    comparable al canal de Suez.
    (1) quimérica   (2) fantástica
    (3) fabulosa   (4) Ninguna correcta
            (5) Todas correctas

93. El sistema métrico decimal es un método de   **93.** 1 2 3 4 5
    pesas y medidas basadas en el _____ || || || || ||
    como unidad de longitud y el _____
    como unidad de peso.
    (1) pulgada   ; kilógramo
    (2) kilógramo ; metro
    (3) metro   ; gramo
    (4) pulgada   ; pies
    (5) pies   ; libras

94. Los _____ hombres aparecieron sobre   **94.** 1 2 3 4 5
    la tierra en la Era Cuaternaria y el estudio || || || || ||
    de ellos se ha realizado en base a sus
    esqueletos, instrumentos elaborados por
    ellos, etc.
    (1) primeros   (2) primitivos
    (3) primogénitos   (4) Ninguna correcta
            (5) Todas correctas

95. Las vacunas son microbios en estado latente   **95.** 1 2 3 4 5
    que se inocula al organismo para que _____ || || || || ||
    y quede inmune a dicha enfermedad.
    (1) accione   (2) reaccione
    (3) presione   (4) Ninguna correcta
            (5) Todas correctas

96. Los centros comunitarios de Yonkers pueden   **96.** 1 2 3 4 5
    realizar una magnífica labor social en favor || || || || ||
    del pueblo hispano; gracias al amor y dedica-
    ción que muestran _____ a la misma.
    (1) con sus afiliados (2) sus miembros
    (3) para sus socios   (4) Ninguna correcta
            (5) Todas correctas

Respuestas Sub-Prueba 1—Corrección y efectividad de expresión

PARTE I

1. 5	5. 4	9. 5	13. 1	17. 4
2. 1	6. 5	10. 1	14. 4	18. 2
3. 5	7. 5	11. 4	15. 3	19. 1
4. 3	8. 4	12. 5	16. 3	20. 5

PARTE II

21.	1	25.	4	29.	4	33.	3	37.	1
22.	3	26.	3	30.	3	34.	2	38.	3
23.	3	27.	4	31.	1	35.	5	39.	2
24.	3	28.	1	32.	3	36.	5	40.	1
								41.	1

PARTE III

42.	1	51.	5	60.	4	69.	2	78.	2
43.	3	52.	5	61.	5	70.	1	79.	3
44.	5	53.	5	62.	1	71.	1	80.	4
45.	2	54.	4	63.	4	72.	2	81.	4
46.	1	55.	2	64.	4	73.	4	82.	4
47.	3	56.	5	65.	1	74.	4	83.	2
48.	2	57.	5	66.	5	75.	5	84.	2
49.	3	58.	3	67.	5	76.	4	85.	5
50.	3	59.	2	68.	1	77.	3	86.	1

PARTE IV

87.	3	89.	2	91.	3	93.	3	95.	2
88.	2	90.	2	92.	5	94.	1	96.	2

Sub-Prueba 2—Interpretación de lecturas en estudios sociales

INSTRUCCIONES

Lea cuidadosamente cada uno de los pasajes siguientes. Seleccione una contestación por cada pregunta numerada la cual, en su opinión, es la que mejor completa la oración o contesta la pregunta. Si encuentra que una es muy difícil, pase a la que sigue y luego vuelva a ella.

Pasaje I

Nicaragua, país centroamericano, que alberga una raza mestiza alegre y despreocupada, no ha tenido desde su independencia los gobernantes que se merece. Fue, y todavía lo es, campo de lucha entre las facciones liberales de la ciudad de León y de los conservadores de Granada. La historia política se puede reducir todavia más, a la historia de los intereses de unas pocas familias, unida a la intervención repetida de los Estados Unidos.

En 1893 tomó el poder un liberal, Santos Zelaya, que controló el país durante dieciséis años, llegando a ser casi un tirano en su gobierno. Algo prosperó Nicaragua durante esos años, pero mucho más prosperaron el presidente y sus amigos íntimos. Durante su mandato ni siquiera los liberales se podían considerar seguros. Permitió la entrada de compañías extranjeras dándoles concesiones perjudiciales para el país. Su caída fue causada por la intervención de los Estados Unidos, en 1909, después de que Zelaya había mandado fusilar a dos aventureros norteamericanos. Zelaya huyó del país dejándolo prácticamente en ruinas. Los conservadores, que tomaron el poder, pidieron ayuda de los Estados Unidos que les envió un economista. Este propuso un plan para aliviar el desastre económico en que se hallaba el país. El plan fue aceptado por el gobierno nicaragüense. En virtud de ese plan Nicaragua pasó a ser controlada por un grupo de bancos norteamericanos, que representaban al poder ejecutivo del país. En 1912 los liberales se rebelaron contra esta situación. Los Estados Unidos mandaron sus tropas para proteger sus intereses, pero dichas tropas se quedaron en Nicaragua prácticamente durante diecinueve años. En 1916 se hicieron planes para construir un canal, semejante al de Panamá, atravesando Nicaragua, pero Costa Rica y El Salvador se opusieron.

1. Según el texto anterior la historia de
   Nicaragua
   (1) ha sido una historia apacible y sin
       luchas
   (2) se puede reducir a la historia de los
       intereses de unas pocas familias
   (3) es una historia que debía ser imitado
       por muchos pueblos
   (4) es una historia en la que nunca han
       tomado el poder los liberales
   (5) está llena de episodios anecdóticos

   1. 1 2 3 4 5
   ‖ ‖ ‖ ‖ ‖

2. Santos Zelaya cayó del poder
   (1) debido a su incompetencia
   (2) a causa de los resultados de una elección
       democrática
   (3) porque lo asesinaron en plena calle
   (4) debido a la intervención de los
       Estados Unidos
   (5) porque fue víctima de un accidente
       fortuito

   2. 1 2 3 4 5
   ‖ ‖ ‖ ‖ ‖

3. Cuando Zelaya cayó del poder,
   (1) fue arrestado por agentes federales
   (2) huyó al extranjero
   (3) el pueblo estuvo muy contento
   (4) fue fusilado inmediatamente
   (5) los Estados Unidos intentaron ayudarle

   3. 1 2 3 4 5
   ‖ ‖ ‖ ‖ ‖

4. Zelaya gobernó el país
   (1) en forma muy liberal y condescendiente
   (2) al gusto de los norteamericanos
   (3) en forma casi dictatorial y con mano dura
   (4) ayudado por un consejo de gobierno
   (5) ayudado por unos cuantos cabecillas
       militares

   4. 1 2 3 4 5
   ‖ ‖ ‖ ‖ ‖

5. Un plan económico propuesto poco después de la
   caída de Zelaya
   (1) había ya sido preparado durante el
       gobierno de Zelaya
   (2) fue original de los nuevos gobernantes
       de Nicaragua
   (3) estuvo concebido por un economista
       enviado a Nicaragua
   (4) fue el resultado de muchas conversaciones
       con otros países
   (5) tuvo como resultado el liberar a
       Nicaragua de su dependencia económica
       de otros países

   5. 1 2 3 4 5
   ‖ ‖ ‖ ‖ ‖

Pasaje II

La agricultura, a pesar de algunas trabas que imponían las leyes para favorecer a la metrópoli, se desarrolló en gran escala, pero en general sin cultivo intenso. El maíz y la papa, originarios de América, siguieron cultivándose como base de la alimentación, pero fueron en parte reemplazados por el trigo en las regiones templadas. La vid y el olivo sólo se permitía cultivar en Chile y en Cuyo. La yerba mate era la gran riqueza del Paraguay. En las regiones tropicales, la producción agrícola consistía en las plantaciones de caña de azúcar, tabaco, café, cacao, algodón y añil; en el Río de la Plata se aprovechaban los inmensos ganados de caballos, vacas y ovejas, que se habían reproducido a millares en estado salvaje. Poco a poco fueron utilizando los colonos las inmensas posibilidades del ganado vacuno para carne fresca, salada, sebo y sus derivados, cueros, etc.

Los españoles introdujeron en América del Sur todos los cereales, hortalizas y árboles europeos; las aves de corral y los animales domésticos. También el uso del arado y rueda y el empleo de los animales de carga y tiro.

La industria más productiva fue siempre el laboreo de las minas. Las había abundantes a lo largo de los Andes, especialmente en México, Alto Perú y Chile. Son fabulosas las célebres minas de Potosí, Zacatecas y Guajanato. Se ha calculado que se extrajo de todo el continente, durante la época colonial, unos 17 mil kilogramos de oro y 800 mil de plata. De todas formas un cálculo exacto es imposible.

La industria fabril tenía, aún más que la agricultura, grandes limitaciones, para que no decayese la de la metrópoli, que no era muy próspera, pues con el dinero fácil que llegaba de América, se prefería comprar los productos en otros países europeos. Con todo se fabricaron paños en México y Perú. Fábricas de azúcar funcionaban en las Antillas.

6. El artículo precedente tiene que ver   6. 1 2 3 4 5
    (1) con la industria solamente   ‖ ‖ ‖ ‖ ‖
    (2) con la agricultura e industria en
         América del Norte
    (3) con la industria y la agricultura en
         América del Sur en tiempos pasados
    (4) con el estado actual de la agricultura
         en América
    (5) con la agricultura en tiempos pasados
         solamente

7. La industria más productiva, según el pasaje   **7.** 1 2 3 4 5
    precedente, fue || || || || ||
    (1) la industria textil
    (2) la industria del calzado
    (3) la industria pesada
    (4) la industria minera
    (5) Ninguna correcta

8. Durante la llamada época colonial se extrajo   **8.** 1 2 3 4 5
    del continente suramericano || || || || ||
    (1) tanta plata como oro
    (2) más plata que oro
    (3) más oro que plata
    (4) solamente oro
    (5) solamente plata

9. Durante la época colonial,   **9.** 1 2 3 4 5
    (1) el gobierno dio grandes facilidades a la || || || || ||
         industria textil
    (2) el gobierno favoreció muchísimo la
         agricultura
    (3) el gobierno limitó en gran manera el
         desarrollo agrícola
    (4) se pusieron muchas limitaciones a la
         industria fabril
    (5) se prestaba dinero para que prosperara
         la fabricación de calzado

10. En todo este pasaje, el autor   **10.** 1 2 3 4 5
    (1) se muestra extremadamente en contra || || || || ||
         de los gobiernos de la época colonial
    (2) parece narrar históricamente los hechos
         sin inclinar su juicio en favor ni en
         contra del gobierno de la época colonial
    (3) favorece desmesuradamente y exagera los
         hechos en favor de los gobernantes de
         la época colonial
    (4) indica su preferencia por una independen-
         cia política y económica
    (5) indica que en ninguna parte de América
         del Sur se permitía cultivar el olivo

Pasaje III

El gobernador tiene un poder de veto mayor que el
mismo presidente de los Estados Unidos. Desde 1874,
está previsto en la constitución:

Primero - Toda nueva legislación (fuera de la que
se refiere a sus gastos) tiene que ser sometida a la
firma o veto del gobernador. Si éste la veta, se
necesitan dos tercios de los votos de las dos cámaras
para que la legislación sea válida, cosa casi imposible.

Segundo - Si el gobernador no firma la nueva legislación, ésta se convierte en ley diez días (sin contar
los domingos) después de votada por las cámaras, con lo
que si el gobernador cree que una ley no será popular
puede seguir este procedimiento y eximirse del odio de
los electores. Esto sucede raras veces.

Tercero - El gobernador tiene poder de veto sobre
cláusulas particulares del presupuesto a las que puede
añadir su mensaje y devolverlas a las cámaras si aún
están en sesión. Estas cláusulas pueden convertirse
en ley por encima de su veto. Este poder, que no tiene
el presidente, hace responsable al gobernador de la
integridad del presupuesto en todas sus partes.

Cuarto - Toda legislación pasada en los últimos
diez días de la sesión de las cámaras queda sometida a
la regla de los 30 días. Si el gobernador no las firma
durante 30 días (incluyendo los domingos) no pasarán
a ser ley. Puesto que gran parte de las leyes son
pasadas en los últimos días, muchas de estas leyes
quedan sometidas a la buena voluntad del gobernador.
En una ocasión la mitad de las leyes fueron votadas
por las cámaras en los últimos seis días.

El poder de veto no se usa solamente en pocos casos.
Cada año, durante un período frenético de 30 días, el
gobernador y sus ayudantes al igual que los distintos
departamentos del estado trabajan arduamente para conocer los hechos que motivan las propuestas de ley y acon-
sejar en la forma correspondiente. Así todo el número
de propuestas de ley que caen bajo el poderoso veto
del gobernador es impresionante. Cada año más de un
cuarto de las leyes propuestas son aniquiladas por un
rasgo de la pluma del poder ejecutivo.

11. Según este pasaje, el gobernador   11. 1 2 3 4 5
    (1) suele ejercer el derecho de vetar con || || || || ||
         respecto a casi un cuarto de las leyes
         propuestas
    (2) suele vetar unos tres cuartos de las
         leyes propuestas
    (3) impone el veto a todas las leyes durante
         el período legislativo
    (4) nunca ejercita el derecho de veto
    (5) usa raramente el derecho de veto

12. El pasaje anterior trata de los siguientes   12. 1 2 3 4 5
    asuntos, EXCEPTO || || || || ||
    (1) del poder del veto del gobernador
    (2) del procedimiento con el que se puede
         esquivar el veto

(3) del poder de veto que posee el gobernador, pero no el presidente

(4) de la frecuencia con que se hace uso del derecho de veto

(5) de cómo el presidente impone un veto a una ley

13. La regla de "los treinta (30) días" se refiere   **13.** 1 2 3 4 5
(1) al tiempo límite durante el cual puede imponerse un veto
(2) al veto "de bolsillo"
(3) al tiempo durante el cual se puede apelar al gobernador
(4) a las leyes aprobadas durante los últimos diez (10) días de la sesión legislativa
(5) Ninguna correcta

14. El poder de veto del gobernador es más grande   **14.** 1 2 3 4 5
que el del presidente, debido a que
(1) tiene todo el tiempo que desea para vetar una ley
(2) puede imponer el veto en menos de diez (10) días
(3) puede como ignorar todas las leyes aprobadas durante el último mes de la sesión legislativa
(4) puede imponer el veto sobre puntos particulares del presupuesto
(5) el veto del gobernador puede ignorar un voto en favor o en contra de dos tercios de la cámara legislativa

15. Para que una ley sea efectiva se requieren las   **15.** 1 2 3 4 5
dos condiciones siguientes:
(1) que el gobernador lo firme en el plazo de diez (10) días, y que se vote en contra del veto
(2) que el gobernador lo firme, y los legisladores lo confirmen
(3) que el gobernador no lo firme durante el plazo de diez (10) días o que dos tercios de los legisladores voten en contra de su veto
(4) que el presidente lo apruebe y que el gobernador no imponga su veto
(5) que el Tribunal Supremo lo confirme o que el gobernador lo firme en el plazo de treinta (30) días

16. El título que mejor se aplica a este pasaje es: **16.** 1 2 3 4 5
(1) El pueblo y el gobernador
(2) El veto

    (3) La legislatura y el pueblo
    (4) El pueblo
    (5) Todas correctas

Pasaje IV

Muchas acusaciones de origen dudoso fueron hechas
en contra de Woodrow Wilson por sus enemigos algunas
aún sobreviven y son parte del "*folklore*" de hoy. Se
dijo, por ejemplo, que sólo quería la atención de sus
asociados, que no tuvo ninguna consideración para
francos o decentes. Se dijo que era frío, distante,
un hombre arrogante, que hacía sus decisiones, no por
medio del proceso racional, sino por su intuición,
y que llegaba a sus propias conclusiones en la soledad.

Para mí estas acusaciones parecen ser completamente
pretenciosas. Ellas no encajan con ninguna de las experiencias que yo tuve personalmente con él, aunque
tengo que admitir que mis contactos con él eran limi-
tados. El fue un hombre de determinación de acero
quien no permitía compromiso alguno en cosas que a
simple vista podía verse que eran "asuntos de principios". Igualmente verdadero es el hecho de que él
tenía muy poca apreciación de los "lubricantes humanos"
o mejor dicho relaciones humanas: la necesidad de dar
una explicación, una conferencia, trabajar en grupos,
la habilidad de mantener la diferencia de opinión a un
nivel impersonal. No soportaba tontos; tampoco a personas con mentes distraídas y desairosas.

Había un elemento de impaciencia intelectual en su
constitución, y más de una pizca de temperamento volátil.
No era fácil para él olvidar o perdonar. En otras
palabras, era un ser humano, con todas las limitaciones
temperamentales y físicas de cualquiera de nosotros.

17. La experiencia del autor nos indica que Wilson   17. 1 2 3 4 5
    tenía poca paciencia con personas que || || || || ||
    (1) tentaron adularlo
    (2) comentaban sus motivos
    (3) no pensaban claramente
    (4) jugaban bromas pesadas
    (5) eran muy francos

18. El autor evidentemente admira a Wilson por su   18. 1 2 3 4 5
    (1) control propio || || || || ||
    (2) integridad personal
    (3) modo altivo
    (4) poderes de intuición
    (5) mirada objetiva

19. La afirmación, "... el tenía poca apreciación
    de los lubricantes humanos", sugiere que
    Wilson

    (1) carecía del sentido de humor
    (2) disfrutaba de la controversia para su
        propio bien
    (3) encontraba difícil expresar gratitud
    (4) no se sentía desahogado en reuniones
        sociales
    (5) no siempre consideraba las ideas o los
        sentimientos de los demás

    19. 1 2 3 4 5

20. El autor admite en su experiencia que Wilson
    (1) tenía un temperamento ligero
    (2) era altanero en su forma de ser
    (3) llegaba a decisiones irracionales
    (4) rehusaba consultar a sus consejeros
    (5) confiaba enteramente en su intuición

    20. 1 2 3 4 5

21. En el segundo párrafo, el autor indica que
    Wilson
    (1) era amado por aquéllos que lo conocían
        íntimamente
    (2) permitía que su condición física afec-
        tara su juicio
    (3) fue herido por las acusaciones de sus
        enemigos
    (4) poseía características que le acusaron
        ser mal entendidas
    (5) gozaba de poca felicidad en su vida
        personal

    21. 1 2 3 4 5

22. El autor acepta las deficiencias de Wilson
    porque él (el autor)
    (1) nunca las observó en su asociación
        con Wilson
    (2) esperaba que pronto serían olvidadas
    (3) se da cuenta que Wilson sufría de dolores
        físicos
    (4) creía que Wilson mostraba nada más que
        debilidades humanas
    (5) sentía que Wilson había sido criticado
        injustamente por los críticos

    22. 1 2 3 4 5

Pasaje V
   Una de las medidas legislativas que ayudó en gran
manera al desarrollo de la seguridad social japonesa
fue, sin duda, la nueva constitución nipona de la pos-
guerra. Es casi sorprendente el que dicha constitución, que incluye una mezcla de ideas básicas americanas
e ideas tradicionales japonesas, fuera aceptada sin

protesta alguna por el pueblo, pues en varias áreas
difería radicalmente de lo que se había tenido siempre
por inconmovible en el Japón del pasado. Sin duda el
hecho de la ocupación americana ejerció una influencia
poderosa en la actitud del pueblo. La nueva constitución fue aprobada en 1946 y se hizo efectiva a partir
de 1947.

Dicha constitución proporcionó la base legal de
todos los decretos subsiguientes relativos a la seguridad social. En ella se garantizaban los derechos fundamentales del hombre y se promovía la idea de un estado promotor del bienestar público. El artículo veinticinco (25), por ejemplo, afirma que "todos los individuos tienen derecho a nivel de vida mínimo bajo todos
los aspectos" y añade que es "deber del estado procurar
por todos los medios el desarrollo del bienestar y la
seguridad social".

Basándose en estas o semejantes afirmaciones con-
stitucionales, el gobierno japonés, con la ayuda del
Consejo de las fuerzas de ocupación, hizo un esfuerzo
gigantesco en promover no sólo la beneficencia, sino
también la seguridad social. A partir de 1947, a pesar
de las innumerables dificultades financieras presentes
en el Japón de entonces, la casi continuas apariciones
de nuevas leyes, la modificación de las existentes, el
incremento continuo de los subsidios y otras medidas
correspondientes prueban de manera inequívoca el rumbo
seguido por el gobierno japonés. En 1947 se aprobó
la *Ley general del seguro contra desempleo*, a la que
siguió inmediatamente la *Ley sobre seguros de accidentes
del trabajo*. Al año siguiente se estableció un comité
consejero de seguridad social y en 1949 se modificó,
mejorando la *Ley de seguro contra desempleo*. El primer
informe oficial sobre la seguridad social en Japón se
publicó en 1950, y no mucho después aparecieron nuevas
leyes relativas a los seguros de enfermedad, seguros
que en forma más reducida y con carácter semioficial
existían en Japon desde 1922.

23. El título más conveniente para este pasaje es: **23.** 1 2 3 4 5
    (1) Los seguros sociales   ‖ ‖ ‖ ‖ ‖
    (2) El seguro de enfermedad
    (3) La seguridad social en el Japón de la
         posguerra
    (4) Los accidentes del trabajo
    (5) La constitución japonesa

24. Según este artículo   **24.** 1 2 3 4 5
    (1) en Japón no existía ningún seguro social   ‖ ‖ ‖ ‖ ‖
         antes de la guerra

(2) la nueva constitución tuvo un papel importante en el momento de estructurar los seguros sociales y la seguridad social en Japón

(3) todas las leyes referentes a la seguridad social en Japón aparecieron el mismo año

(4) la ocupación americana fue un obstáculo para el desarrollo de la seguridad social en Japón

(5) el emperador personalmente fue promotor de las nuevas medidas sociales

25. Las siguientes afirmaciones son verdadersa, EXCEPTO:

    25. 1 2 3 4 5

(1) en 1947 se aprobó la *Ley general de seguro contra desempleo*

(2) el artículo 25 de la nueva constitución proveyó una base legal en donde apoyar la estructuración de la seguridad social

(3) el primer informe oficial sobre seguridad social en Japón se publicó en el año 1950

(4) la nueva constitución fue aprobada en el año 1946

(5) el comité consejero de seguridad social no fue constituido hasta el año 1950

26. ¿Cuál de las siguientes afirmaciones es verdadera?

    26. 1 2 3 4 5

(1) La nueva constitución japonesa es de ideas puramente americanas.

(2) En el Japón no existía ningún seguro social antes del año 1940.

(3) La nueva constitución japonesa garantiza el derecho de un nivel de vida mínimo bajo todos los aspectos.

(4) Las fuerzas de ocupación americana no se preocuparon en lo más mínimo del desarrollo de la seguridad social en Japón.

(5) La nueva constitución japonesa es eminentemente tradicionalista.

27. Las dificultades financieras a que el artículo se refiere, eran debidas

    27. 1 2 3 4 5

(1) al hecho de que Japón había perdido la guerra

(2) a la mala administración de las fuerzas de ocupación

(3) al querer hacer muchas cosas en poco tiempo

(4) a que no había ningún economista de conocimientos avanzados en la materia

(5) El artículo no menciona ninguna razón por la que existían dificultades financieras.

Pasaje VI

Las primeras reacciones de un niño pequeño a los
estímulos recibidos del mundo exterior no son de ordinario libres, sino que suelen estar condicionadas al
ambiente que le rodea. Poco a poco se esfuerza casi
inconscientemente en trascender esta fase carente de
libertad para ir penetrando en la zona de reacciones
libres, es decir: no condicionadas necesariamente al
ambiente en el que vive. El penetrar en el área de la
libertad no implica necesariamente que el niño, al
desarrollar su personalidad, tenga que abandonar todas
aquellas reacciones y respuestas que asimiló cuando
pequeño. Podría decirse que la libertad se conquista
paulatinamente y que en cada nueva conquista no es
necesario el dejar actitudes anteriormente adquiridas,
sino que estas actitudes son, con frecuencia, ratifi-
cadas y aceptadas libremente; esta ratificación sucede
cuando el individuo se da cuenta de que dicho modo de
obrar y de reaccionar frente al ambiente está de acuerdo
con la propia personalidad. Vivirá en adelante con
ellas en razón de una elección libre del mismo modo que
antes había vivido con ellas en virtud de una reacción
espontánea no dirigida por la voluntad libre. Al
"liberar", por así decirlo, actitudes que antes eran
espontáneas, el niño, poco a poco se va acercando al
principio de la adolescencia, añade a dichas actitudes
una nueva dimensión: el hecho de que sean libres, pero
como fueron adquiridas durante la infancia estas actitudes son paradójicamente libres y al mismo tiempo están
profundamente enraizadas en su propio ser. Aunque
libremente aceptadas, no podrá deshacerse de ellas, en
caso de así quererlo, sin grandes dificultades y con
frecuencia dejando una profunda impresión en su personalidad psicológica.

28. El propósito principal de este párrafo es   **28.** 1   2   3   4   5
    (1) afirmar que el niño es siempre libre || || || || ||
    (2) mantener que el niño nunca tiene libertad
    (3) describir el proceso de conquista paula-
         tina de la libertad
    (4) oponer el determinismo a la libertad
    (5) inculcar las ventajas de una educación
         libre

29. La paradoja de la que se habla en este pasaje   **29.** 1   2   3   4   5
    (1) consiste en el hecho de que una actitud
         libre esté al mismo tiempo profundamente
         enraizada
    (2) está tomada de la filosofía escolástica

(3)   consiste en que las acciones libres
      son al mismo tiempo acciones espontáneas
(4)   se basa en las actitudes del adulto
(5)   explica la reacción del niño pequeño
      frente a los estímulos externos

30.   De las siguientes afirmaciones la única   **30.** 1 2 3 4 5
      verdadera, según el pasaje, es || || || || ||
      (1)   todas las acciones del niño son libres
      (2)   hay una transición brusca entre acción
            espontánea y acción libre
      (3)   hay una transición paulatina entre lo
            espontáneo y lo libre
      (4)   hay una transición paulatina entre lo
            expontáneo y lo libre que permite la
            coexistencia de ambos
      (5)   todas las acciones del niño al acercarse
            a la adolescencia son espontáneas

31.   Paradoja significa   **31.** 1 2 3 4 5
      (1)   comparación || || || || ||
      (2)   coexistencia de dos cosas o acciones
            aparentemente contradictorias
      (3)   exageración con intención de recalcar
            un pensamiento
      (4)   personificación
      (5)   cita de las palabras procedentes de un
            discurso de un personaje famoso

32.   Según el pasaje, el niño   **32.** 1 2 3 4 5
      (1)   es libre antes de ser espontáneo || || || || ||
      (2)   siempre es libre
      (3)   nunca es libre
      (4)   ejercita la libertad más tarde que la
            espontaneidad
      (5)   es espontáneo antes de ser libre

33.   El título de este pasaje podría ser: **33.** 1 2 3 4 5
      (1)   El mundo exterior || || || || ||
      (2)   Conceptos sobre espontaneidad
      (3)   La libertad del niño
      (4)   El libertinaje del niño
      (5)   La voluntad del niño libre

Pasaje VII
      ¿Cuál es el tipo de democracia que propugnamos?
¿Sobre qué principios se asienta? ¿Hasta qué límites
se extienden sus aplicaciones prácticas? Desde luego
que no abogamos por una democracia en sentido peyora-
tivo; democracia basada sobre principios inadmisibles
corrompe las esencias más puras de la misma. Y aunque

no nos forzara a tomar esta postura el ser consecuentes
con un orden objetivo de verdades, nos mantendría
en ella la triste experiencia de tantas crisis en que
hemos vivido. Una democracia en la que se niegan principios claros y evidentes; en la que se atribuyen a los
grupos o a los individuos poderes ilimitados que en
nombre de una libertad personal o colectiva traspasan
las libertades de otros individuos o de otros grupos.
No podemos defender tal democracia.

Pero tampoco nos tiramos hacia otro tipo de democracia que podríamos llamar minimizado. Una democracia
de este rango, que de tal no tenga más que el nombre
no soluciona tampoco nuestro caso. Un régimen democrático en el que los ciudadanos no gocen sino de un voto
nominal o de un voto de tercer o cuarto grado y de una
muy reducida libertad de pensamiento, no tiene valor
de solución.

Luego, ¿dónde está el tipo o sistema democrático
que propugnamos? Vamos a decirlo de una vez para
siempre; abogamos por una democracia nueva. Así la
llamamos. El nombre tiene dos términos: el de democracia y el de nueva. Quizás explicando lo que entendemos
por cada uno de los términos entenderemos lo que queremos
decir. A la palabra democracia le damos el sentido
original y primitivo de "gobierno del pueblo por el
pueblo y para el pueblo": es decir, aquella manera de
gobierno fundada sobre principios inmutables y naturales
que pone al ciudadano en condiciones de tener su opinión personal y propia y de manifestarla y hacerla valer
de manera conveniente para el bien común.

Al hablar de democracia nueva queremos significar
no una democracia nacida de una revolución o de un violento bandazo de los acontecimientos políticos, sino
de aquella democracia a là que se ha llegado por el
camino premeditado y seguro, evitando todo choque
violento en la nación. Una democracia que salvando la
libertad esencial del individuo, asegure el libre ejer-
cicio del poder para el bien de todos.

34. El título de este pasaje podría ser: **34.** 1 2 3 4 5
    (1) Ventajas de la dictadura
    (2) El abuso de la libertad
    (3) Una democracia nueva
    (4) El partido demócrata
    (5) La libertad individual

35. El autor indica que   **35.** 1 2 3 4 5
    (1) todos los sistemas democráticos son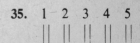
         aceptables
    (2) no hay de hecho ningún sistema demo-
         crático aceptable

(3) algún sistema democrático es aceptable
(4) la dictadura es mejor que la democracia
(5) la democracia depende de la madurez de
     los pueblos

36. Según el autor, la democracia nueva
(1) tiene que ser el resultado de una
     revolución violenta
(2) se obtiene mediante pasos premeditados,
     seguros y no violentos
(3) es el tipo de democracia que ha existido
     siempre
(4) es compatible con toda clase de
     libertades no importa cuales
(5) solamente admite una reducida libertad
     de pensamiento

36. 1 2 3 4 5
     || || || || ||

37. El sentido filológico y original de la
palabra democracia es
(1) elecciones libres
(2) elecciones por cabeza de familia
(3) representación individual
(4) una dictadura moderada
(5) el gobierno del pueblo por el pueblo

37. 1 2 3 4 5
     || || || || ||

38. El autor afirma
(1) que una ilimitada libertad individual o
     colectiva es compatible con todas
     las libertades individuales y colectivas
     de los demás
(2) la incompatibilidad de ilimitada libertad
     individual o colectiva con respecto a
     las también ilimitadas de otros grupos
     o individuos
(3) que una ilimitada libertad individual,
     pero no colectiva es la base de la
     democracia
(4) que toda democracia conduce a una
     revolución violenta
(5) que ninguna democracia puede basarse
     en principios sólidos

38. 1 2 3 4 5
     || || || || ||

39. Gobiernos democráticos
(1) han existido desde la Segunda Guerra
     Mundial
(2) según el pasaje, comenzarán a existir
     en el año 2,000
(3) nunca han existido
(4) son aquéllos donde el gobierno es el
     pueblo, por el pueblo, para el pueblo
(5) son dictaduras en acción

39. 1 2 3 4 5
     || || || || ||

Tabla I (Pasaje VIII)

TABLE I

PROMEDIO ANUAL DE INMIGRANTES A LOS ESTADOS UNIDOS

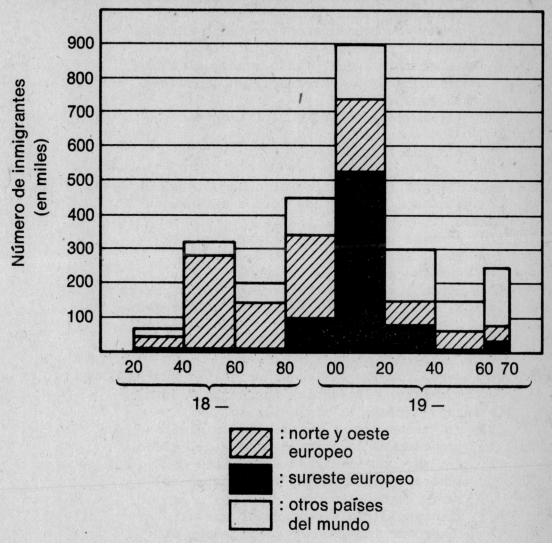

40. La palabra inmigrante significa
     (1) habitante de un país lejano
     (2) extranjero que viene a vivir y quedarse
          en otro país
     (3) habitante de un país que se va a vivir
          y quedarse a otro país
     (4) persona que está continuamente cambiando
          de un sitio a otro
     (5) habitante del desierto que se mueve de
          oasis a oasis

40. 1 2 3 4 5
     ‖ ‖ ‖ ‖ ‖

41. Según la gráfica anterior el número de   41. 1 2 3 4 5
    inmigrantes procedentes de "otros países del || || || || ||
    mundo" con respecto a los procedentes de
    Europa
    (1) tiende a disminuir a medida que pasan
         los años
    (2) permanece prácticamente estable durante
         todo el período
    (3) es siempre igual, más o menos, al doble
         del número de inmigrantes procedentes
         de Europa
    (4) tiende a aumentar paulatinamente de
         década en década
    (5) Ninguna correcta

42. Según la gráfica anterior el número total de   42. 1 2 3 4 5
    inmigrantes a los Estados Unidos alcanzó su || || || || ||
    máximo
    (1) durante los primeros veinte años del
         siglo XX
    (2) durante el período de 1960-1970
    (3) durante el último tercio del siglo pasado
    (4) a partir de la segunda mitad del presente
         siglo
    (5) durante la colonización de América

43. De acuerdo con la gráfica anterior, el número   43. 1 2 3 4 5
    de inmigrantes procedentes del norte y este || || || || ||
    de Europa durante el siglo pasado
    (1) era menor que el número de inmigrantes
         procedentes de otras regiones del globo
    (2) era más o menos igual a la mitad del
         número de inmigrantes procedentes del
         sur y este de Europa
    (3) era considerablemente mayor que el
         número de inmigrantes procedentes de
         otras regiones del mundo
    (4) era menor que el número de inmigrantes
         procedentes de la misma región durante
         el siglo veinte
    (5) se mantuvo estable durante el período
         indicado

44. Todas las afirmaciones siguientes son   44. 1 2 3 4 5
    verdaderas EXCEPTO: || || || || ||
    (1) el número de inmigrantes procedentes del
         sur y este de Europa permanece estable
         durante 1820 y 1880
    (2) a partir de 1820 el número de inmigrantes
         no europeos tiende a aumentar
         paulatinamente

(3) no hay diferencia apreciable entre el
número de inmigrantes procedentes de
Europa y el número de inmigrantes
procedentes de otras partes del mundo

(4) de esta gráfica se deduce que el número
de inmigrantes procedentes de Europa es
siempre igual o mayor que el número de
inmigrantes procedentes de otras partes
del mundo excepto durante la década
1960-1970

(5) de esta gráfica no podemos deducir el
número de inmigrantes procedentes de
Centro y Sur América durante la época
de la Segunda Guerra Mundial

45. Después de haber estudiado la gráfica anterior
llegamos a la conclusión que

45. 1 2 3 4 5
      || || || || ||

(1) el crecimiento poblacional se debe a la
inmigración

(2) los inmigrantes crean problemas de
vivienda, trabajo y salud al gobierno
que les recibe

(3) los inmigrantes de las primeras dos
décadas vivieron del Bienestar Público

(4) los inmigrantes traen consigo su cultura;
cultura que viene a enriquecer la
cultura del pueblo que les recibe

(5) los inmigrantes del norte de Europa se
regresaron a sus países respectivos
porque no sabían inglés

Respuestas Sub-Prueba 2—Interpretación de lecturas en estudios sociales

1.	2	10.	2	19.	5	28.	3	37.	5
2.	4	11.	1	20.	1	29.	1	38.	2
3.	2	12.	5	21.	4	30.	4	39.	4
4.	3	13.	4	22.	4	31.	2	40.	2
5.	3	14.	4	23.	3	32.	4	41.	4
6.	3	15.	3	24.	2	33.	3	42.	1
7.	4	16.	2	25.	5	34.	3	43.	3
8.	2	17.	2	26.	3	35.	3	44.	3
9.	4	18.	3	27.	5	36.	2	45.	4

Sub-Prueba 3—Interpretación de selecciones literarias

INSTRUCCIONES

Lea cuidadosamente cada uno de los pasajes siguientes. Seleccione una contestación por cada pregunta
numerada, la cual, en su opinión, es la mejor que
completa la oración o contesta la pregunta. Si
encuentra que una es muy difícil, pase a la que
sigue y luego vuelva a ella.

SELECCIÓN I

El Doncel del Mar, que se escudo tenía y el yelmo
enlazado, dejóse ir al primero, y él a él, e hiriólo
en el escudo tan duramente que se lo pasó y el brazo
en que lo tenía; y derribó a él e al caballo en tierra
tan bravamente, que el caballo hubo la espalda diestro
quebrada, y el caballero, de la gran caída, la una pierna:
de guisa, que ni el uno ni el otro se pudieron levantar;
y quebró la lanza y echó mano a su espada que le guar-
dara Gandalín, e dejóse ir a los dos, y ellos a él, y
encontráronle en el escudo que se lo falsaron, mas no
el arnés, que fuerte era; y el Doncel hirió al uno por
encima del escudo y cortóselo hasta la embrazadera, e
la espada alcanzó en el hombro de guisa que con la
punta le cortó la carne e los huesos, que el arnés no
le valió; e al tirar la espada fué el caballero en
tierra. E fuese al otro, que lo hería con su espada,
e dióle por cima del yelmo e hirióle de tanta fuerza
en la cabeza que le hizo abrazar con la cerviz del
caballo, y dejóse caer por no le atender otro golpe.
E la mujer alevosa, que había presenciado la batalla,
quiso huir, mas el Doncel de Mar dio voces a Gandalín
que la tomase.

1. En este pasaje se describe   1.   1   2   3   4   5
    (1) el amor del Doncel del Mar
    (2) una pelea entre muchísimos personajes
    (3) una pelea entre cuatro personajes
    (4) un viaje apacible
    (5) una pelea entre dos personajes

2. La forma "de guisa", significa   2.   1   2   3   4   5
    (1) guisado   (2) consecuentemente
    (3) de manera que   (4) equivocadamente
                  (5) así como

3. Las siguientes palabras se describen
    correctamente: excepto
    (1) yelmo   : casco
    (2) cerviz   : cuello
    (3) diestra : derecha
    (4) cima   : encima
    (5) arnés   : bolsillo

4. La escena en este pasaje
    (1) se desarrolla lentamente y con poco
         detalle
    (2) se describe rápidamente como imitando
         el ritmo de la pelea
    (3) acontece en cinco episodios separados
    (4) está llena de diálogos
    (5) introduce poco a poco al desenlace final

5. El personaje Gandalín
    (1) no parece tomar parte directa en la
         pelea
    (2) se pelea furiosamente
    (3) ayuda a los enemigos del Doncel del Mar
    (4) no interviene en modo alguno ni directa,
         ni indirectamente
    (5) es descrito como el juez de la pelea

SELECCIÓN II

Y la experiencia me enseña
que el hombre que vive sueña
lo que es hasta despertar.

Sueña el rey que es rey, y vive
con este engaño, mandando,
disponiendo y gobernando,
y este aplauso, que recibe
prestado, en el viento escribe
y en cenizas le convierte
la muerte (desdicha fuerte!
¿Qué hay quien intente reinar,
viendo que ha de despertar
en el sueño de la muerte?

Sueña el rico en su riqueza,
que más cuidados le ofrece;
sueña el pobre que padece
su miseria y su pobreza;
sueña el que a medrar empieza,
sueña el que afana y pretende,
sueña el que agravia y ofende,
y en el mundo, en conclusión,
todos sueñan lo que son
aunque ninguno lo entiende.

Yo sueño que estoy aquí
de estas prisiones cargado,
y soñé que en otro estado
más lisonjero mevi.
¿Qué es la vida? Un frenesí.
¿Qué es la vida? Una ilusión,
una sombra, una ficción,
y el mayor bien es pequeño
que toda la vida es sueño
y los sueños, sueños son.

6. El pasaje precedente es un ejemplo de
   (1) diálogo   (2) prosa
   (3) descripción   (4) soliloquio
               (5) disertación

6. 1 2 3 . 4 5
   ‖ ‖ ‖ ‖ ‖

7. El autor insiste en la idea contenida en
   este pasaje
   (1) afirmándola clara y sencillamente en
       una sola ocasión.
   (2) mediante el uso repetido de la palabra
       sueño
   (3) trayendo a la memoria hechos pasados
   (4) con gran abundancia de comparaciones
   (5) recurriendo a argumentos claros

7. 1 2 3 4 5
   ‖ ‖ ‖ ‖ ‖

8. Todo este pasaje
   (1) consta de tres sonetos
   (2) consta de varios pareados
   (3) está compuesto de décimas
   (4) consiste en una octava real
   (5) Ninguna correcta

8. 1 2 3 4 5
   ‖ ‖ ‖ ‖ ‖

9. El verso "El hombre que vive sueña" es una
   (1) personificación   (2) hipérbole
   (3) paradoja   (4) contraposición
               (5) exhortación

9. 1 2 3 4 5
   ‖ ‖ ‖ ‖ ‖

10. Este trozo podría titularse
    (1) Las desventuras de un prisionero
    (2) El soñar de un pobre
    (3) La vida es sueño
    (4) El rey y sus sueños
    (5) El mundo singular en que vivimos

10. 1 2 3 4 5
    ‖ ‖ ‖ ‖ ‖

SELECCIÓN III

¡Qué florida le parece a éste la hermosura y qué
lastimado queda después con mil achaques! ¡Qué lozana
al otro la mocedad, pero cuán presto se marchita!
¡Qué plausible se le presenta al ambicioso la dignidad!:
vestido viene el cargo de estimación, mas, ¡qué pesado

le halla después gimiendo bajo la carga! ¡Qué gustosa
imagina el sanguinario la venganza! ¡Cómo se relame
en la sangre del enemigo! ; y después si le dejan, toda
la vida anda basqueando lo que los agravios no pueden
digerir. Hasta el agua hurtada es más sabrosa. Chupa
la sangre del pobrecillo el ricazo de rapiña, mas después,
¡con qué violencia la trueca al restituirla! Traga el
glotón exquisitos manjares, saboréase en los preciosos
vinos y después ¡como lo grita en la gota! No pierde
el deshonesto coyuntura en su bestial deleite, y págalo
con dolor de todas las partes de su flaco cuerpo.
Abraza espinas en riquezas el avaro, pues no le dejan
dormir, y sin poderlas gozar deja en ellas lastimado
el corazón.

11. Este pasaje podría titularse
    (1) desilusiones   (2) contrastes
    (3) consideraciones (4) vaivenes de la vida
           (5) cualquiera de estos títulos
                sería apropiado

11. 1 2 3 4 5
     || || || || ||

12. Las siguientes palabras están correctamente
definidas, EXCEPTO
    (1) plausible : alcanzable
    (2) gimiendo : llorando
    (3) lozana   : llena de vida
    (4) glotón   : gordo
    (5) achaques : enfermedades y dolores

12. 1 2 3 4 5
     || || || || ||

13. El autor hace un uso abundante de
    (1) metáforas   (2) prosopopeyas
    (3) contraposiciones (4) exhortaciones
           (5) apóstrofes

13. 1 2 3 4 5
     || || || || ||

14. "Cuán presto se marchita" quiere decir que
    (1) tarda mucho en marchitarse
    (2) en seguida se deshace y descompone y
        pierde viveza
    (3) al marchitarse brilla extraordinariamente
    (4) si arrancan a una flor pronto se marchita
    (5) la vida lozana y una vida marchita son
        una misma cosa

14. 1 2 3 4 5
     || || || || ||

15. Las siguientes contraposiciones son correctas,
excepto
    (1) lozana   : marchita
    (2) saborea : grita
    (3) deleite : dolor
    (4) florida : achaques
    (5) sabrosa : deleitosa

15. 1 2 3 4 5
     || || || || ||

SELECCIÓN IV

```
 1  Estas que fueran pompa y alegría
 2  Despertando al albor, de la mañana,
 3  A la tarde serán lástima vana
 4  Durmiendo en brazos de la noche fría.
 5  Este matiz que al cielo desafía,
 6  Iris listado de oro, nieve y grana,
 7  Será escarmiento de la vida humana.
 8  ¡Tanto se aprende en término de un día!
 9  A florecer las rosas madrugaron,
10  Y para envejecerse florecieron;
11  Cuna y sepulcro en un botón hallaron.
12  Tales los hombres sus fortunas vieron;
13  En un día nacieron y expiraron;
14  Que, pasados los siglos, horas fueron.
```

16. Esta forma poética se conoce como
    (1) oda   (2) soneto   (3) verso
        (4) silva   (5) canción

16. 1 2 3 4 5

17. El propósito principal de este poema es
    demostrar que
    (1) un poema perdura a través del tiempo
    (2) la belleza es inmortal
    (3) la vida es efímera
    (4) las rosas son bellas
    (5) las cosas bellas son duraderas

17. 1 2 3 4 5

18. La metáfora del verso 4 se refiere a
    (1) la muerte   (2) la frialdad nocturna
    (3) la brevedad de la vida   (4) desengaño
            (5) el silencio nocturno

18. 1 2 3 4 5

19. En todos los versos siguientes hay antítesis
    (oposición) menos
    (1) 1 y 3   (2) 2 y 4   (3) 11
            (4) 13   (5) 8

19. 1 2 3 4 5

20. Este poema puede considerarse como
    (1) la descripción de una imagen momentánea
    (2) un mensaje filosófico o espiritual
    (3) una opinión personal
    (4) una crítica a la vida
    (5) una queja dramática

20. 1 2 3 4 5

SELECCIÓN V

DON JUAN: ¿Dónde estoy?

TISBEA: Ya podéis ver,
en manos de una mujer.

DON JUAN: Vivo en vos, si en el mar muero.
Ya perdí todo recelo
que me pudiera anegar,
pues del infierno del mar,
salgo a vuestro claro cielo.
Un espantoso huracán
dio con mi nave a través
para arrojarme a esos pies
que abrigo y puerto me dan.
Y en vuestro divino oriente
renazco, y no hay que espantar,
pues veis que de "amar" a "mar"
una letra solamente.

TISBEA: Muy grande aliento tenéis
para venir soñoliento
y tras de tanto tormento
muy gran contento ofrecís...
Mucho habláis cuando no habláis
y cuando muerto venís
mucho al parecer sentís:
¡Plega a Dios que no mintáis!
Parecéis caballo griego
que el mar a mis pies desagua,
pues venís formado de agua
y estáis preñado de fuego.
Y si mojado abrasáis
estando enjuto ¿qué haréis?
Mucho fuego prometéis.
¡Plega a Dios que no mintáis!

DON JUAN: A Dios, zagala, pluguiera
que en el agua me anegara
para que cuerdo acabara
y loco en vos no muriera;
que el mar pudiera anegarme
entre sus olas de plata
que sus límites desata
mas no pudiera abrasarme.
Gran parte del sol mostráis
pues que el sol os da licencia
pues sólo con la apriencia
siendo de nieve abrasáis.

21. Este pasaje, pieza teatral, consiste en   **21.** 1 2 3 4 5
    (1) un monólogo   (2) un epitafio || || || || ||
    (3) un diálogo   (4) un soliloquio
            (5) un epifonema

22. El verso "mucho habláis cuando no habláis"   **22.** 1 2 3 4 5
    es un ejemplo de || || || || ||
    (1) metáfora   (2) personificación
    (3) hipérbole   (4) paradoja
          (5) elegía

23. Este episodio describe   **23.** 1 2 3 4 5
    (1) el desembarco de Don Juan || || || || ||
    (2) el ardiente amor de Don Juan a Tisbea
        al encontrarse en sus brazos
    (3) las hazañas de un caballo griego
    (4) un espantoso huracán
    (5) lo mojado que estaba Don Juan

24. La gran mayoría de los versos de este pasaje   **24.** 1 2 3 4 5
    son || || || || ||
    (1) asonantes   (2) endecasílabos
      (3) pareados   (4) libres
          (5) consonantes

25. De las siguientes afirmaciones solamente es   **25.** 1 2 3 4 5
    verdadera: || || || || ||
    (1) Tisbea no vacila ni por un instante del
        amor de Don Juan
    (2) Don Juan es muy moderado en describir
        su amor para con Tisbea
    (3) Solamente en una ocasión Don Juan usa un
        juego de palabras
    (4) Don Juan no contrapone la inseguridad
        de un mar tormentoso, a la seguridad
        que experimenta al encontrarse en brazos
        de Tisbea
    (5) Tisbea rechaza completamente a Don Juan

Respuestas Sub-Prueba 3—Interpretación de selecciones literarias

1. *3*	6. *4*	11. *5*	16. *2*	21. *3*
2. *3*	7. *2*	12. *1*	17. *3*	22. *4*
3. *5*	8. *3*	13. *1*	18. *1*	23. *2*
4. *2*	9. *3*	14. *2*	19. *5*	24. *5*
5. *1*	10. *3*	15. *5*	20. *2*	25. *3*

Respuestas Explicadas—Sub-Prueba 4—Interpretación de lecturas en ciencias naturales

INSTRUCCIONES

Lea cuidadosamente cada uno de los pasajes siguientes. Seleccione una contestación por cada pregunta numerada, la cual en su opinión, es la mejor que completa la oración o contesta la pregunta.

Pasaje I

El proceso de reproducción ocurre cuando un nuevo individuo es producido de una sola célula madre o de dos células madres. Esta función vital difiere de otros procesos vitales en que preserva la especie en vez de asegurar la supervivencia del individuo. Para entender cómo la célula se divide hay que considerar el comportamiento de la materia nuclear y la división citoplásmica. Mitosis es el procedimiento mediante el cual el material hereditario del núcleo es duplicado y luego distribuido a las células hijas. Esto va acompañado de la división del material citoplásmico de manera que al final de la división celular se producirán normalmente dos células similares a la célula madre. Esto es básicamente lo que ocurre en todas las formas de reproducción asexual donde solamente un padre está envuelto, como es el caso de la fisión binaria en los organismos unicelulares como la amiba, el paramecio y las bacterias, o el proceso de gemación en las células de la levadura o la esporulación en el moho del pan.

Una película animada de una célula animal efectuando el proceso de división mitótica mostrará la ordenación de este proceso con el resultado de que cada célula hija recibe una copia exacta del material hereditario de la célula madre. Si detenemos la película de vez en cuando, podríamos examinar cuidadosamente algunos cambios significativos y notaríamos etapas a las cuales los biólogos han asignado nombres específicos. Primeramente veríamos la interfase, luego la profase, la metafase, la anafase y finalmente la telofase.

Si examinamos una célula vegetal, encontraríamos que el proceso es básicamente el mismo. Sin embargo encontraremos que las células vegetales no tienen los centriolos, ni forman rayos astrales, pero sí tienen una pared gruesa en el centro del huso mitótico.

El proceso de mitosis ha sido estudiado muy cuidadosamente. Los científicos esperan que se provea alguna evidencia en la división celular anormal mediante la observación del proceso normal de la división celular. También la investigaciones de la mitosis son muy importantes para la genética. Los cromosomas, filamentos largos y finos, contienen las nucleoproteínas, que están hechas de moléculas de DNA. Los cromosomas son visibles únicamente cuando la célula está en el proceso de división celular. Los biólogos han encontrado que el número de cromosomas contados durante la mitosis es característico de las especies. Por ejemplo, en la mosca frutera, el número es 8, excepto en las células sexuales o gametos. En el óvulo y el espermatozoide de la mosca frutera solamente se encuentran 4 cromosomas. Sin embargo cuando estas dos células se unen en la fertilización, el número normal característico es restaurado.

Los científicos pueden ser culpables de cometer errores. Sin embargo ellos están constantemente corroborando y haciendo revisiones cuando es necesario. Por muchos años se creyó que el número de cromosomas en el hombre era 48. Las investigaciones científicas recientes en los cultivos de tejidos han demostrado que el número total es 46.

El cultivo de tejido es una técnica mediante la cual las células se pueden hacer crecer artificialmente fuera del cuerpo. Mediante procedimientos especiales se ha permitido que células humanas en división lleguen hasta la metafase. Subsecuente desarrollo ha sido prevenido. El material con muchas células en metafase fue triturado, las células fueron separadas y los cromosomas retratados a través de un microscopio. Las fotografías mostraron 23 pares de cromosomas en cada célula. Actualmente nos referimos al número normal de cromosomas en el hombre como 46.

1. ¿Cuál de los siguientes términos no pertenece   1. 1 2 3 4 5
    con los demás?
    (1) esporulación   (2) reproducción sexual
        (3) fisión binaria   (4) gemación
            (5) reproducción asexual

2. ¿Cuál de los siguientes es el número correcto   2. 1 2 3 4 5
    de cromosomas encontrado en la célula sexual
    humana?
    (1) 8 (2) 23 (3) 24 (4) 46 (5) 48

3. El número de cromosomas en las células del   3. 1 2 3 4 5
   cuerpo es (?) del número que se encuentra   ‖ ‖ ‖ ‖ ‖
   en las células reproductivas.
   (1) $\frac{1}{2}$ (2) $\frac{1}{8}$ (3) $\frac{1}{4}$
           (4) el doble   (5) el mismo

4. El proceso mediante el cual las células se   4. 1 2 3 4 5
   dividen normalmente es llamado   ‖ ‖ ‖ ‖ ‖
   (1) mitosis
   (2) fertilización
   (3) formación de gametos
   (4) cultivo de tejido
   (5) cromosomas

5. La división anormal de las células es muy   5. 1 2 3 4 5
   importante en la investigación de   ‖ ‖ ‖ ‖ ‖
   (1) las plantas   (2) los cromosomas
        (3) el cáncer   (4) el DNA
             (5) la mosca frutera

6. Los centrosomas se encuentran únicamente en   6. 1 2 3 4 5
   (1) células animales   ‖ ‖ ‖ ‖ ‖
   (2) células vegetales
   (3) células vegetales en división
   (4) células de animales pequeños
   (5) células vivas

7. El proceso vital esencial para la   7. 1 2 3 4 5
   supervivencia pero no para el individuo es   ‖ ‖ ‖ ‖ ‖
   (1) crecimiento
   (2) movimiento
   (3) manufactura de alimento
   (4) reproducción
   (5) protección

8. El moho del pan se reproduce mediante   8. 1 2 3 4 5
   (1) formación de esporas   (2) gemación   ‖ ‖ ‖ ‖ ‖
        (3) fisión binaria   (4) amitosis
                 (5) regeneración

9. ¿Cuál de los siguientes términos incluye   9. 1 2 3 4 5
   los demás?   ‖ ‖ ‖ ‖ ‖
   (1) fisión binaria (2) reproducción asexual
        (3) esporulación   (4) gemación
                 (5) mitosis

10. Las etapas de mitosis que prevenimos que se 10. 1 2 3 4 5
    formen de manera que podamos contar los   ‖ ‖ ‖ ‖ ‖
    cromosomas en la técnica de cultivo de tejido
    son
    (1) metafase y anafase
    (2) interfase y profase

(3)   anafase y telofase
(4)   telofase e interfase
(5)   profase y metafase

11. Al proceso de unión de dos células sexuales   **11. 1 2 3 4 5**
     se le llama   ‖ ‖ ‖ ‖ ‖
     (1) división reductora   (2) mitosis
          (3) amitosis   (4) fertilización
                (5) formación de gametos

12. La gemación en una levadura es una forma de   **12. 1 2 3 4 5**
     (1) reproducción sexual   (2) fertilización   ‖ ‖ ‖ ‖ ‖
          (3) gametos   (4) cortar
                (5) reproducción asexual

Pasaje II

Todas las cosas vivas necesitan una temperatura
adecuada. Nuestro cuerpo en buena salud permanece a
98.6°F. Para sobrevivir en climas fríos o calientes
se necesita protección especial. Esto mismo es cierto
para las plantas y animales. Las rosas no crecerán
en las regiones polares, mientras que los osos polares
no podrían sobrevivir cerca del ecuador.

Las temperaturas varían. En la Antártica, temperaturas menores que 100°F bajo cero han sido registradas. En Valle Muerto, California, una temperatura
mayor que 149°F fue registrada. Variaciones de temperatura aun mayor han sido registradas en los laboratorios y en la industria. La temperatura más baja que se
ha podido obtener es 459°F bajo cero.

Las temperaturas bajas son de interés para los
científicos que se especializan en criogenia. Las
temperaturas criogénicas comienzan en el punto en que
el oxígeno se licúa y descienden hasta la temperatura
más baja que se puede obtener. Este punto, conocido
como el cero absoluto, es casi -460°F o 273° bajo cero
en la escala centígrado. Los físicos se están acercando
a estas temperaturas usando métodos modernos para re-
mover el calor de los sólidos. A temperaturas bajas
los átomos y las moléculas se mueven lentamente. Es
como si alguien estuviera observando un juego de bal-
ompié pre-filmado a cámara lenta, lo cual provee una
forma ideal para analizar una jugada específica. En
esta forma los científicos han descubierto muchas
claves para estudiar la naturaleza de los átomos y las
moléculas. Desde el punto de vista de los físicos, la
temperatura es una medida promedio de la energía ciné-
tica o energía de movimiento de los átomos y las moléculas.

A temperaturas altas los átomos y las moléculas se mueven más rápidamente y luego se transforman en líquidos y gases. El cuerpo humano no puede sobrevivir en temperaturas altas porque las proteínas en nuestro protoplasma podrían coagularse.

13. El cero absoluto es igual a
    (1) 0° Centígrado   (2) 0° Farehheit
    (3) -460° Centígrado (4) -273° Farenheit
             (5) -460° Farenheit

13. 1 2 3 4 5
     ‖ ‖ ‖ ‖ ‖

14. La temperatura más baja registrada fuera del laboratorio es
    (1) -100°F   (2) 149°F   (3) -459°F
             (4) -297°F   (5) 100°F

14. 1 2 3 4 5
     ‖ ‖ ‖ ‖ ‖

15. El oxígeno se licúa a una temperatura de menos
    (1) 297°F   (2) 459°F   (3) 149°F
             (4) 100°F   (5) 100°C

15. 1 2 3 4 5
     ‖ ‖ ‖ ‖ ‖

16. El Valle Muerto no es apropiado para una existencia constante y próspera por sus efectos sobre
    (1) el movimiento de los átomos
    (2) el movimiento de las moléculas
    (3) el protoplasma
    (4) las glándulas sudoríparas
    (5) la temperatura del cuerpo

16. 1 2 3 4 5
     ‖ ‖ ‖ ‖ ‖

17. Para licuar aire se necesita
    (1) añadir calor
    (2) añadir presión y calor
    (3) reducir la presión y añadir calor
    (4) disminuir el movimiento de los átomos
    (5) remover el calor

17. 1 2 3 4 5
     ‖ ‖ ‖ ‖ ‖

18. La criogenia puede definirse como
    (1) el mundo super-frío
    (2) la ciencia de la estructura atómica
    (3) cristalografía
    (4) el estudio de Centígrado y Farenheit
    (5) química física

18. 1 2 3 4 5
     ‖ ‖ ‖ ‖ ‖

19. La temperatura puede definirse como la
    (1) energía máxima de movimiento de los átomos y las moléculas
    (2) energía mínima de movimiento de los átomos y las moléculas
    (3) energía cinética máxima de los átomos y las moléculas
    (4) energía cinética promedio de los átomos y las moléculas
    (5) energía potencial promedio de las partículas

19. 1 2 3 4 5
     ‖ ‖ ‖ ‖ ‖

Pasaje III

Hervir agua durante cinco minutos destruiría
ordinariamente cualquier organismo causante de enfermedades encontrado normalmente en el agua. En alturas
sobre el nivel del mar este período de tiempo sería
inadecuado. Esto hace al agua higiéncimente limpia,
pero no remueve venenos químicos a menos que no sean
altamente volátiles, como lo es el sulfuro de hidrógeno.

La naturaleza tiene sus propios medios de purificar
el agua sin que el hombre intervenga. Estos pueden ser
físicos, químicos o biológicos.

Los procesos de evaporación y condensación hacen
del agua de lluvia la más pura de todas las aguas.
El agua - el H_2O del agua de mar, el agua de pantano y
todas las aguas polutas - se evapora y luego se condensa
como agua pura en forma de lluvia.

A medida que los arroyos fluyen se tornan más puros.
Este proceso queda sujeto a dudas puesto que algunos
componentes peligrosos pueden permanecer. Las comunidades que desean utilizar agua de los arroyos auto-
purificados toman las precauciones de clorinación y
filtración.

La aereación, que puede estar acompañada de la
acción del aire, corrientes turbulentas y cascadas,
permite un intercambio de gases entre la atmósfera y
el agua. El sulfuro de hidrógeno, bióxido de carbono
y el metano son removidos del agua y el agua obtiene
oxígeno de la atmósfera.

La luz tiene un efecto importante sobre el agua.
La luz estimula el proceso de fotosíntesis en las
plantas acuáticas mediante el cual se absorbe bióxido
de carbono y se produce oxígeno. Las plantas además
utilizan materias orgánicas que están disueltas en el
agua para su propio sostenimiento, removiendo así
sustancias del agua. También el agua tiene un efecto
germicida en su superficie, pero este efecto es leve en
el agua bajo la superficie.

La sedimentación remueve las partículas suspendidas
en el agua. Estas partículas componen el alimento de
las bacterias. Este proceso, causado por la gravedad,
es más efectivo en aguas quietas.

La oxidación y la reducción son dos procesos químicos importantes. Mediante estos procesos la naturaleza
purifica el agua. Algunas bacterias oxidan las materias orgánicas convirtiéndolas en minerales. En la

ausencia de oxígeno, otros organismos conocidos como
bacterias anaeróbicas, pueden romper las materias orgánicas y prepararlas para la oxidación. Estas bacterias anaeróbicas habitan en el fondo de los cuerpos de
agua donde se encuentra una gran concentración de con-
taminantes.

Los ciclos biológicos también purifican el agua.
Los protozoarios, animales unicelulares, se alimentan
de las bacterias. A medida que éstas son reducidas en
población, las algas verdes aparecen. Las algas verdes
consumen bióxido de carbono, nitratos y amoníaco y
producen oxígeno. Los animales invertebrados de mayor
tamaño, tales como los moluscos y los gusanos aparecen
y se alimentan de los depósitos de materia orgánica en
el fondo de los cuerpos de agua. Todos estos organismos reducen la población de bacterias.

20. Los arroyos se purificarían ellos mismos si   20. 1 2 3 4 5
    no fuera por la intervención de || || || || ||
    (1) hombre   (2) la evaporación
      (3) la condensación   (4) la filtración
              (5) la clorinación

21. Mediante la aereación del agua se obtiene una   21. 1 2 3 4 5
    (1) pérdida de oxígeno || || || || ||
    (2) pérdida de metano
    (3) ganancia de bióxido de carbono
    (4) ganancia de hidrógeno
    (5) ganancia de bióxido de carbono y
         pérdida de oxígeno

22. La sedimentación es el resultado de   22. 1 2 3 4 5
    (1) la acción del viento || || || || ||
    (2) el residuo bacterial
    (3) el agua turbulenta
    (4) la gravedad
    (5) materias orgánicas

23. ¿Cuál de las siguientes aseveraciones se   23. 1 2 3 4 5
    refiere correctamente al proceso de || || || || ||
    fotosíntesis?
    (1) Es llevada a cabo por todas las plantas
         acuáticas.
    (2) El oxígeno es necesario para que ocurra
         el proceso.
    (3) La luz es necesaria para que el proceso
         ocurra.
    (4) Durante este proceso se libera bióxido
         de carbono.
    (5) El proceso tiene un efecto germicida
         en aguas contaminadas.

24. Los desperdicios en el fondo de los estanques   **24.** 1 2 3 4 5
     pueden ser removidos mejor por la acción de || || || || ||
     (1) los peces
     (2) bacterias aeróbicas
     (3) las plantas verdes
     (4) las bacterias anaeróbicas
     (5) las algas

25. Todos los siguientes tienden a purificar el   **25.** 1 2 3 4 5
     agua excepto || || || || ||
     (1) la oxidación   (2) la reducción
       (3) la luz   (4) las plantas acuáticas
                (5) las bacterias

Pasaje IV

Casi el noventa por ciento de todas las especies
del reino animal están clasificadas como miembros del
Filum Artrópoda. Se ha estimado que alrededor de un
millón de especies pertenecen a este grupo. Su nombre
se deriva del griego artro (articulada) y poda (patas).
Los miembros de este filum están agrupados en clases que
incluyen a los centípedos, milípedos, langostas, can-
grejos, camarones, arañas e insectos.

La clase más nutrida de los artrópodos es la clase
insecta, de los cuales los entomólogos opinan un total
de 625,000 especies han sido estudiadas. Los insectos
tienen tres pares de patas y el cuerpo dividido en tres
partes - cabeza, tórax y abdomen. Las arañas son diferentes; su cuerpo está dividido en dos partes - cefalotórax (fusión de la cabeza y el tórax) y el abdomen.
Muchas otras diferencias entre las arañas y los insectos
justifican su clasificación como arácnido, junto al escorpión. El aparato respiratorio de los insectos consiste en un sistema de tráqueas que abren al exterior
en aberturas llamadas espiráculos, mientras que la
mayoría de los miembros de la clase arácnida respiran
a través de filotráqueas.

Los insectos tienen muchos representantes en la
tierra por varias razones, incluyendo una reproducción
prolifica y la habilidad para adaptarse a ambientes
variables. El huevo de los insectos pasa por una transformación extraordinaria en su forma. El huevo usualmente se convierte en una larva, luego pupa y finalmente
en adulto. Los zoólogos llaman a esta transformación
metamorfosis. El saltamontes (esperanza) es una excepción y los científicos llaman este proceso metamorfosis
incompleta porque el saltamontes joven, llamado ninfa,
es muy parecido al adulto excepto en tamaño. Después
de una serie de cambios en los cuales el exoesqueleto

se quiebra y se elimina, el saltamontes aumenta en tamaño
y alcanza su etapa de adulto.

Las etapas en el desarrollo de los insectos con
metamorfosis completa usualmente tienen nombres y son de
una importancia económica especial. A la etapa larval
de la mosca casera se le llama gusano, mientras que a
la etapa larval de la mariposa se le llama oruga, y en
el caso del mosquito se le llama larva. Los hábitos
respiratorios de la larva del mosquito son muy importantes en el control del mismo. Esto explica el por
qué al echar aceite sobre aguas infestadas se ayudará
a la eliminación del mosquito en muchas comunidades.
El gusano de la manzana no es exactamente un gusano.
Es la etapa larval de la polilla que se alimenta de
las hojas jóvenes del árbol. La polilla de la ropa
hace daño mayormente a la ropa de lana cuando está en
etapa larval. Rociando la ropa con un insecticida
cuando se detecta a la polilla adulta constituye muy
ciertamente un acto de prevención. A la etapa de pupa
de la polilla se le conoce como capullo, mientras que
a la etapa de pupa de la mariposa se le llama crisálida.

Los taxónomos agrupan el mundo de los insectos en
alrededor de veinte diferentes órdenes de acuerdo con
la estructura de las alas, partes bucales, y metamorfosis. Las termitas pertenecen a la orden isóptera, un
grupo de insectos con aparato bucal masticador y alas
no siempre presentes. Los saltamontes, las cucarachas
y los grillos pertenecen a la orden ortóptera. Las
alas en este grupo se encuentran directamente a lo
largo del cuerpo. Las alas anteriores son correosas y
las alas posteriores son utilizadas para volar. Los
hemípteros tienen alas anteriores muy finas en la base
o algunas veces están ausentes. Las chinches pertenecen a este grupo. La más grande de las órdenes es la
coleóptera, la cual incluye a los escarabajos. Las
mariposas, con sus alas anchas y escamosas y aparato
bucal chupador, pertenecen a la orden lepidóptera. Las
moscas y los mosquitos están clasificados como dípteros.
Los miembros de este grupo tienen un par de alas y las
alas posteriores han sido reducidas a órganos de balance.
Las abejas, avispas y las hormigas con sus alas membranosas pertenecen a la order himenóptera.

26. ¿Cuál de los siguientes no posee apéndices   26. 1 2 3 4 5
     articulados? || || || || ||
     (1) la langosta   (2) el cangrejo
        (3) la estrella de mar   (4) la araña
                   (5) la mariposa

27. ¿Cuál de los siguientes un entomólogo consid-   27. 1 2 3 4 5
    eraría como diferente de los otros?   ‖ ‖ ‖ ‖ ‖
    (1) la araña   (2) el mosquito
        (3) la mosca casera   (4) la mariposa
                (5) la esperanza

28. ¿Cuál de los siguientes es un arácnido?   28. 1 2 3 4 5
    (1) la esperanza   (2) el escorpión   ‖ ‖ ‖ ‖ ‖
        (3) el ciempiés   (4) el camarón
                (5) el cangrejo

29. El aparato respiratorio de un saltamontes   29. 1 2 3 4 5
    consiste en   ‖ ‖ ‖ ‖ ‖
    (1) pulmones externos   (2) branquias
        (3) hendiduras   (4) espiráculos
                (5) tentáculos

30. El saltamontes sufre metamorfosis incompleta   30. 1 2 3 4 5
    porque ésta   ‖ ‖ ‖ ‖ ‖
    (1) no tiene etapas de desarrollo
    (2) forma una larva
    (3) no produce larva ni pupa
    (4) produce una ninfa de la oruga
    (5) es menor que la ninfa

31. La larva es al mosquito como el gusano es a(1)   31. 1 2 3 4 5
    (1) la larva   (2) la pupa   (3) mosquito   ‖ ‖ ‖ ‖ ‖
        (4) la mosca   (5) adulto

32. La larva de la polilla se alimenta de   32. 1 2 3 4 5
    (1) la ropa   (2) los mosquitos   ‖ ‖ ‖ ‖ ‖
    (3) las manzanas   (4) las raíces del tomate
        (5) las hojas del árbol de cerezas

33. ¿Cuál de las siguientes no es una caracter-   33. 1 2 3 4 5
    ística de los insectos?   ‖ ‖ ‖ ‖ ‖
    (1) tres partes del cuerpo bien definidas
    (2) tráqueas como aparato respiratorio
    (3) cefalotórax
    (4) seis patas
    (5) antenas articuladas

34. ¿Cuál de los siguientes está más relacionado   34. 1 2 3 4 5
    con las cucarachas?   ‖ ‖ ‖ ‖ ‖
    (1) la mosca casera   (2) la hormiga
        (3) escarabajo   (4) las chinches
                (5) el saltamontes

35. La posesión de alas membranosas es una carac-   35. 1 2 3 4 5
    terística de la orden   ‖ ‖ ‖ ‖ ‖
    (1) himenóptera   (2) coleóptera
        (3) diptera   (4) ortóptera
                (5) isóptera

36. La orden de insectos que tiene el número mayor   36. 1 2 3 4 5
de diferentes representantes incluye a
(1) las mariposas   (2) los escarabajos
(3) las abejas y hormigas (4) el saltamontes
(5) las chinches verdaderas

Pasaje V

PRIMATES: nombre dado por Linneo a la primera orden
de mamíferos en su clasificación de animales. Linneo
colocó al hombre primero porque lo incluyó junto con
los animales y lo consideró como el más desarrollado
en la escala natural. Como características de la orden
señaló: dientes incisivos al frente de la boca, cuatro
en la quijada superior, continuos; dos glándulas mama-
rias pectorales. En esta orden colocó cuatro géneros,
homo (en la cual colocó al hombre y al orangután),
simios, lemures y vespertilios; correspondientes a
birmana (hombre solo), cuadrumana y quiróptera en la
clasificación de Cuvier. Que muchos de los primates
de Linneo ocupan realmente un puesto más alto, sea por
organización o por inteligencia, que muchos otros
mamíferos, es más que dudoso.

37. Esta selección es muy probablemente un extracto   37. 1 2 3 4 5
de
(1) un diccionario moderno de colegio
(2) un libro de referencia de botánica
anticuado
(3) una enciclopedia del siglo dieciocho
(4) libro de conocimientos infantiles
(5) un diccionario británico

38. Linneo fue un científico sueco que   38. 1 2 3 4 5
(1) estudió los primates
(2) estudió la anatomía de los mamíferos
(3) diseñó un sistema para identificar
animales superiores
(4) estudió geografía
(5) diseñó un sistema de clasificación y
asignó nombres a las cosas vivas

39. Como base de clasificación de las formas   39. 1 2 3 4 5
superiores los científicos usan
(1) la estructura del diente
(2) el tamaño
(3) el peso del cuerpo
(4) la conducta
(5) los órganos internos

40. La clasificación de Cuvier difiere de la de   40. 1 2 3 4 5
     Linneo en que la de Cuvier || || || || ||
     (1) agrupa al hombre con el orangután
     (2) basó sus hallazgos en el trabajo de Linneo
     (3) colocó al hombre en el grupo Homo
     (4) colocó todos los primates en un grupo
     (5) colocó al hombre en un grupo por sí mismo

Pasaje VI

La *destilación fraccional* es la separación de los
componentes de una mezcla líquida que tiene diferentes
puntos de ebullición, mediante evaporación y condensación controlada. El componente más volátil hervirá
primero. Más tarde puede ser condensado y recogido en
recipiente aparte. A medida que se aumenta la temperatura otros componentes hervirán a sus puntos de ebullición respectivos y luego serán condensados separadamente.
Un excelente ejemplo de destilación fraccional es su
aplicación al refinamiento del petróleo. El componente
líquido más volátil del petróleo es la gasolina. En la
destilación fraccional del petróleo, la gasolina hierve
primero y es condensada. A medida que se aumenta la
temperatura gradualmente, el keroseno, el aceite combus-
tible, el aceite lubricante, la vaselina y la parafina
hierven y se condensan en el mismo orden.

41. ¿Cuál de los siguientes describe correctamente   41. 1 2 3 4 5
     lo que significa "el componente más volátil || || || || ||
     de una mezcla líquida?
     (1) el componente más explosivo
     (2) la parte de la mezcla que puede ser
          condensada y recogida
     (3) el componente de la mezcla que tiene el
          punto de ebullición más bajo
     (4) el componente de la mezcla que tarde
          más en hervir
     (5) el componente más útil industrialmente

42. De acuerdo con esta selección, si se tuviera   42. 1 2 3 4 5
     una mezcla líquida de aceite combustible, || || || || ||
     aceite de lubricación, vaselina, keroseno
     y parafina, el primer producto de la desti-
     lación fraccional sería
     (1) parafina
     (2) vaselina
     (3) aceite de lubricación
     (4) aceite combustible
     (5) keroseno

43. ¿Cuál de las siguientes oraciones es cierta?   43. 1 2 3 4 5

(1) La destilación fraccional depende de las
propiedades químicas de una sustancia.

(2) La condensación precede a la evaporación
en la destilación fraccional.

(3) En la destilación fraccional la mezcla es
hervida, separada en los componentes
y luego condensada.

(4) En la destilación fraccional la mezcla es
hervida, condensada y separada.

(5) En la refinación del petróleo, los
aceites menos valiosos son hervidos
primero y luego la gasolina más solici-
tada es condensada.

Pasaje VII

Las células musculares efectúan su función mediante
la contracción. Están adaptadas para esta función por
la posesión de fibras contráctiles y además no tienen
materia intercelular que intervenga con la contracción.
El cuerpo humano tiene tres tipos de músculos: liso (sin
estrías) que son generalmente los músculos involuntari-
os tales como los del canal digestivo y la iris del ojo;
el músculo esqueletal o estriado que son los músculos
voluntarios, y el músculo cardíaco que se encuentra
solamente en el corazón.

Los músculos varían grandemente en su forma. En
las extremidades son usualmente de un largo considerable,
se encuentran rodeando los huesos y formando una protección importante en las articulaciones; mientras que
en el tronco son planos y anchos y contribuyen esencial-
mente a formar las paredes de las cavidades que forman.
No existe una regla definida con relación a la nomen-
clatura de los músculos. Los músculos obtienen sus
nombres (1) de su localización — e.g., temporales,
pectorales, glutiales, etc.; o (2) de su dirección —
e.g., recto, oblícuo, etc.; de los cuales hay varios
pares — e.g., femoral recto, abdominal recto, etc.;
(3) de su uso — e.g., los flexores, extensores; o (4)
de su forma — e.g., deltoide, trapecio, romboide, etc.
(5) de su número de divisiones — e.g., biceps, triceps,
o (6) de sus puntos de unión — e.g., esterno-cleido-
mastoide, esterno-tiroide, etc. En la descripción de
un músculo sus puntos de unión se conocen por los nombres de *origen* e *inserción*; el primero se refiere al
punto más fijo o hacia donde el movimiento es dirigido,
el último se refiere al punto de más movimiento. La
aplicación de estos términos en muchos casos es arbi-
traria, algunos músculos tiran en igual forma de ambas
uniones. Los músculos con funciones opuestas se llaman

antagónicos; este antagonismo en la mayor parte de los casos es necesario por la necesidad que existe de una fuerza activa de movimiento en ambas direcciones. Así, mediante un grupo de músculos, los *flexores*, las extremidades se doblan; mientras que un grupo contrario, los *extensores*, son estirados. Un grupo llamado los músculos de masticar, cierra las quijadas, mientras que otro grupo las abre; y probablemente cada músculo en el cuerpo tiene su contrario en uno o más de otros músculos.

44. La función del músculo liso en el hombre es para
    (1) ayudar en la absorción de alimento digerido
    (2) lubricar y forrar el intestino delgado
    (3) producir movimiento involuntario
    (4) coordinar el movimiento
    (5) producir movimiento voluntario

    44. 1 2 3 4 5
        || || || || ||

45. Los tres tipos de células musculares son
    (1) liso, involuntario y cardíaco
    (2) estriado, involuntario y cardíaco
    (3) estriado, esqueletal y cardíaco
    (4) liso, estriado y cardíaco
    (5) voluntario, estriado y cardíaco

    45. 1 2 3 4 5
        || || || || ||

46. Los nombres de los músculos son derivados de todos los siguientes excepto
    (1) largo   (2) localización
        (3) posición   (4) función
                (5) forma

    46. 1 2 3 4 5
        || || || || ||

47. Las acciones de los músculos usualmente son referidas como
    (1) dirección (2) origen (3) inserción
        (4) origen e inserción   (5) antagonismo

    47. 1 2 3 4 5
        || || || || ||

48. ¿Cuál de los siguientes está incorrectamente pareado?
    (1) flexor   - extensor
    (2) deltoide - pectoral
    (3) biceps   - triceps
    (4) recto   - oblicuo
    (5) origen   - inserción

    48. 1 2 3 4 5
        || || || || ||

Respuestas Sub-Prueba 4—Interpretación de lecturas en ciencias naturales

1.	2	11.	4	21.	2	31.	4	41.	3
2.	2	12.	5	22.	4	32.	3	42.	5
3.	4	13.	5	23.	3	33.	3	43.	4
4.	1	14.	1	24.	4	34.	5	44.	3
5.	3	15.	1	25.	5	35.	1	45.	4
6.	1	16.	3	26.	3	36.	2	46.	1
7.	4	17.	5	27.	1	37.	3	47.	4
8.	1	18.	1	28.	2	38.	5	48.	2
9.	5	19.	4	29.	4	39.	1		
10.	3	20.	1	30.	3	40.	5		

Respuestas Explicadas Sub-Prueba 4—Interpretación de lecturas en ciencias naturales

1. C 2 Todas las demás opciones son del tipo asexual.

2. C 2 Como el número normal de cromosomas en las células somáticas del hombre se considera ser 46, el número de cromosomas en los espermatoaoides y óvulos ha de ser la mitad de este número.

3. C 4 Las células del cuerpo (somáticas) tienen dos veces el número de cromosomas que las células reproductivas o gametos. En el proceso de fecundación (unión de las células reproductivas) se recupera el número normal de cromosomas.

4. C 1 Por definición.

5. C 3 El pasaje se refiere a condiciones malignas, como división anormal de las células.

6. C 1 El tercer párrafo se refiere a las diferencias en la división miótica en plantas y animales.

7. C 4 Véase la explicación número 2.

8. C 1 La última oración del primer párrafo cita este ejemplo.

9. C 5 Mitosis es la base de la división normal en una célula sencilla.

10. C 3 Obsérvese el orden correcto de los estados del proceso de mitosis según se describe en el segundo párrafo.

11. C 4 Por definición.

12. C 5 La última oración del primer párrafo cita
           este ejemplo.

13. C 5 Véase el segundo párrafo donde se da como
           -460°F.

14. C 1 Obsérvese la temperatura registrada en
           Antártica.

15. C 1 El pasaje menciona el punto en el cual
           comienzan las temperaturas criogénicas.

16. C 3 Las proteínas del protoplasma se coagulan a
           altas temperaturas.

17. C 5 Las moléculas se mueven más despacio cuando
           se remueve calor de la substancia. Este
           factor determina los distintos estados de
           la materia (sólido, líquido, gaseoso).

18. C 1 Temperaturas criogénicas bajan de 297° bajo
           0° F.

19. C 4 Refiérase a la oración que describe el punto
           de vista del físico.

20. C 1 El hombre es responsable de la contaminación
           de las aguas en muchas formas, incluyendo
           los procesos industriales.

21. C 2 Durante la aireación del agua, se liberan
           metano y dióxido carbónico, y el agua absor-
           be oxígeno del aire.

22. C 4 Los objetos que pesan más que el agua se
           van al fondo. Esto se debe a la fuerza de
           gravedad.

23. C 3 Durante el proceso de fotosíntesis, las
           plantas absorben dióxido de carbono y
           liberan oxígeno. Este proceso requiere la
           presencia de la luz.

24. C 4 Las bacterias anaeróbicas viven en la
           ausencia del oxígeno.

25. C 5 Aunque las bacterias que destruyen la mate-
           ria a veces descomponen desperdicios orgáni-
           cos, como en el #24, en esta pregunta las
           otras cuatro opciones son métodos específi-
           cos para purificar el agua. Otra razón que

justifica la selección de esta opción es
que las bacterias pueden ser patogénicas.

26. C 3 La estrella de mar no es un artrópodo.

27. C 1 La araña es un arácnido; los otros son
verdaderos insectos.

28. C 2 El escorpión (alacrán) es un arácnido; los
otros mencionados son otros artrópodos.

29. C 4 Refiérase al segundo párrafo.

30. C 3 La metamorfosis completa incluye cambios del
huevo a larva, a pupa (ninfa) antes de
llegar al estado de adulto.

31. C 4 Las larvas de los mosquitos se llaman vul-
garmente "wrigglers" (culebritas) y las de
las moscas se llaman "maggots" (gusanos o
gusarapos).

32. C 3 Consúltese el cuarto párrafo.

33. C 3 Los arácnidos difieren de los insectos en
que tienen la cabeza y el tórax fundidas en
lo que se denomina cefalotórax.

34. C 5 La langosta (saltamontes) y la cucaracha son
miembros de la orden de los ortópteros.

35. C 1 Refiérase a la oración que se relaciona con
las abejas, avispas, y hormigas.

36. C 2 Refiérase a la oración relacionada con los
coleópteros.

37. C 3 El lenguaje que se usa en el pasaje elimina
su uso para niños. Su naturaleza técnica y
científica excluye el uso del diccionario.
Libros de referencia sobre botánica se limi-
tan a las plantas.

38. C 5 Linneo fue un taxonomista que clasificó los
organismos vivientes y les asignó nombres
científicos.

39. C 1 Consúltese la segunda oración.

40. C 5 Linneo puso al hombre y al orangután en el
grupo Homo. Cuvier puso solamente al hombre
en el grupo bimano.

41. C *3* Una substancia que tiene un punto de ebulli-
              ción bajo, empieza a evaporarse antes que
              una substancia que tiene un punto de ebulli-
              ción más alto.

42. C *5* Refiérase a la última oración del pasaje.

43. C *4* Refiérase a la penúltima oración del pasaje.

44. C *3* Las primeras dos opciones se refieren a
              células epiteliales. La coordinación es
              función del sistema nervioso.

45. C *4* Por definición.

46. C *1* Los músculos sí varían en longitud, pero
              esto no es buen criterio para nombrar los
              músculos de acuerdo con este pasaje.

47. C *4* Los puntos de enlace se denotan por su origen
              e inserción.

48. C *2* El término deltoides se refiere a la forma
              de los músculos, mientras que el término
              pectoral indica ubicación, localización.

Sub-Prueba 5—Habilidad general en la matemática

INSTRUCCIONES

Resuelva los problemas siguientes.

1. Cuando se divide 285.8417 por 4.009 el
    cociente es
    (1) cero   (2) 7.13   (3) 61.3
              (4) 71.3   (5) 713

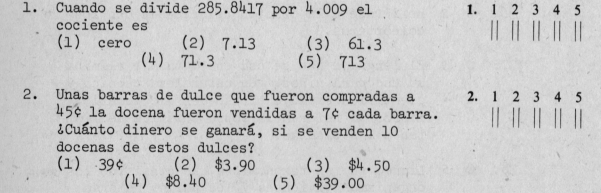

2. Unas barras de dulce que fueron compradas a
    45¢ la docena fueron vendidas a 7¢ cada barra.
    ¿Cuánto dinero se ganará, si se venden 10
    docenas de estos dulces?
    (1) 39¢   (2) $3.90   (3) $4.50
              (4) $8.40   (5) $39.00

3. ¿Cuánto es dos medios de 2 1/2 + 2 1/2?
    (1) 1   (2) 2 1/2 (3) 4   (4) 5   (5) 6

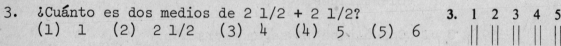

4. Si se divide 2 2/5 por 1 1/3 el cociente
    será uno y
    (1) 1/4   (2) 1/5   (3) 4/5
              (4) 4/9   (5) 5/9

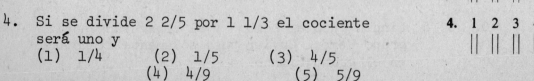

5. ¿Cuál de los siguientes debe añadirse a 1/4
   para que la suma sea .75?
   (1) 0.5   (2) 1/3   (3) 5%
                (4) 3/4   (5) 30%

5. 1 2 3 4 5
   || || || || ||

6. ¿Cuántos pedazos de tubo de 17 pulgadas de
   largo pueden cortarse de un pedazo de tubo
   que mide 34 pies de largo?
   (1) 2   (2) 12   (3) 20   (4) 22   (5) 24

6. 1 2 3 4 5
   || || || || ||

7. Mi contador eléctrico registró una lectura
   de 7921 kilovatios-hora el mes pasado. Ahora
   registra una lectura de 8215 kilovatios-hora.
   Si la compañía de electricidad cobra $.04
   por cada kilovatio, ¿Cuánto debo pagar por
   esta electricidad?
   (1) $2.94   (2) $11.76   (3) $12.16
                (4) $15.76   (5) $16.14

7. 1 2 3 4 5
   || || || || ||

8. Miguel recibe un salario semanal de $150 por
   repartir leche más 8¢ la milla por el uso de
   su automóvil. En una semana cubrió 102 millas
   repartiendo leche en su automóvil. ¿Cuánto
   dinero recibió por el uso de su automóvil en
   esa semana?
   (1) $.82   (2) $8.16   (3) $81.60
                (4) $150.82 (5) $158.16

8. 1 2 3 4 5
   || || || || ||

9. Una máquina nueva vale $4,250. Después de
   10 años de uso tiene un valor negociable de
   $1,160. ¿Cuál fue la cantidad de deprecia-
   ción anual de esta máquina?
   (1) $30.90   (2) $300   (3) $309
                  (4) $390   (5) $3,090

9. 1 2 3 4 5
   || || || || ||

10. Durante un juego de baloncesto solamente las
    2/7 del estadio estaban ocupadas. La asisten-
    cia determinada para este juego fue 3800.
    La capacidad total del estadio es
    (1) 5438   (2) 5500   (3) 13,000
                  (4) 13,300   (5) 133,000

10. 1 2 3 4 5
    || || || || ||

11. Una clase tiene x número de niños y y
    número de niñas. ¿Qué parte de la clase
    está compuesta por niños?
    (1) $\dfrac{x}{x+y}$ (2) $\dfrac{x}{xy}$ (3) $\dfrac{y}{xy}$

        (4) $\dfrac{y}{x+y}$ (5) $\dfrac{x}{y}$

11. 1 2 3 4 5
    || || || || ||

12. El primero de mes Roberto leyó el indicador de su tanque de aceite de 280 galones y encontró que estaba 7/8 lleno. A fines de mes observó que estaba lleno hasta 1/4. ¿Cuántos galones de aceite fueron utilizados durante este mes?

   (1) 70   (2) 105   (3) 175
               (4) 210   (5) 245

12. 1 2 3 4 5

13. Un vendedor se gana $200 a la semana más el 5% de comisión en ventas sobre $8000. En una semana sus ventas fueron $15,000. Su ingreso durante esa semana fue

   (1) $200   (2) $235   (3) $350
           (4) $500   (5) $550

13. 1 2 3 4 5

14. Un equipo de baloncesto ganó 50 partidos de 75 jugados. Todavía tiene que jugar 45 partidos más. ¿Cuántos más juegos tiene que ganar para hacer un record de 60% en la temporada?

   (1) 20 (2) 21 (3) 22 (4) 25 (5) 30

14. 1 2 3 4 5

15. Un vendedor que vende frutas y vegetales al por mayor compró 840 sacos de papas a $1.05 el saco, los cuales vendió durante un mes por un total de $992.25. ¿Cuál fue su por ciento de ganancia?

   (1) 8%   (2) 10%   (3) $12 \frac{1}{2}$%
           (4) 15%   (5) 18%

15. 1 2 3 4 5

16. ¿Cuál es el precio de un artículo que se vende a cien por $30 menos un 20% de descuento?

   (1) 12¢   (2) 24¢   (3) 27¢
           (4) 30¢   (5) 50¢

16. 1 2 3 4 5

17. Latas de pintura con un valor de $4.90 se ofrecen en venta con un 10% de descuento. El precio de una caja de 4 galones de esta pintura será

   (1) $1.96   (2) $4.41   (3) $17.64
          (4) $19.60   (5) $20.56

17. 1 2 3 4 5

18. Puedo comprar una nevera a plazos por la cantidad de $360 incluyendo intereses. Si pago el 25% de pronto y pago el balance en 8 mensualidades iguales, ¿de cuánto será cada pago mensual?

   (1) $27.00   (2) $33.33   (3) $33.75
          (4) $45.00   (5) $270.00

18. 1 2 3 4 5

19. El precio de una silla es $210. Si se compra
    al contado hay una rebaja de 5% pero si se
    compra a plazos hay que dar un pronto pago
    de 20% y 12 pagos mensuales de $16.50 cada
    uno. ¿Cuánto dinero se ahorra comprando la
    silla al contado?
    (1) $40.00   (2) $40.50   (3) $41.00
              (4) $51.00   (5) $51.50

19. 1 2 3 4 5

20. Un tocadiscos que tiene un precio de $50.00
    se está ofreciendo en venta especial por la
    cantidad de $42.50. El por ciento de des-
    cuento ofrecido es
    (1) 5%   (2) 10%   (3) 15%
              (4) 20%   (5) 25%

20. 1 2 3 4 5

21. Un edificio está asegurado con dos compañías
    de la manera siguiente: Compañía de Seguros
    Bistate, $12,000; Compañía Mutua de Agricul-
    tores, $8,000. ¿Cuál será el pago de la
    Compañía de Seguros Bistate en una pérdida
    por fuego montante a $1,820?
    (1) $364   (2) $546   (3) $728
              (4) $1092   (5) $1456

21. 1 2 3 4 5

22. Si se puede ahorrar $5 comprando un suéter
    en una venta especial donde se da un descuento
    de 25%, ¿cuál es el precio original del
    suéter?
    (1) $10   (2) $15   (3) $20
              (4) $25   (5) $30

22. 1 2 3 4 5

23. La matrícula en un curso especial aumentó de
    150 a 180 estudiantes. El por ciento de
    aumento fue
    (1) 5%   (2) 10%   (3) 16 2/3%
              (4) 20%   (5) 30%

23. 1 2 3 4 5

24. ¿Cuál de los siguientes *no* tiene el mismo
    valor que los otros cuatro?
    (1) 1/2%   (2) .5%   (3) $\frac{1}{500}$

    (4) $\frac{1}{200}$ (5) .005

24. 1 2 3 4 5

25. 104% de 68 es igual a
    (1) 27.2   (2) 65.28   (3) 70.72
              (4) 95.2   (5) 272

25. 1 2 3 4 5

26. La cantidad 17.2% puede ser expresada
    correctamente como
    (1) .00172   (2) .0172   (3) .1072
              (4) .172   (5) 1.72

26. 1 2 3 4 5

27. ¿Cuál es la contribución sobre ventas de un artículo que tiene un precio de \$D, si el estado tiene una contribución sobre ventas de 6%?
    (1) \$6D   (2) \$D + .6   (3) \$.6D
        (4) \$.06D   (5) \$D + .06

28. ¿Cuánto dinero debe ser invertido en bonos que pagan un interés de 6% anual para que se pueda obtener un ingreso de \$1200 por año?
    (1) \$2000   (2) \$7200   (3) \$20,000
        (4) \$72,000   (5) \$200,000

29. Un comerciante compró una póliza de seguros contra fuego para su edificio con valor nominal de \$45,000. La cuota de pago anual era \$.86 por cada \$100. ¿Cuánto dinero pagó en un año para obtener protección bajo esta póliza de seguro?
    (1) \$38.70   (2) \$387   (3) \$430
        (4) \$450   (5) \$860

30. Inés tiene m años de edad. El año pasado ella tenía (?) años de edad.
    (1) $m - 1$ (2) $m + 1$ (3) $2m$
        (4) $2m + 1$ (5) $2m - 1$

31. Los lados de un triángulo son; $4x$, $2x - 20$, y $x - 10$. El perímetro (suma de los lados) es
    (1) $7x - 30$ (2) $5x + 10$ (3) $5x - 30$
        (4) $7x + 10$ (5) $6x - 30$

32. El precio de una docena de huevos clase A es j¢. A ese precio, el valor de dos huevos clase A sería (?) centavos.
    (1) $j/6$ (2) $j/12$ (3) $j/2$
        (4) $3j$ (5) $6j$

33. Una acción bajó 2 puntos el lunes, subió 4 puntos el martes, bajó 6 puntos el miércoles, bajó otro punto el jueves, y subió 5 puntos el viernes. El cambio neto durante esta semana fue
    (1) cero (2) +1 (3) -2 (4) +2 (5) -1

34. Martín viajó en su automóvil 80 millas en 2 horas. Después de almorzar viajó 100 millas en 3 horas. Su velocidad promedio (en millas por hora) durante todo el viaje fue
    (1) 36   (2) 37   (3) 45
        (4) 77   (5) 90

35. El producto de $-4x^2$ y $-2x^2$ es
    (1) $-8x^3$ (2) $8x^3$ (3) $8x$
         (4) $8x^2$ (5) $-8x^2$

35. 1 2 3 4 5

36. Si $a = 4$, $b = 5$, $x = 2$, y $y = 3$; ¿Cuál es el valor de $x^2 - 2y + 5ab$?
    (1) 1   (2) 78   (3) 86   (4) 99   (5) 122

36. 1 2 3 4 5

37. $(x^2)(x^3) =$
    (1) $5x$ (2) x^5 (3) x^6 (4) $6x$ (5) $2x^5$

37. 1 2 3 4 5

38. Si $4x - 8 = 16$, luego $8x$ es igual a
    (1) 6   (2) 16   (3) 24   (4) 32   (5) 48

38. 1 2 3 4 5

39. Si $\frac{x}{4} = 3$, luego $4x$ es igual a

    (1) 1   (2) 3   (3) 12   (4) 24   (5) 48

39. 1 2 3 4 5

40. Un pedazo de tubo de cobre que mide 75 pulgadas de largo es cortado de tal manera que un pedazo es cuatro veces más largo que el otro. El largo del pedazo más pequeño es
    (1) 1 pie + 3 pulgadas   (2) 2 1/3 pies
        (3) 2 1/2 pies   (4) 15 pies
              (5) 60 pulgadas

40. 1 2 3 4 5

41. Ochenta es $\frac{4}{3}$ de

    (1) 60   (2) 70   (3) 80
        (4) 90   (5) 106 2/3

41. 1 2 3 4 5

42. Si $A = \frac{h}{2}(b + c)$. Busque el valor de A cuando $h = 4$, $b = 5$, y $c = 6$.
    (1) 5.5   (2) 11   (3) 15   (4) 22   (5) 30

42. 1 2 3 4 5

43. Usando la fórmula $V = \frac{lwh}{3}$, halle el valor de V si $l = 6$, $w = 2$, $h = 5$.
    (1) 4.3   (2) 6.5   (3) 20   (4) 39   (5) 60

43. 1 2 3 4 5

44. La suma de dos números es 12 y su diferencia es 4. El número mayor es
    (1) 2   (2) 4   (3) 6   (4) 8   (5) 10

44. 1 2 3 4 5

45. Si un artículo se vende a 35¢ la docena, ¿cuánto se tendría que pagar por 72 de estos artículos?
    (1) $1.40   (2) $1.65   (3) $2.04
        (4) $2.10   (5) $2.36

45. 1 2 3 4 5

46. Miguel puede escribir una monografía en tres semanas. Samuel puede escribir la suya en 5 días. La razón entre el tiempo requerido por Samuel y el tiempo requerido por Miguel es
(1) 3:5   (2) 5:3   (3) 5:21
      (4) 4:1   (5) 21:5

47. En una reunión de x personas había w número de mujeres. La proporción de hombres a mujeres en esta reunión es
(1) $\dfrac{x}{x-w}$ (2) $\dfrac{x-w}{x}$ (3) $\dfrac{w-x}{w}$

      (4) $\dfrac{x-1}{w}$ (5) $\dfrac{x-w}{w}$

48. Un cuadro de 8 pulgadas de largo y 6 pulgadas de ancho va a ser agrandado de manera que su largo sea 12 pulgadas. El ancho del cuadro agrandado será
(1) 9 pulgadas   (2) 10 pulgadas
    (3) 12 pulgadas   (4) 14 pulgadas
      (5) 16 pulgadas

49. Salí a las 7:30 a.m. con destino a un lugar a 441 millas distante. Llegué a las seis de la tarde después de haber hecho una serie de paradas que tomaron 1 1/2 horas. Mi velocidad promedio (millas por hora) durante todo el viaje fue
(1) 42 (3) 43 (3) 45 (4) 49 (5) 55

50. Si 3 lápices cuestan c centavos, ¿cuántos lápices se pueden comprar con 30 centavos?
(1) $10c$ (2) $90c$ (3) $\dfrac{90}{c}$

      (4) $\dfrac{10}{c}$ (5) $\dfrac{c}{10}$

51. La escala de un mapa es $\dfrac{1}{8}$ pulgada = 15 millas. ¿Cuál es la distancia (en millas) entre dos ciudades en el mapa que se encuentran a $3\dfrac{1}{2}$ pulgadas distantes?
(1) 66   (2) 120   (3) 132
      (4) 220   (5) 420

52. Se desea construir una nueva autopista a lo largo de la diagonal de un pueblo de forma rectangular que tiene 12 millas de largo y 5 millas de ancho. ¿Cuántas millas de largo medirá la nueva autopista?
(1) 7 (2) 8.5 (3) 13 (4) 17 (5) 34

53. Si el perímetro de un cuadrado es 40", su
    área en pulgadas es

    53. 1 2 3 4 5

    (1) 10   (2) 16   (3) 50
             (4) 100   (5) 160

54. El área (en pies cuadrados) de la
    figura a la derecha es

    54. 1 2 3 4 5

    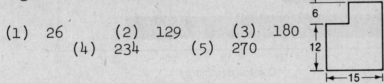

    (1) 26   (2) 129   (3) 180
             (4) 234   (5) 270

55. ¿Cuál es el peso de un bloque de hielo de
    2' x 3' x 1'6", si un pie cúbico de hielo
    pesa 62.5 libras?

    55. 1 2 3 4 5

    (1) 56.25 libras   (2) 306.25 libras
    (3) 3062.5 libras   (4) 562.5 libras
             (5) 5625 libras

56. ¿Cuántos pies cúbicos de agua (en términos de
    π) caben en un envase cilíndrico de cristal,
    si la distancia a través de la parte superior
    es 6 pulgadas y su altura es 12 pulgadas?

    56. 1 2 3 4 5

    (1) 36π   (2) 54π   (3) 72π
             (4) 108π   (5) 432π

57. Si dos ángulos de un triángulo miden 20° y
    70°, entonces el triángulo es

    57. 1 2 3 4 5

    (1) equilátero   (2) isósceles
        (3) escaleno   (4) recto   (5) obtuso

58. Desde las 3:40 p.m. hasta 10 minutos antes
    de las cuatro las manecillas de un reloj
    describen un ángulo de

    58. 1 2 3 4 5

    (1) 10°   (2) 20°   (3) 40°
             (4) 60°   (5) 120°

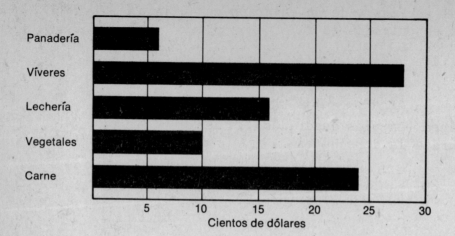

Cientos de dólares

Esta gráfica muestra las ventas de varios
departamentos en un supermercado para el
período del 15-20 de septiembre. Use esta
información para contestar las preguntas
59 - 61.

59. El total de ventas en todos los departamentos
de esta tienda durante este período ascendieron a
(1) $5,600   (2) $6,800   (3) $7,400
       (4) $8,360   (5) $8,400

59. 1 2 3 4 5
‖ ‖ ‖ ‖ ‖

60. ¿Cuál es la cantidad promedio de ventas en el
departamento de carnes?
(1) $345   (2) $400   (3) $417
       (4) $480   (5) $500

60. 1 2 3 4 5
‖ ‖ ‖ ‖ ‖

61. El departamento de productos lácteos está
planeando una venta especial de promoción
en la próxima semana para aumentar sus
ventas en un 5%. Las ventas esperadas
ascenderán a
(1) $80   (2) $1608   (3) $1650
       (4) $1,680   (5) $2,400

61. 1 2 3 4 5
‖ ‖ ‖ ‖ ‖

62. ¿Qué cantidad de dinero
se invirtió en la mano de
obra?
(1) $4,800
(2) $9,600
(3) $96,000
(4) $48,000
(5) $960,000

DISTRIBUCIÓN DE VENTAS
DE $240,000
Compañía Manufacturera
Borinquen
(Preguntas 62 - 63)

62. 1 2 3 4 5
‖ ‖ ‖ ‖ ‖

63. El próximo año se espera que las ventas
    aumenten un 8%. ¿A cuánto ascenderán las
    ventas el próximo año?
    (1) $240,192 (2) $241,920 (3) $259,000
         (4) $259,200   (5) $432,000

63. 1 2 3 4 5
    || || || || ||

64. Si se cortan 18 pies y 10 pulgadas de un
    alambre que mide 25 pies y 8 pulgadas, la
    longitud del alambre restante será
    (1) 6 pies 2 pulgadas   (2) 6.1 pies
    (3) 6 pies 9 pulgadas (4) 6 pies 10 pulgadas
              (5) 7 pies 2 pulgadas

64. 1 2 3 4 5
    || || || || ||

65. ¿Cuál es el número máximo de botellas de
    media pinta que se pueden llenar con una
    lata de leche de 10 galones?
    (1) 40 (2) 80 (3) 100 (4) 160 (5) 320

65. 1 2 3 4 5
    || || || || ||

La explicación de las contestaciones aparece
en la página

Respuestas Sub-Prueba 5—Habilidad general en la matemática

1.	4	14.	3	27.	4	40.	1	53.	4
2.	2	15.	3	28.	3	41.	1	54.	4
3.	4	16.	2	29.	2	42.	4	55.	4
4.	3	17.	3	30.	1	43.	3	56.	4
5.	1	18.	3	31.	1	44.	4	57.	4
6.	5	19.	2	32.	1	45.	4	58.	4
7.	2	20.	3	33.	1	46.	3	59.	5
8.	2	21.	4	34.	1	47.	5	60.	2
9.	3	22.	3	35.	2	48.	1	61.	4
10.	4	23.	4	36.	3	49.	4	62.	3
11.	1	24.	3	37.	2	50.	3	63.	3
12.	3	25.	3	38.	5	51.	5	64.	4
13.	5	26.	4	39.	5	52.	3	65.	4

Respuestas Explicadas—Sub-Prueba 5—Habilidad general en la matemática

(la C quiere decir Contestación)

1. C **4** Cociente = Dividendo ÷ Divisor

$$
\begin{array}{r}
71.3 \\
4.009. \overline{)285.841.7} \\
\underline{280\ 63} \\
5\ 211 \\
\underline{4\ 009} \\
1\ 202\ 7 \\
\underline{1\ 202\ 7}
\end{array}
$$

2. C **2** Precio de venta por docena = (7¢)(12) = $ .84
    Costo por docena   = $ .45
    Ganancia en venta de 1 docena   = $ .39
    Ganancia en venta de 10 docenas   = $3.90

3. C **4** $\left(\dfrac{2}{2}\right)$ de $2\dfrac{1}{2} = 2\dfrac{1}{2}$

    $2\dfrac{1}{2} + 2\dfrac{1}{2} = 5$

4. C **3** $2\dfrac{2}{5} \div 1\dfrac{1}{3}$ (fracción mixta)

    $\dfrac{12}{5} \div \dfrac{4}{3}$ (fracción impropia

    $\dfrac{12}{5} \cdot \dfrac{3}{4}$ (divisor invertido)

    $\dfrac{3}{5} \cdot \dfrac{3}{4} = 1\dfrac{4}{5}$

5. C **1** $\dfrac{1}{4} + ? = .75$

    $\dfrac{1}{4} + ? = \dfrac{3}{4}$

    $\dfrac{1}{4} + \dfrac{2}{4} = \dfrac{3}{4}$

    $\dfrac{2}{4} = \dfrac{1}{2} = .5$

6. C **5** 34 pies = (34)(12) = 408 pulgadas
    408 pulgadas ÷ 17 pulgadas = 24 piezas

7. C **2** 8215 - 7921 = 294 kilovatios
    (294)(.04) = $11.76

8.   C   2   (102 millas)(.08) = $8.16

9.   C   3   Depreciación = $4250 - $1160 = $3090
             $3090 ÷ 10 años = $309 (depreciación anual
                                              promedio)

10. C   4   Si $\frac{2}{7}$ = 3800

             entonces, $\frac{1}{7}$ = 1900

             y $\frac{7}{7}$ = (1900)(7) o 13,300

             o ALGEBRAICAMENTE:
             Si x = capacidad total
             $\frac{2}{7}x$ = 3800

             x = 13,300

11. C   1 $\dfrac{\text{niños}}{\text{niños y niñas}}$ = parte de la clase compuesta

             de niños = $\dfrac{x}{x+y}$

12. C   3   Bajó de $\frac{7}{8}$ a $\frac{1}{4}$ (ó $\frac{2}{8}$)

             $\frac{7}{8} - \frac{2}{8} = \frac{5}{8}$

             $\frac{5}{8}$ de 280 galones = 175 galones

13. C   5 $15,000 - $8000   = $7000

                    5% $(7000) = $ 350
             + salario regular = $ 200
                        total = $ 550

14. C   3   Número total de juegos en toda la temporada =
             75 + 45 = 120
             (60%)(120 juegos) = 72 juegos
             Como el equipo ha ganado ya 50 juegos,
             necesitará ganar 22 más.

15. C   3   Costo = (840)($1.05) ó $882.00
             Ventas totales del mes $992.25
             Ganancia $110.25

             $\dfrac{\$110.25}{\$822} = \dfrac{1}{8} = 12\frac{1}{2}\%$

16. C   2 $30 menos 20%(1/5) or ó $6 = $24 (costo de un
             ciento) Por lo tanto, el costo de cada uno
             = 24¢.

17. C 3 Precio regular de 4 galones ($4.90)(4) = $19.60
Descuento de 10% = $1.96 (Si se compra en cantidad)
Costo = $19.60 - $1.96 = $17.64

18. C 3 Costo de la nevera = $360 - 1/4($90) = $270
$270 ÷ 8 pagos = $33.75

19. C 2 $210 - 5% = $210 - $10.50 = $199.50 (precio en efectivo)
Sin embargo, si se compra a plazos,
el pronto = 20% de $210, o $42
Plazos   = (12)($16.50) = $198
Total de los plazos   = $240
Diferencia comprando en efectivo y a plazos
es $240 - $199.50 = $40.50

20. C 3 Precio de lista - Precio de venta = Descuento
$$\frac{\text{Descuento}}{\text{Pr. de L.}} = \frac{\$7.50}{\$50} = .15 = 15\%$$

21. C 4 Protección total en seguros = $20,000
$$\text{Seguro Bistate} = \frac{\$12,000}{\$20,000} = \frac{3}{5} \text{ de la protección}$$
Bistate es responsable de 3/5 de la pérdida,
o sea, 3/5($1,820) o $1092

22. C 3 25% = 1/4
Si $5 es 1/4 del precio original
Entonces, $20 es 4/4, o el precio original total

23. C 4 $$\frac{\text{cambio}}{\text{original}} = \frac{30}{150} = \frac{1}{5} = 20\%$$

24. C 3 $$\frac{1}{2}\% = \frac{\frac{1}{2}}{100} = \frac{1}{200}$$

$$5\% = \frac{.5}{100} = \frac{1}{200}$$

$$.005 = \frac{5}{1000} = \frac{1}{200}$$

$$\frac{1}{200} = \frac{1}{200}$$

$$\frac{1}{500} \neq \frac{1}{200}$$

25. C *3* 100% de 68 = 68
4%(.04) de 68 = 2.72
104% de 68 = 70.72

26. C *4* % significa $\dfrac{?}{100}$

17.2% = $\dfrac{17.2}{100}$ = .172

27. C *4* 6% = $\dfrac{6}{100}$ = .06

6% de \$D = (.06)(\$D) = \$.06D

28. C *3* Principal x Tipo de Interés = Interés
Principal = Interés ÷ Tipo de Interés
Principal = \$1200 ÷ .06 = \$20,000

29. C *2* $\dfrac{\$.86}{\$100}$ = .86% = .0086

(Póliza de Seguro)(Razón) = Prima
(\$45,000) x (.0086)   = \$387

30. C *1* El año pasado ella tenía ($m - 1$) o un año
menos que su edad actual (m)

31. C *1* $4x$
$2x - 20$
$\underline{\ x - 10}$
$7x - 30$ (suma)

32. C *1* Si 12 huevos cuestan j¢

y   1 huevo   cuesta $\dfrac{j¢}{12}$

y   2 huevos cuestan (2) $\dfrac{j}{12}$ ¢ ó $\dfrac{j}{6}$ ¢

33. C *1* 1 - 2 - 6 - 1 = - 9
+ 4 + 5 = + 9
+ 9 - 9 =   0

34. C *1* Distancia total = 180 millas
Tiempo total   =   5 horas
180 ÷ 5 = 36 millas por hora

35. C *2* $-4x^2$ = $(-4)(x)(x)$
$-2x$ = $(-2)(x)$
$(-4)(-2)$ = $+8$
$(-4x^2)(-2x)$ = $8x^3$

36.   C   3 $x^2 - 2y^2 + 5ab$
$(2)(2) - (2)(3)(3) + (5)(4)(5)$
  4 $-$ 18 $+$ 100
$104 - 18 = 86$

37.   C   2 $x^2 = (x)(x)$
$x^3 = (x)(x)(x)$
$(x^2)(x^3) = (x)(x)(x)(x)(x) = x^5$

38.   C   5 $4x - 8 = 16$
$4x = 16 + 8$
Por lo tanto
$8x = 2(16 + 8)$
$8x = 48$

39.   C   5 $\dfrac{x}{4} = 3$

$x = 12$
$4x = (12)(4)$ o 48

40.   C   1   Si x = pedazo más corto, entonces
$4x$ = pedazo más largo
$5x = 75$ pulgadas
$x = 15$ pulgadas ó 1 pie tres pulgadas

41.   C   1   Si 80 es 4/3 de un número, entonces
20 es 1/3 de ese número
y 60 es 2/3 de ese número
o ALGEBRAICAMENTE:
x = el número
$\dfrac{4}{3}x = 80$
$x = 60$

42.   C   4 $A = \dfrac{h}{2}(b + c)$

$A = \dfrac{4}{2}(5 + 6)$

$A = 2(11) = 22$

43.   C   3 $V = \dfrac{lwh}{3}$

$V = \dfrac{(6)(2)(5)}{(3)} = 20$

V ("volume") = volumen
l ("length") = largo
w ("width") = ancho
h ("height") = altura

44.   C   4 $x + y = 12$ (1)
$x - y = 4$ (2)
Sumando (1) y (2):
$2x = 16$
$x = 8$

45. C *4* 72 = 6 docenas
Si 1 docena cuesta 35¢
6 docenas cuestan
(6)(35¢) o $2.10

46. C *3* $\dfrac{\text{Tiempo por Samuel}}{\text{Tiempo por Miguel}} = \dfrac{5 \text{ días}}{3 \text{ sem's}} = \dfrac{5 \text{ días}}{21 \text{ días}} = 5{:}21$

47. C *5* Si hay x personas, y w son mujeres,
$x - w$ = hombres en la audiencia.
$\dfrac{\text{Número de hombres}}{\text{Número de mujeres}} = \dfrac{x - w}{w}$

48. C *1* $\dfrac{\text{largo}}{\text{ancho}} = \dfrac{8 \text{ pulgadas}}{6 \text{ pulgadas}} = \dfrac{12 \text{ pulgadas}}{x \text{ pulgadas}}$
$8x = 72$
$x = 9$ pulgadas

49. C *4* De 7:30 A.M. a 6 P.M. $= 10\frac{1}{2}$ horas

Menos períodos de descanso $= \quad 1\frac{1}{2}$ horas
Tiempo viajando $= \quad \overline{9 \quad \text{horas}}$

Velocidad promedio $= \dfrac{\text{Distancia}}{\text{Tiempo}} = \dfrac{441}{9} = 49$
millas/hora

50. C *3* x = número de lápices comprados a 30¢
$\dfrac{3 \text{ lápices}}{c \text{ centavos}} = \dfrac{x}{30}$

$cx = 90$
$x = 90c$

51. C *5* Como 1/8" = 15 millas, entonces
8/8 (ó 1") = (8)(15) o 120 millas.
Por lo tanto, 3 1/2" = (120)(3 1/2) o 420
millas.

52. C *3* La carretera nueva es la hipotenusa de un
triángulo rectángulo. Aplicando el Principio
de Pitágoras:

$5^2 + 12^2 = x^2$
$25 + 144 = x^2$
$169 = x^2$
$13 = x$

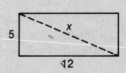

53. C 4 Perímetro del cuadrado = 4 x lado
Si x = lado
$4x$ = perímetro
$4x$ = 40 pulgadas
x = 10 pulgadas

Área del cuadrado = (lado)^2 = (10)^2 = 100
pulgadas cuadradas

54. C 4 Divídase la figura de la
derecha en dos rectángulos
como ilustrado.

Área de un rectángulo =
base x altura
Área del rectángulo mayor =
(15)(12) = 180 pies cuad.
Área del rectángulo menor =
(6)(9) = 54 pies cuad.
Área total = 180 + 54 = 234 pies cuadrados

55. C 4 Volumen = 2' x 3' x 1 1/2' = 9 pies cúbicos
Peso =   (62.5)(9) = 562.5 libras

56. C 4 Distancia a través parte superior = diámetro
= 6"
Por lo tanto, el radio = 3"
Volumen = $\pi r^2 h$, donde h = altura
Volumen = $\pi(3")(3")(12")$ = 108 π pulgadas
cúbicas

57. C 4 La suma de los ángulos de un triángulo = 180°.
Si 2 ángulos = 70° + 20° ó 90°, entonces el
tercer ángulo tiene que tener 90°.

58. C 4 El minutero camina $\dfrac{10 \text{ min.}}{60 \text{ min.}} = \dfrac{1}{6}$ de la vuelta
alrededor de la esfera del reloj.
$\dfrac{1}{6}$ de 360° = 60°

59. C 5 $600 + $2800 + $1600 + $1000 + $2400 =
$8,400 (Total)

60. C 2 El total de las ventas en el departamento
de carnes para este período de 6 días
(15-20 de septiembre) es $2400.
$2400 ÷ 6 = $400.

61. C 4 Las ventas en el departamento de productos
        lácteos fueron $1600
        5%(.05) de $1600 $ 80 (aumento esperado)
                            $1680 (ventas esperadas)

62. C 3 40%(2/5) de $240,000 = $96,000

63. C 3 8%(.08) de $240,000 = $19,200 (ganancia
                                           esperada)

        $240,000 + $19,200 = $259,200 (ventas espe-
                                       radas en el año próximo)

64. C 4 25 pies 3 pulgadas = 24 pies 20 pulgadas
                            -18 pies 10 pulgadas
                              6 pies 10 pulgadas

65. C 4 4 cuartillos = 1 galón
        10 galones   = 40 cuartillos
        2 pintas   = 1 cuartillo
        10 galones   = 80 pintas o 160 medias-pintas

Información sobre las solicitudes para los Exámenes G.E.D.-S

Nótese bien —

— Esto representa la información corriente cuando fue publicado este libro.

— La información abajo fue sacada de *State Department of Education Policies, Issuance of High School Certificates Based on GED Test Results*. Bulletin Number 5, Eleventh Edition, June 1972. Commission on Accreditation of Service Experiences, American Council on Education, Washington, D.C.

— Puesto que los reglamentos cambian de vez en cuando, el solicitante debe averiguarlos antes de hacer la solicitud. Consulte la lista de departamentos y direcciones de esta lista.

— No todos los estados ofrecen el examen en español.

— Otras fuentes de información son las escuelas locales, las escuelas para adultos o las universidades del estado.

ESTADOS UNIDOS

LUGAR	DEPARTAMENTO Y DIRECCIÓN	EDAD MÍNIMA	RESIDENCIA	CALIFICACIONES MÍNIMAS
Alabama	Supervisor of Instruction State Dept. of Education State Office Building 501 Dexter Avenue Montgomery, Alabama 36104	18	30 días	35 en cada examen o promedio de 45 en los 5 exámenes
Alaska	Commissioner of Education State Dept. of Education Pouch F Alaska Office Building Juneau, Alaska 99801	6 meses después de que su clase se hubiera graduado	30 días	35 en cada examen o promedio de 45 en los 5 exámenes
Arizona	State Director of Adult Education State Dept. of Education 1626 West Washington St. Phoenix, Arizona 85007	17, y estar fuera de la escuela por más de un año	Tiene que ser residente	35 en cada examen y promedio de 45 en los 5 exámenes
Arkansas	Associate Director for Instructional Services State Dept. of Education State Education Building Little Rock, Arkansas 72201	18, y estar fuera de la escuela por más de un año	30 días	35 en cada examen o promedio de 45 en los 5 exámenes

LUGAR	DEPARTAMENTO Y DIRECCIÓN	EDAD MÍNIMA	RESIDENCIA	CALIFICACIONES MÍNIMAS
California*	Chief Bureau of School Approvals State Dept. of Education 721 Capitol Mall Sacramento, California 95814	*	*	35 en cada examen* y promedio de 45 en los 5 exámenes
Carolina del Norte	State GED Administrator State Board of Education Raleigh, North Carolina 27602	18	Tiene que ser residente	35 en cada examen y promedio de 45 en los 5 exámenes
Carolina del Sur	Chief Supervisor Secondary Education State Dept. of Education Room 808, Rutledge Bldg. Columbia, South Carolina 29201	19	Tiene que ser residente	Promedio de 45 en los 5 exámenes
Colorado	Asst. Director, Improved Learning Unit State Dept. of Education State Office Building 201 E. Colfax Denver, Colorado 80203	18	Tiene que ser residente	35 en cada examen y promedio de 45 en los 5 exámenes
Connecticut	Adult Education Consultant State Dept. of Education Box 2219 Hartford, Connecticut 06115	18, y su clase tiene que haberse graduado	Tiene que ser residente	35 en cada examen y promedio de 45 en los 5 exámenes
Delaware	State Supervisor of High School Extension State Dept. of Public Instruction Townsend Building Dover, Delaware 19901	17, y su clase tiene que haberse graduado	6 meses	40 en cada examen y promedio de 45 en los 5 exámenes
Distrito de Columbia	Armstrong Adult Education Center 1st and O Streets, N.W. Washington, D.C. 20001	17, y estar fuera de la escuela por más de un año	Tiene que ser residente	35 en cada examen y promedio de 45 en los 5 exámenes

*El Departamento de Educación del Estado no otorga el diploma de equivalencia. El distrito local hace la decisión.

LUGAR	DEPARTAMENTO Y DIRECCIÓN	EDAD MÍNIMA	RESIDENCIA	CALIFICACIONES MÍNIMAS
Florida	Director, Adult and Veteran Education State Dept. of Education Knott Building Tallahassee, Florida 32304	18, y estar fuera de la escuela por más de 6 meses	Tiene que ser residente	40 en cada examen y promedio de 45 en los 5 exámenes
Georgia	Coordinator, Adult Education Unit State Dept. of Education 156 Trinity Avenue S.W. Atlanta, Georgia 30303	18	Tiene que ser residente	35 en cada examen y promedio de 45 en los 5 exámenes
Guam	Deputy Director of Instruction Dept. of Education P.O. Box DE Agana, Guam 96910	17, y su clase tiene que haberse graduado	Ningún requisito	35 en cada examen y promedio de 45 en los 5 exámenes
Hawáii	State Program Admin. Adult Education Section Dept. of Education 1270 Queen Emma Street Honolulu, Hawaii 96813	18, y su clase tiene que haberse graduado	Tiene que ser residente	35 en cada examen y promedio de 45 en los 5 exámenes
Idaho	Director, Auxiliary Services State Dept. of Education State Office Building Boise, Idaho 83707	18, y permiso especial	6 meses	45 en cada examen
Illinóis	Director, Department of Adult Education Office of the Superintendent of Public Instruction 316 South Second Street Springfield, Illinois 62706	19, y estar fuera de la escuela por más de un año	1 año	35 en cada examen y promedio de 45 en los 5 exámenes
Indiana	Director, Division of Adult Education State Dept. of Public Instruction 100 North Senate Avenue Indianapolis, Indiana 46204	19, estar fuera de la escuela por más de un año, y su clase tiene que haberse graduado	6 meses	35 en cada examen y promedio de 45 en los 5 exámenes

LUGAR	DEPARTAMENTO Y DIRECCIÓN	EDAD MÍNIMA	RESIDENCIA	CALIFICACIONES MÍNIMAS
Iowa	Guidance Services Section State Dept. of Education Grimes State Office Building Des Moines, Iowa 50319	Un año después de que su clase se hubiera graduado	Ningún requisito	40 en cada examen y promedio de 45 en los 5 exámenes
Islas Marianas	Supervisor, Secondary Education Headquarters, Dept. of Education Trust Territory of Pacific Islands Saipan, Mariana Islands 96950	18	3 meses	35 en cada examen
Kansas	Adult Education Section State Dept. of Education Kansas State Education Building 120 E. 10th Street Topeka, Kansas 66612	18, y su clase tiene que haberse graduado	6 meses	35 en cada examen y promedio de 45 en los 5 exámenes
Kentucky	Division of Adult Education State Dept. of Education Frankfort, Kentucky 40601	17, y su clase tiene que haberse graduado	Tiene que ser residente	35 en cada examen y promedio de 45 en los 5 exámenes
Luisiana*	Supervisor of Secondary Education State Dept. of Education P.O. Box 44064 Baton Rouge, Louisiana 70804	18	Tiene que ser residente	35 en cada examen o promedio de 45 en los 5 exámenes
Maine	State Director of Adult Education State Dept. of Education Education Building Augusta, Maine 04330	18, y estar fuera de la escuela por más de un año	6 meses	35 en cada examen y promedio de 45 en los 5 exámenes
Maryland	Supervisor in Accreditation State Dept. of Education State Office Building 301 West Preston Street Room 1007 Baltimore, Maryland 21201	17, y estar fuera de la escuela por más de 6 meses	1 año	40 en cada examen y promedio de 45 en los 5 exámenes

*El Departamento de Educación del Estado no otorga el diploma de equivalencia. El distrito local hace la decisión.

LUGAR	DEPARTAMENTO Y DIRECCIÓN	EDAD MÍNIMA	RESIDENCIA	CALIFICACIONES MÍNIMAS
Massachusetts	Bureau of Adult Education State Dept. of Education 182 Tremont Street Boston, Massachusetts 02111	19, y su clase tiene que haberse graduado	6 meses	35 en cada examen y promedio de 45 en los 5 exámenes
Michigan	Coordinator of Adult Education State Department of Education Lansing, Michigan 48902	18, y su clase tiene que haberse graduado	Ningún requisito	35 en cada examen y promedio de 45 en los 5 exámenes
Minnesota	Director, Secondary Education State Dept. of Education Capitol Square Building Room 682 St. Paul, Minnesota 55101	19	Tiene que ser residente	35 en cada examen y promedio de 45 en los 5 exámenes
Misisipí	State Supervisor of Adult Education State Dept. of Education P.O. Box 771 Jackson, Mississippi 39205	18	Tiene que ser residente	40 en cada examen o promedio de 45 en los 5 exámenes
Misurí	Director, General Adult Education State Dept. of Education Box 480, Jefferson Building Jefferson City, Missouri 65101	18, y estar fuera de la escuela por más de 6 meses	Tiene que ser residente	35 en cada examen y promedio de 45 en los 5 exámenes
Montana	Supervisor, Adult Basic Education Office of the State Superintendent of Public Instruction Montana State Capitol Building Helena, Montana 59601	17, y estar fuera de la escuela por más de un año	Tiene que ser residente	35 en cada examen o promedio de 45 en los 5 exámenes
Nebraska	Administrator, High School Equivalency State Dept. of Education 233 South 10th Street Lincoln, Nebraska 68508	17, y estar fuera de la escuela por más de un año	30 días	40 en cada examen o promedio de 45 en los 5 exámenes

LUGAR	DEPARTAMENTO Y DIRECCIÓN	EDAD MÍNIMA	RESIDENCIA	CALIFICACIONES MÍNIMAS
Nevada	Assoc. Superintendent, Div. 21 of Operations State Dept. of Education Carson City, Nevada 89701	18, o su clase tiene que haberse graduado	Tiene que ser residente	35 en cada examen y promedio de 45 en los 5 exámenes
New Hampshire	Chief, Division of Instruction State Dept. of Education State House Annex Concord, New Hampshire 03301	18, o su clase tiene que haberse graduado	Tiene que ser residente	35 en cada examen y promedio de 45 en los 5 exámenes
New Jersey	Director, High School Equivalency State Dept. of Education P.O. Box 2019 107 West State Street Trenton, New Jersey 08625	18, y estar fuera de la escuela por más de un año	Tiene que ser residente	35 en cada examen y promedio de 45 en los 5 exámenes
Nuevo México	Director, Adult Basic Education State Dept. of Education Education Building Santa Fe, New Mexico 87501	18, y su clase tiene que haberse graduado	Tiene que ser residente	40 en cada examen o promedio de 50 en los 5 exámenes
Nueva York	Bureau of Higher and Professional Educational Testing State Education Dept. Albany, New York 12224	17, y su clase tiene que haberse graduado	1 mes	35 en cada examen y promedio de 45 en los 5 exámenes
Norte Dakota	Administrative Assistant State Dept. of Public Instruction Bismarck, North Dakota 58501	19	Tiene que ser residente	40 en cada examen o promedio de 50 en los 5 exámenes
Ohio	Consultant, Adult Guidance and GED Testing State Dept. of Education 751 Northwest Boulevard Columbus, Ohio 43213	17, y estar fuera de la escuela por más de un año	Tiene que ser residente	40 en cada examen y promedio de 48 en los 5 exámenes
Oklahoma	Administrator of Adult Education State Dept. of Education State Capitol Building Oklahoma City, Oklahoma 73105	19	Tiene que ser residente	35 en cada examen y promedio de 45 en los 5 exámenes

LUGAR	DEPARTAMENTO Y DIRECCIÓN	EDAD MÍNIMA	RESIDENCIA	CALIFICACIONES MÍNIMAS
Oregón	Coordinator of GED Testing Division of Student Services Oregon Board of Education 942 Lancaster Drive, N.E. Salem, Oregon 97310	18, y su clase tiene que haberse graduado	Tiene que ser residente	40 en cada examen
Pensilvania	Director, Bureau of Pupil Personnel Services Department of Education Box 911 Harrisburg, Pennsylvania 17126	18	3 meses	35 en cada examen y promedio de 45 en los 5 exámenes
Puerto Rico	Director, Division of Secondary Education P.O. Box 1028 Hato Rey, Puerto Rico 00919	18, y estar fuera de la escuela por más de un año	Tiene que ser residente	Promedio de 50 en los 5 exámenes o 1-36, 2-42,3-44, 4-38, 5-46
Rhode Island	Coordinator, Adult Education State Dept. of Education Roger Williams Building Hayes Street Providence, Rhode Island 02908	19, y estar fuera de la escuela por más de 6 meses o 18, y su clase tiene que haberse graduado hace 6 meses o más	Tiene que ser residente	35 en cada examen y promedio de 45 en los 5 exámenes
Samoa Americana	Director of Education Department of Education Government of American Samoa Pago, Pago, Tutuila, American Samoa 96920	19, y su clase tiene que haberse graduado	Tiene que ser residente	35 en cada examen
Sud Dakota	Director of Special Services State Dept. of Public Instruction Pierre, South Dakota 57501	Su clase tiene que haberse graduado	Tiene que ser residente	35 en cada examen o promedio de 45 en los 5 exámenes
Tennessee	Director, Program Development (Secondary) State Dept. of Education 140 Cordell Hull Building Nashville, Tennessee 37219	17, y estar fuera de la escuela por más de 6 meses	Tiene que ser residente	Promedio de 45 en los 5 exámenes

LUGAR	DEPARTAMENTO Y DIRECCIÓN	EDAD MÍNIMA	RESIDENCIA	CALIFICACIONES MÍNIMAS
Texas	Commissioner for Teacher Education and Institutional Services Texas Education Agency 201 East 11th Street Austin, Texas 78701	17	Tiene que ser residente	40 en cada examen o promedio de 45 en los 5 exámenes
Utah	Division of Adult Education and Training State Board of Education 136 East South Temple Street Salt Lake City, Utah 84111	17, y permiso especial	Tiene que ser residente	40 en cada examen y promedio de 45 en los 5 exámenes
Vermont	Director, Division of Teacher and Continuing Education State Dept. of Education Montpelier, Vermont 05602	16	Tiene que ser residente	35 en cada examen y promedio de 45 en los 5 exámenes
Virginia	Supervisor of Adult Education State Board of Education 1322-28 East Grace Street Richmond, Virginia 23216	Su clase tiene que haberse graduado	6 meses	35 en cada examen y promedio de 45 en los 5 exámenes
Virginia del Oeste	Bureau of Instruction and Curriculum State Dept. of Education Capitol Building 1900 Washington Street, E. Charleston, West Virginia 25305	17, y estar fuera de la escuela por más de 6 meses	Tiene que ser residente	35 en cada examen o promedio de 45 en los 5 exámenes
Wáshington	Director of Adult Education Division of Curriculum and Instruction Office of the Superintendent of Public Instruction P.O. Box 527 Olympia, Washington 98504	18	6 meses	35 en cada examen y promedio de 45 en los 5 exámenes
Wisconsin	Administrator, Instructional Services Division State Dept. of Public Instruction Wisconsin Hall, 126 Langdon St. Madison, Wisconsin 53702	17	Tiene que ser residente	35 en cada examen y promedio de 45 en los 5 exámenes

LUGAR	DEPARTAMENTO Y DIRECCIÓN	EDAD MÍNIMA	RESIDENCIA	CALIFICACIONES MÍNIMAS
Wyoming	Director, Licensing and Certification Unit State Dept. of Education State Capitol Building Cheyenne, Wyoming 82001	17, y estar fuera de la escuela por más de un año	Tiene que ser residente	35 en cada examen y promedio de 45 en los 5 exámenes
Zona del Canal	Canal Zone College Box 3009 Balboa, Canal Zone	19	Tiene que ser residente	40 en cada examen y promedio de 45 en los 5 exámenes
CANADÁ				
Isla del Príncipe Eduardo	Director of Elementary and Secondary Education Department of Education Charlottetown, P.E.I.	19, estar fuera de la escuela por más de un año, y su clase tiene que haberse graduado	6 meses	35 en cada examen y promedio de 45 en los 5 exámenes
Manitoba	Administrator, Planning and Research Department of Education 408-1181 Portage Avenue Winnipeg, Manitoba	19, estar fuera de la escuela por más de un año, y su clase tiene que haberse graduado	6 meses	35 en cada examen y promedio de 45 en los 5 exámenes
Nuevo Brunswick	Director of Pupil Personnel Services Department of Education Centennial Building Fredericton, New Brunswick	18, estar fuera de la escuela por más de un año, y su clase tiene que haberse graduado	Ningún requisito	35 en cada examen y promedio de 45 en los 5 exámenes
Nueva Escocia	Asst. Director, Youth Education Department of Education P.O. Box 578 Halifax, Nova Scotia	19, estar fuera de la escuela por más de un año, y su clase tiene que haberse graduado	6 meses	35 en cada examen y promedio de 45 en los 5 exámenes
Saskatchewan	Chief, Student Evaluation and Registrar Department of Education Avord Tower Regina, Saskatchewan	19, y estar fuera de la escuela por más de un año	6 meses	40 en cada examen y promedio de 45 en los 5 exámenes

PROGRAMA DE EXAMEN DE EQUIVALENCIA DE ESCUELA SUPERIOR DEL ESTADO
DE NUEVA YORK.

SOLICITUD -- EXAMEN Y/O DIPLOMA (ESPAÑOL)

TODOS LOS CANDIDATOS DEBEN LEER LA INFORMACIÓN AL DORSO DE
ESTA SOLICITUD.

---

1. Escriba su nombre en letra de molde.
   Señor
   Señorita
   Señora

2. Fecha de nacimiento

   día_____ mes_____ año_____

3. Su dirección de Nueva York   ciudad   estado   zono
      calle   postál

4. Prefiero un examen
   ☐ tan pronto como posible
   ☐ en el mes de_____

5. Estatura

   Pies   Pulgadas

6. Peso

7. Color de pelo

8. Color de ojos

9. Número de teléfono

10. Sexo
    Masculino ☐
    Femenino ☐

11. Si solicita otro examen, indique el mes y año del
    último examen. (Notas anteriores se pueden usar
    si están más altas que las presentes.)

    Mes_____ Año_____

12. ¿Tiene menos de 19 años?

    Si contesta que sí, complete la sección   SÍ ☐
    de abajo y luego siga con número 13; si   NO ☐
    no, siga con el número 13.

CONTESTE ESTAS PREGUNTAS SI HA CONTESTADO QUE SÍ AL NÚMERO 12.

1. ¿Solicita Ud. el examen y el diploma a base de tener al menos 17 años   SÍ ☐   NO ☐
   y de estar fuera de la escuela por lo menos un año o miembro de una
   clase de escuela superior que se ha graduado?
                                 Fecha en que   Fecha en que su
   Si contesta que sí, complete: dejó la escuela_____ clase se graduó_____

   Nombre y dirección de la escuela_____

2. ¿Solicita un examen para sacar notas para usar en admitirse a un plantel   SÍ ☐   NO ☐
   educacional post segundario o a un ramo de las Fuerzas Armadas?

   Si contesta que sí, ¿qué documento necesario incluye Ud. con esta solicitud?
   (Lea los requisitos de elegibilidad al dorso de esta página.)

   a. Un pedido para sus notas a una institución de un nivel más avanzado que el de escula superior ☐

   b. Un pedido para sus notas de una oficina de reclutamiento de las Fuerzas Armadas.............. ☐

---

13. ¿Solicita un diploma basado en notas satisfactorias ya sacadas antes de la fecha
    de esta solicitud? Si contesta que sí, complete la sección de abajo, luego siga   SÍ ☐   NO ☐
    con el número 14. Si contesta que no, siga con el número 14.

CONTESTE ESTAS PREGUNTAS SOLAMENTE SI HA CONTESTADO QUE SÍ AL NÚMERO 13.

Estas preguntas se aplican solamente a las personas que llenan todos los requisitos necesarios para
recibir un diploma. Estas preguntas no se aplican a las personas que están solicitando otros exámenes.

1. Solicita Ud. un diploma a base de notas GED satisfactorias obtenidas (a) en un centro de exámenes
   fuera del estado   SÍ☐ NO☐ , o (b) durante su servicio militar? SÍ☐ NO☐
                                               Fecha y lugar
   Si contesta que sí a (a) or a (b), complete: del examen_____

   Si contesta que sí a (b), hay que adjuntar, si es { Número de Seguro Social_____
   posible, sus calificaciones oficiales e incluya: { Número de Servicio Militar_____

2. ¿Solicite Ud. un diploma a base de notas satisfactorias obtenidas (en el examen
   de equivalencia del estado de Nueva York) durante un período cuando era elegible
   para tomarlo pero inelegible para recibir el diploma?..................... SÍ ☐   NO ☐
                                   Mes y año   Ciudad (o el centro de
   Si contesta que sí, indique: del examen_____ la ciudad de Nueva York)_____

Si contestó que sí a uno o dos de arriba, siga con el número 14, luego envíe su solicitud a:
Spanish High School Equivalency, State Education Department, Albany, New York 12224.

---

14. Certifico, sujeto a las penalidades de perjurio, que la información sometida por mí en esta solicitud
    y en cualquier otro documento adjunto, es a mi mejor modo de entender, precisa y correcta.

    Fecha_____ Firma del candidato_____

ESTÉ SEGURO QUE TENGA UD. ADJUNTADO AL DORSO DE ESTA SOLICITUD TODO DOCUMENTO REQUERIDO SEGÚN LAS
INSTRUCCIONES. SOLICITUDES INCOMPLETAS SERÁN DEVUELTAS. ENVÍE LAS SOLICITUDES PARA TOMAR EXÁMENES AL
CENTRO DE EXÁMENES. VÉA LAS INSTRUCCIONES AL DORSO.

Fuentes de los
Pasajes de Lectura

Los autores agradecen la autorización de las siguientes organizaciones para la publicación de los materiales usados en los capítulos y pasajes indicados abajo:

	CAPÍTULO	PASAJE
American Library Association		
LAPP, RALPH E. Space Science (pamphlet No. 1 in Reading for An Age of Change Series)	2	VIII
American Telephone and Telegraph Company		
How the Telephone Works	3	III
International Business Machines Company		
What Is A Computer	2	II
Scholastic Magazines, Inc.		
From *Science World* c. 1967, 1968		
Ice Patrols Vol. 16, No. 10, April 11, 1968	2	I
Man-Made Earthquake Peril Vol. 16, No. 9, April 4, 1968	2	V
Heart Transplants—Medical Milestones Vol. 16, No. 2, February 8, 1968	4	VII
Shell Oil Company		
Employee Orientation Program Conference Leader's Guide Booklet	2	VII
The Sunday Star-Ledger		
WINTER, RUTH The Big Question—How and Why May 19, 1968	3	II